AF364096

MÉMOIRES ET DOCUMENTS

POUR SERVIR A L'HISTOIRE

DU COMMERCE ET DE L'INDUSTRIE

EN FRANCE

PUBLIÉS SOUS LA DIRECTION DE

Julien HAYEM

AVEC UNE INTRODUCTION DE

JULIEN HAYEM

Ouvrage couronné par l'Institut (Académie des Sciences morales et politiques)

SEIZIÈME SÉRIE

PARIS

LIBRAIRIE HACHETTE

79, BOULEVARD SAINT-GERMAIN, 79

1921

MÉMOIRES ET DOCUMENTS

POUR SERVIR A L'HISTOIRE

DU COMMERCE ET DE L'INDUSTRIE

EN FRANCE

8° T.
357.55

MÉMOIRES ET DOCUMENTS

POUR SERVIR A L'HISTOIRE

DU COMMERCE ET DE L'INDUSTRIE

EN FRANCE

PUBLIÉS SOUS LA DIRECTION DE

Julien HAYEM

AVEC UNE INTRODUCTION DE

JULIEN HAYEM

Ouvrage couronné par l'Institut (Académie des Sciences morales et politiques)

SIXIÈME SÉRIE

LETTRE SUR L'EMBELLISSEMENT ET L'AMÉLIORATION DE PARIS
SUR LES MOYENS DE PROCURER EN MÊME TEMPS SA SALUBRITÉ
SANS QU'IL EN COUTE RIEN
LES APOTHICAIRES PRIVILÉGIÉS SOUS L'ANCIEN RÉGIME
LE HAVRE MARITIME : LA BATELLERIE ET LES TRANSPORTS
PAR TERRE DU XVI° AU XIX° SIÈCLE
MÉMOIRE SUR L'ALSACE (1697)
COLBERT ET L'INDUSTRIE DE LA DENTELLE
(LA MANUFACTURE D'AUXERRE)

PARIS

LIBRAIRIE HACHETTE

79, BOULEVARD SAINT-GERMAIN, 79

1921

INTRODUCTION

La cinquième série des *Mémoires et Documents pour servir à l'Histoire du Commerce et de l'Industrie en France* (Collection J. Hayem, publiée à la Librairie Hachette) (1) a paru en 1917, au cours de la plus formidable guerre que l'Histoire ait enregistrée. Les terribles événements qui ont troublé, bouleversé et ensanglanté le monde et fauché des millions d'existences précieuses n'ont pas épargné les jeunes travailleurs et les érudits dévoués aux recherches et à la science dont les études passées présageaient un avenir brillant et fécond. C'est par centaines que se comptent les héros moissonnés à la fleur ou dans la force de l'âge : professeurs, instituteurs, archivistes, les uns sortis de l'École Normale, de la Sorbonne ou des Universités de province, les autres de l'École des Chartes ou des Bibliothèques nationales.

Pour nous hélas ! nous avons eu à déplorer la mort de plusieurs de nos meilleurs collaborateurs : Georges Mathieu et Philippe Barrey. Tous ceux qui ont lu leurs si savantes et consciencieuses Études nous sauront gré de leur rappeler la mémoire et les œuvres de ces travailleurs modestes que la science doit regretter autant

---

(1) *Mémoires et Documents pour servir à l'Histoire du Commerce et de l'Industrie en France* (cinq séries éditées à la Librairie Hachette et Cⁱᵉ, 79. Boulevard Saint-Germain).

que nous-mêmes. C'est grâce à eux et à quelques autres dont la collaboration nous demeure acquise que notre Collection a acquis sa notoriété et que, sans l'avoir sollicitée, elle a obtenu, sur le rapport de M. Villey, Recteur de l'Académie de Caen, une des plus belles récompenses dont dispose l'Académie des Sciences morales et politiques : le Prix Le Dissez de Penanrun.

Nous nous empressions d'annoncer cette bonne nouvelle dans la *Revue du Commerce, de l'Industrie et de la Banque*, n° du 15 octobre 1918 :

Depuis le 31 mars 1910, disions-nous, notre Revue (1) a pris l'habitude sous ce titre : *Mémoires et Documents pour servir à l'Histoire du Commerce et de l'Industrie en France*, de publier des études, des mémoires et des documents inédits sur des sujets relevant de l'histoire économique et sociale de notre pays. « Le recueil de documents et d'études, disait l'éminent Paul Delombre, dans la Préface de la 1re Série, que M. Julien Hayem offre aujourd'hui aux curieux d'inédit n'est qu'un commencement ; il sera suivi de nombreux volumes, si la pensée à laquelle on le doit peut recevoir sa pleine réalisation. M. Julien Hayem a été frappé de l'abondance des matériaux épars dans nos diverses archives (2) et, rêvant de voir édifier une histoire complète du commerce et de l'industrie en France, il s'est proposé de mettre à la portée de tous les travailleurs les richesses, sinon ignorées, du moins encore, en grande partie, inexplorées. On ne saurait trop le remercier de son initiative. »

Et voilà que ce rêve s'est déjà en partie réalisé. Depuis près de neuf années, les études et les articles parus dans notre Revue pour servir à l'histoire du commerce et de l'industrie en France, ont formé la matière de cinq séries pu-

---

(1) *Mémoires et Documents pour servir à l'Histoire du Commerce et de l'Industrie en France. Revue Internationale du Commerce, de l'Industrie et de la Banque*, n° du 15 octobre 1918, p. 213-214.

(2) On lira avec profit au sujet des sources auxquelles peuvent puiser nos collaborateurs l'Introduction de ce premier volume.

bliées sous forme de collection de la librairie Hachette.
Grande a été notre joie quand nous avons appris que cette
Collection, à la suite d'un Rapport de M. Edmond Villey,
Recteur de l'Académie de Caen, avait obtenu à l'Académie
des Sciences morales et politiques le prix Le Dissez de Penanrun. L'éclat de cette distinction rejaillit à la fois sur notre
Revue dont les collaborateurs sont les mêmes que ceux de la
collection couronnée par l'Institut et sur l'œuvre elle-même
qui, nous l'espérons, nous survivra et qui, par les services
déjà rendus, mérite de se continuer et de se perpétuer. C'est
pour l'accomplissement de ce dessein aussi favorable à la
science qu'à l'histoire et aux intérêts de notre pays que nous
nous félicitons de la haute récompense décernée par l'Académie des Sciences morales et politiques ; c'est à poursuivre
et à faire durer notre œuvre que nous convions tous nos
collaborateurs du passé, du présent et de l'avenir.

Après avoir reçu cette précieuse récompense, j'ai
promis au nom de mes collaborateurs et en mon nom,
de m'attacher avec une ardeur accrue, à l'œuvre entreprise, et cela malgré la guerre et au cours de la guerre.

La sixième série qui paraît aujourd'hui est la réalisation de cette promesse ; puisse-t-elle être accueillie
avec la même faveur que ses sœurs aînées !

Puisque l'honneur du Prix Le Dissez de Penanrun
doit, suivant les termes de M. Villey, être partagé
entre mes collaborateurs et moi, je crois de mon devoir
de reproduire au seuil de ce nouveau volume les no-
tices que j'ai publiées sur nos si chers et si regrettés
collaborateurs : Georges Mathieu et Philippe Barrey.

GEORGES MATHIEU
ARCHIVISTE DÉPARTEMENTAL DE LA CORRÈZE
1882-1917

Notre *Revue* (1) a eu la douleur de perdre un de ses meilleurs et plus laborieux collaborateurs ! Georges Mathieu, aspirant et chef de section au 32ᵉ d'Infanterie, a été tué le 8 mai 1917, par une balle ennemie reçue en pleine poitrine dans un assaut qu'il livrait à la tête de ses hommes pour s'emparer d'un fortin allemand au nord de Craonne et en face de Corbiny (Aisne). Déjà, au cours de cette guerre barbare, il avait donné des preuves d'un courage qui ne s'est jamais démenti et, à Verdun, il avait été l'objet d'une citation des plus justement flatteuses, que nous reproduisons :

« Sous-officier remarquable par son calme et son sang-froid. S'est particulièrement distingué les 5 et 7 mai 1916, sous un bombardement inouï, en donnant à tous l'exemple du courage et de l'esprit de sacrifice » (Croix de guerre).

Voici la citation dont sa malheureuse famille a été avisée après sa mort :

« Chef de section d'une haute valeur morale. A été mortellement frappé le 8 mai 1917 en entraînant ses hommes à l'assaut d'un fortin. » Le terrain que notre vaillant ami et ses hommes non moins vaillants ont défendu pendant plus de trois heures et au prix de corps à corps mortels est tombé entre les mains de nos ennemis ; sous la pression du nombre, nos troupes ont dû se replier sans qu'il ait été possible de reprendre et d'emporter le corps du chef de section. Quinze jours après le terrain était reconquis et des recherches étaient faites pour retrouver le corps de Georges Mathieu, recherches vaines, hélas ! et qui ont rendu plus amer le désespoir de tous les siens et de tous ceux qui, soit à l'armée, soit dans la vie civile l'avaient connu, apprécié et aimé.

---

(1) *Revue Internationale du Commerce, de l'Industrie et de la Banque,* nᵒˢ du 30 sept. 1917, 31 mars 1918, pages 1-6.

Nos lecteurs nous sauront gré de retracer sa brillante et trop courte carrière et de mettre en relief ses qualités d'homme et d'écrivain.

Georges Mathieu est né à Nîmes le 10 décembre 1882. Il est entré de bonne heure au lycée de Bordeaux où il a fait toutes ses études et s'est montré un élève aussi appliqué que brillant ; après avoir travaillé utilement à la Faculté des Lettres, il passa avec succès ses examens de licence classique (1902) puis entra à l'Ecole des Chartes (1904). Six mois après sa sortie de l'Ecole, il était nommé Archiviste Départemental à Tulle (nov. 1908). Trois ans plus tard, le 9 mars 1911, il se mariait à Jarnac avec Mlle Laure Hine, fille d'un négociant de cette ville. Cette union lui avait donné un bonheur parfait et son foyer semblait devoir être rempli d'autant de joies dans l'avenir que dans le présent ! Hélas ! l'avenir n'est à personne ! Une stupide balle de nos ennemis l'a prouvé en détruisant en une minute toutes ces réalités et tous nos espoirs !

Nous devons à la mémoire de notre si regretté ami de dire quelle part il s'est faite dans les travaux de notre *Revue*, travaux repris et publiés dans les *Mémoires et Documents pour servir à l'Histoire du Commerce et de l'Industrie en France*.

Dans la première série de notre collection, Georges Mathieu est l'auteur d'une saisissante et complète Etude sur l'Industrie du Bas-Limousin dans la seconde moitié du xviiie siècle (1).

Il a raconté dans tous ses détails la création et l'histoire d'une manufacture d'étoffes anglaises de Thomas Lecler, à Brive, entreprise recommandée à Turgot par M. Holker, Inspecteur Général des Manufactures de France, et qui, grâce à la haute protection de l'intendant du Limousin, ne tarda pas à devenir : « Manufacture royale du sieur Lecler et Cie ». Il est intéressant de voir avec quel soin minutieux Turgot entra dans les détails d'exécution, d'organisation et d'admi-

---

(1) *Mémoires et documents pour servir à l'Histoire du Commerce et de l'Industrie en France*, 1re série, pages 35 et suiv.

nistration, et mit toutes les faveurs de l'Etat et toutes les ressources des contribuables à la disposition de Lecler. Le libéral Turgot n'hésite pas à lui accorder des primes et des indemnités pour encourager et soutenir son industrie naissante ; le personnel ouvrier est, comme le chef de l'établissement, l'objet de privilèges particuliers. La Révolution trouve cette manufacture encore prospère mais en proie à des difficultés de toute nature et à des procès suscités par la jalousie de concurrents ardents. M. Charles Lecler, bien que la manufacture eût cessé d'être « privilégiée », continua, après la mort de son père, à donner une grande activité à ses établissements et à faire honneur à la ville de Brive.

Dans la même étude, Georges Mathieu expose le projet d'établissement d'une verrerie dans la forêt de Saint-Jal, près d'Uzerche, les péripéties que subit l'exécution de ce projet et qui aboutissent à l'établissement d'une verrerie « qui ne fait que du verre grisâtre et grossier et qui se soutient encore (an V de la République) mais dans un état très médiocre ».

Dans la deuxième série, Georges Mathieu décrit la fin lamentable de l'entreprise, la faillite de son fondateur, le sieur Malepeyre, de Corrèze, et la vente du matériel et de tous les objets mobiliers à la date du 7 thermidor an VII.

L'histoire de la manufacture de Tulle commence en 1670, année où par lettres patentes de décembre, Louis XIV crée un Hôpital Général dans cette ville, et y autorise la fondation d'une manufacture dont les objets fabriqués seraient vendus au dehors « sans pour ce payer des droits ».

On installe tour à tour des ateliers de serge, de bonneterie, de tissage de draps et d'étoffes en laine ; mais le travail laisse à désirer, à raison d'une main-d'œuvre défectueuse et mal rémunérée, d'une direction incompétente et impuissante : aussi les résultats sont-ils des plus préjudiciables au Trésor et il en sera ainsi jusqu'à la Révolution.

Dans la troisième série sont étudiées les richesses minérales et agricoles de la Corrèze ; grâce aux premières a pu s'établir, dès 1696, la manufacture d'armes de Souillac près Tulle ; grâce aux secondes s'est développé le commerce

d'huile de noix : une société d'agriculteurs du département
de la Corrèze organisait dès l'an XIII, des concours à l'effet
« d'indiquer les principales sources de prospérité à introduire dans ce département, tant sous le rapport du commerce que sous celui de l'agriculture.

« Le quatrième volume, dit M. Raphaël-Georges Lévy,
membre de l'Institut, dans un Rapport présenté à l'Académie
des Sciences morales et politiques (1), contient une mono-
graphie de la manufacture d'armes que la Convention installa
à Tulle, à côté de celle qui existait depuis longtemps. Alors,
comme aujourd'hui, le souci de la défense nationale imposait
l'organisation rapide de centres de fabrication. Les conséquences du blocus continental dans la même région de la
Corrèze, en 1812, ont fait l'objet d'une étude qui nous
montre les efforts du Gouvernement pour encourager la création de certaines industries nationales » (Fabrication du
sucre de châtaigne, 1812 ; Fabrication du sucre de raisin due
à l'initiative et aux travaux de M. Parmentier, l'illustre pro-
pagateur de la pomme de terre, 1808-1809 ; culture du pastel ; extraction de l'indigo, 1810-1812).

Nous avons tenu à résumer les travaux de Georges Mathieu
qui ont pendant plus de cinq ans été publiés d'abord dans
notre *Revue*, ensuite dans notre collection des *Mémoires et
Documents*... ; cette analyse ne manquera pas de provoquer la
curiosité de ceux qui liront cette trop courte notice ; ils voudront connaître les Mémoires eux-mêmes et ils seront capti-
vés non pas seulement par l'abondance des renseignements
fournis mais par la simplicité et le charme du style. Il
semble que l'auteur ait puisé dans l'étude et la description
de ce sol de Corrèze un peu aride quoique pittoresque, une
solidité de vues et d'appréciations qu'il savait concilier avec
une langue sobre et très vivante. Il n'est pas douteux que
chacun de nous trouvera dans la lecture des études de
Georges Mathieu plaisir et profit ; que par ces ouvrages
empreints d'une si profonde et si consciencieuse érudition
sera attesté le brillant avenir qui s'ouvrait devant lui et que

---

(1) *Op. j. cit.* V⁰ série, page IV.

seront augmentés les sentiments de tristesse profonde et durable qui étreignent nos cœurs à la pensée qu'a disparu pour toujours ce savant précoce, doué des plus belles qualités morales, dont les traits dominants étaient enjouement, probité, persévérance ; ce fils si justement chéri, ce mari modèle, si parfaitement heureux, ce travailleur infatigable, ce Français si noblement patriote et si simplement héroïque ! Puisse notre affliction sympathique être un apaisement pour tous les membres de sa famille si cruellement éprouvée : pour son père, pour son frère et pour sa jeune femme qui, comme l'a dit son malheureux père dans des termes si nobles « restent debout dans leur affliction, pleins de courage et d'espoir dans la victoire de nos armées » !

PHILIPPE BARREY

SA VIE, SON ŒUVRE (1)

Par la mort regrettable et prématurée de Philippe Barrey, notre Revue a perdu un de ses meilleurs collaborateurs, les Archives ont vu disparaître un des plus érudits chercheurs, la ville du Havre un de ses plus nobles enfants, les Sciences et l'Histoire un de leurs plus fidèles et plus consciencieux disciples.

Il semble que toute l'existence de Philippe Barrey, en dehors du culte voué par lui à sa famille, ait été employée à remplir cette complexe et lourde tâche : agrandir le domaine des études scientifiques et historiques ; servir les intérêts de sa petite patrie, le Havre, et de sa grande patrie, la France.

Pour démontrer qu'il y a amplement réussi, il suffit de raconter sa vie et d'énumérer ses études et ses travaux (2).

____

(1) *Revue internationale du Commerce, de l'Industrie et de la Banque,* n° du 30 sept. 1920, pages 185-199.

(2) Nous indiquons à la suite de cette notice l'ensemble des travaux, études et ouvrages dûs à notre infatigable collaborateur. Ajoutons que cette notice

Philippe-Augustin Barrey est né au Havre, le 4 décembre 1870 ; il appartenait à une ancienne famille havraise dont les origines remontent presque à la fondation de la cité (xvie siècle).

Son père Philippe-Auguste Barrey, entrepreneur de peinture, établi, 56, rue des Pénitents, eut la douleur peu de temps après son mariage de perdre sa femme frappée de phtisie pulmonaire.

Un garçon, Philippe Barrey était issu de cette union : la maladie impitoyable qui avait emporté sa mère eut raison quelques mois après de l'existence précaire du père.

Recueilli par son grand-père paternel qui exerçait les modestes fonctions de garde-magasin à l'Hospice Général du Havre, il entra en qualité de pensionnaire dans cet établissement.

Jusqu'à l'âge de douze ans il fréquenta régulièrement l'Ecole primaire élémentaire et son enfance s'écoula doucement auprès de son aïeul qui lui témoignait une affection profonde et une tendre sollicitude. Philippe Barrey lui voua une reconnaissance qui ne s'est jamais démentie.

Dès cette époque le petit-fils se sent attiré, entraîné irrésistiblement vers l'étude ; il est, malgré son jeune âge, pénétré de la nécessité impérieuse de cultiver son esprit et de posséder les connaissances qui pourront lui permettre de conquérir un rang social plus élevé. Grâce à un travail assidu, il se fait admettre à l'Ecole supérieure du Havre : il n'y fait qu'un stage très court. De nature indépendante, ayant horreur de l'injustice sous quelque forme qu'elle se présente, il supporte mal une discipline à laquelle les procédés bienveillants de son grand-père ne l'ont pas préparé. Des observations, des réprimandes qu'il trouve imméritées lui font abandonner cette Ecole où il avait espéré réaliser ses aspirations.

A partir de ce moment, le jeune orphelin désorienté, dé-

---

a été faite avec des renseignements aussi précis que précieux dûs à un ami personnel de Ph. Barrey, M. Legangneux, préposé au Service d'Hygiène du Havre et à sa fille Mlle Barrey. Nous sommes heureux de les remercier sincèrement tous les deux du concours qu'ils nous ont apporté pour la rédaction de cette Etude.

semparé cherche la voie qu'il ne découvrira que plus tard et qu'il suivra désormais avec opiniâtreté.

Pendant deux années, il apprend à Rouen la profession de relieur ; puis il revient au Havre, s'engage chez un typographe puis chez un banquier. Aucun de ces métiers ne lui convient et ne le retient. Toujours hanté par la fièvre de l'étude, il s'adonne avec passion à des recherches scientifiques et se consacre à la météorologie et à l'astronomie. Admis en 1891 comme membre à la Société Havraise d'Etudes diverses, société qui a rendu d'incalculables services à la science et à l'histoire, il ne tarde pas y présenter des communications aussi intéressantes qu'originales.

Le 11 mars 1892 il rend compte de toutes ses observations sur la météorologie au Havre recueillies au cours des années 1889, 90, 91, 92. Pendant ces quatre années, il prend toutes les trois heures, de 6 heures du matin à 9 heures du soir les températures et les pressions ; il note journellement la nébulosité, la pluie, le brouillard : il enregistre scientifiquement la quantité de neige tombée, les jours de pluie, de gelée.

En 1893, il présente un nouveau Rapport sur la Climatologie et l'Hygiène publique au Havre ;... entre autres démonstrations il expose comment la mer rend peu à peu le calorique emmagasiné pendant les longues heures d'insolation estivale, saturant de vapeurs opaques l'air qui l'environne et s'opposant ainsi à la dispersion par rayonnement de la chaleur terrestre. C'est ce qui explique comment au Havre qui est plus rapproché du pôle que Paris, les hivers sont toujours de 2 à 3° plus chauds que dans la capitale et l'été plus tempéré.

Au début de l'année 1894, après avoir expliqué par l'intervention de courants les anomalies de température constatées au sommet du Puy-de-Dôme, et, après avoir présenté une nouvelle étude sur la climatologie et sur les minima et maxima barométriques, il « s'excuse d'être entraîné par les aspects suggestifs perpétuellement variés que la nature réserve à ceux qui veulent s'éloigner du tumulte des choses matérielles et l'étudier dans le livre merveilleux qu'elle ouvre tout grand aux yeux des hommes de bonne volonté ».

Il termine son rapport documenté en insistant sur l'utilité d'un poste météorologique au Havre, chargé de l'étude
des phénomènes atmosphériques au Havre et dans la région,
et du rôle des températures dans les divers courants de la
baie de Seine.

Ce poste dont l'installation n'aurait pas coûté plus de
4.000 à 5.000 francs et aurait grandement servi aux progrès
de l'aviation en lui fournissant des renseignements sûrs et
précieux, n'a jamais été créé. Combien eût-il été avantageux
à la défense nationale au cours de cette guerre interminable !

Barrey fait trois communications successives concernant la
météorologie européenne à la Société Havraise en 1914 et en
janvier et février 1915 : ses observations personnelles sont
coordonnées avec celles du Bureau Central Météorologique.
Barrey « n'avance rien dont il ne soit sûr. Il n'y a d'absolu
que la recherche de la vérité et toute hypothèse, toute expli-
cation susceptible d'arrêter un instant sa progression doit
être résolument écartée ».

C'est là en quelques mots l'exposé des procédés qui ont
inspiré notre collaborateur et ami dans toutes les entreprises
auxquelles il s'est consacré ; à savoir : la poursuite des causes et des effets par des moyens défiant toute incertitude ; la
recherche de la vérité poussée jusqu'au culte superstitieux.

La science de l'atmosphère profite de la méthode expéri-
r ntale. Le jour seulement où par une patiente analyse les
lois de l'atmosphère seront entièrement connues, où les
actions perturbatrices en pourront être déterminées, ce jour-
là seulement, la prévision du temps sera un fait accompli.

L'étude d'Anvers port franc permet à Barrey d'exprimer le
désir que le Havre se modèle sur le port belge : la centralisation imposée par Colbert, puis par Napoléon et continuée
jusqu'à nos jours devrait être modifiée et faire place à une
utile division de nos ressources : la centralisation « broie
les unités collectives qui constituent les cités ».

Nouvelle communication en 1898 sur les étoiles filantes
que Barrey assimile aux comètes. « Les étoiles filantes sont
des filles folles de l'espace qui vont dans l'éther ballottées

de planètes en planètes, de soleil en soleil, reliant entre eux les mondes de l'espace. »

Il montre en terminant la puissante et sereine philosophie qui se dégage de ces excursions dans le ciel étoilé et enfin il conclut par une vibrante invitation à l'étude des phénomènes qu'il a décrits.

« Il y a des secrets qui ne se découvrent pas en un jour ; la nature ne les livre pas tous à la fois. Notre âge pénètre quelques-uns de ces mystères, l'avenir continuera notre œuvre. »

En 1901, Barrey remplit les fonctions de commis aux archives ; il n'est muni d'aucun des diplômes qui, d'emblée, lui permettraient d'être élevé au rang d'archiviste. Cependant quelle joie est la sienne ! Il échappe à cette besogne machinale et fastidieuse de copiste au service de la municipalité, reproduisant du matin au soir les mêmes formules ; il va pouvoir voler de ses propres ailes, faire preuve d'initiative, donner sa mesure, connaître à fond et faire connaître l'histoire de sa ville natale.

Barrey apporte dans l'étude de l'histoire du Havre le même esprit de curiosité scientifique et recourt aux mêmes méthodes de travail qui lui ont si bien réussi dans le domaine de la science.

Il étudie la population du Havre et donne des conseils d'hygiène en s'élevant contre l'infection contagieuse et mortelle des taudis. Il proclame la nécessité d'inculquer chez le plus grand nombre les élémentaires notions de salubrité ; d'améliorer le sort et les conditions d'existence de la classe nécessiteuse, en lui ouvrant largement accès vers le soleil et l'air et en lui distribuant en abondance l'eau pure et claire de nos sources.

Profitant de ses loisirs, il se plaît à traiter certaines questions spéciales qui l'intéressent.

La vie commerciale et industrielle de sa ville l'attire ; il en cherche et en découvre les débuts dans les nombreuses pièces dont il a la garde, dans les Archives de l'Arsenal et aussi (initiative particulièrement heureuse et féconde), dans les minutes qu'entre autres notaires, M⁰ Hasselmann l'autorise à compulser.

L'été il passe des journées entières pendant que le soleil au dehors inonde tout de sa lumière, tantôt dans les greniers de l'Arsenal y respirant un air saturé de poussières malsaines, tantôt dans les caves humides et froides où sommeillent les dossiers de l'ancien tabellionage du Havre. Il est heureux, néanmoins, de se consacrer à ces travaux ; car ses patientes recherches lui permettent de produire à la lumière du jour des pièces importantes jusqu'alors ignorées ou négligées : pour n'en citer qu'un exemple entre cent autres, c'est dans ces documents qu'il a puisé l'histoire de la fonderie des canons de Graville créée en 1627 par le cardinal de Richelieu et qui a cessé de produire en 1642.

Parmi les travaux relatifs au développement du port et de la ville du Havre, il publie, en 1906, des renseignements inédits sur le commerce maritime du Havre depuis le traité de Paris jusqu'à la rupture de la paix d'Amiens (1763-1802) et en 1907 sur les premiers paquebots postaux entre le Havre, New-York et les colonies françaises (1786-1788) puis en 1909 sur l'industrie havraise et sur les constructions navales.

Parlant des premiers constructeurs, il s'exprime ainsi :

« Rappeler leur souvenir, faire connaître leurs travaux, c'est apporter un peu de justice reconnaissante aux modestes artisans dont les navires ont commencé sur la mer l'œuvre graduellement accrue de la puissance et de la grandeur du Havre. »

C'est Boquetot qui construit le premier navire l'*Hermine* commandé par François Iᵉʳ en 1517. Sous Colbert s'ouvre une période très florissante de la marine marchande avec les Robert Quertier, Jean Godefroy, Thomas Tuault ; les chantiers de construction se développent de l'Arsenal au Perrey entre la jetée et l'Epi à Pin de 1748 à 1756... Plus tard, en 1816, s'installent les chantiers Normand et en 1836 les chantiers Le Marchand ; les Forges et Chantiers de la Méditerranée sur le canal Vauban en 1840.

En 1908-1909 paraît une importante étude sur l'arsenal du Havre pendant la Révolution de 1789 à 1801 ; puis en

1910 une autre sur la représentation commerciale du Havre. Elle est assurée au xviii° siècle par le Comité des Négociants, dont l'indépendance se dresse contre l'esprit étroit des gens de robe et d'épée. C'est ce Comité qui a présidé à l'édification du Phare du Havre, qui a établi la jurisprudence consulaire et organisé la Bourse. A l'approche de la Révolution il est en butte à l'hostilité du public et après 1791 tombe dans l'oubli. Le Comité des Négociants est remplacé en 1802 par la Chambre de Commerce.

Barrey publie en 1912 une nouvelle étude sur l'Ecole royale de marine du Havre : cette Ecole ne fonctionna que d'août 1773 au 31 mars 1775 : elle avait été créée à l'effet d'instruire les officiers des navires destinés à s'installer dans les contrées d'outre-mer explorées par la Compagnie des Indes. Cette nstruction était donnée à bord de la corvette l'*Hirondelle* et du lougre l'*Espiègle* et des croisières étaient organisées en vue de la compléter pratiquement. Les croisières furent vite supprimées et l'instruction des élèves négligée. L'Ecole fut abandonnée et disparut ; il n'en aurait plus été question sans les recherches persévérantes de Barrey.

Quelques années avant 1908, notre archiviste a été chargé de rechercher, de choisir et de mettre en lumière tous les documents constituant le fond des archives de la période révolutionnaire. Il y consacra toute son intelligence et tout son cœur. Quand en 1912 parut le Répertoire des Archives anciennes et révolutionnaires de la ville du Havre, M. Jennequin, avocat, adjoint au maire de la ville du Havre, tint à honneur de rédiger une préface où il rendit à Ph. Barrey la justice qui lui était due.

Rappelons comment la municipalité fut amenée à s'occuper de la sauvegarde de ces documents précieux. C'est seulement le 12 juillet 1876 que M. Félix Faure, alors conseiller municipal du Havre, proposa de placer les archives du Havre dans les attributions spéciales du maire ou d'un de ses adjoints. Une vente de vieux papiers, au nombre desquels figuraient nombre de pièces intéressantes ayant été effectuée le 22 mai 1875, une véritable émotion s'était produite et, c'est pour empêcher le renouvellement de pareils actes que le futur président de la République fit voter la création du *Bureau des Archives.*

C'est seulement après la nomination de Ph. Barrey en qualité d'archiviste, qu'il sembla à la municipalité havraise que ce travail pût être entrepris et mené à bonne fin.

En terminant sa préface M. Jennequin concluait en ces termes : « Nous avons la profonde conviction qu'en classant judicieusement nos archives, en appelant sur elles, l'attention de tous ceux qui s'intéressent à l'histoire de notre cité, Ph. Barrey a fait une œuvre utile entre toutes, qui lui a déjà valu les félicitations administratives comme elle lui méritera à brève échéance, le témoignage flatteur des lettrés, la juste reconnaissance de tous nos concitoyens. »

De pareils éloges ne faisaient que stimuler l'ardeur et encourager l'activité inlassable de celui qui les provoquait.

C'est vers 1905 qu'il m'a été donné de faire la connaissance de l'archiviste du Havre et de solliciter sa collaboration à la *Revue du Commerce, de l'Industrie et de la Banque* où, depuis plusieurs années déjà, avait été ouverte une rubrique : « Mémoires et Documents pour servir à l'Histoire du Commerce et de l'Industrie en France ». L'archiviste comprit immédiatement le caractère élevé, le but patriotique de ces Etudes, le profit que l'érudition en pourrait tirer, les bienfaits que ces investigations dans un passé trop négligé ou déjà oublié pourraient procurer à nos contemporains et, malgré ses multiples occupations, le rôle utile que lui-même pourrait remplir. Dès notre première conversation, Philippe Barrey, promettait de m'envoyer sur le Havre maritime une série d'Etudes inédites composées tant à l'aide de documents d'archives que de renseignements fournis par le tabellionage. Cette promesse, il l'a libéralement tenue et c'est dans notre *Revue* qu'ont été publiés des travaux d'une haute valeur appréciés de tous les savants et dont il suffira entre autres de rappeler les titres qui suivent :

Le Havre Maritime du XVIe au XVIIe siècle.

Les Normands du Maroc du XVIe siècle.

Le Havre Transatlantique de 1571 à 1610.

Dans ces différentes études Barrey s'est attaché à nous

démontrer l'importance et les résultats de nos Entreprises coloniales, entreprises le plus souvent pacifiques mais auxquelles n'était pas étranger l'esprit d'aventure et de conquête matérielle ou morale... Bien avant le roi de Prusse, bien avant l'empereur d'Allemagne si justement abhorré, nos Richelieu, nos Colbert, nos rois de France avaient professé que l'empire du monde est sur la mer ; tous nos hardis navigateurs, encouragés par nos hommes politiques se sont dirigés vers les colonies et le Nouveau Monde : il s'est formé, dans notre pays, depuis plus de cinq siècles une politique et des traditions coloniales dont Ph. Barrey s'est fait l'historien et qui, abandonnés pendant trop longtemps, ont été grâce au génie des Gambetta et des Jules Ferry, grâce aux facultés d'organisateurs, des Bugeaud, des Faidherbe et des Galliéni remises en honneur et ont permis à notre pays d'acquérir le plus beau et le plus vaste domaine qui nous soit jamais échu.

Barrey nous a initiés à ces courageuses et admirables entreprises vers les Etats Barbaresques, les Antilles, le Brésil, les deux Amériques et a exposé magistralement les progrès que notre civilisation a imprimés sur ces terres primitives et lointaines. On pourrait dire de ces campagnes coloniales ce que le conquérant et l'organisateur du Maroc, le maréchal Lyautey disait, dans son discours de réception à l'Académie française (2 juillet 1920), de la guerre coloniale.

« ... C'est aussi dans notre guerre coloniale qu'apparaît avec le plus d'éclat le contraste entre les deux conceptions de la guerre : l'allemande et la française.

« Leur guerre, vous savez tous ce qu'elle laisse derrière elle : la destruction. Partout où ils sont passés, ce sont les terres ravagées, taries jusqu'à la sève, les usines détruites, les monuments sacrés, témoins de notre histoire, ruinés sans merci.

« Partout où, aux colonies, nous avons planté notre drapeau, c'est la résurrection, le retour à la vie nourricière des terres laissées en friche depuis l'origine des temps, les populations accourant se mettre à l'abri de nos couleurs, sachant qu'elles les libèrent de l'anarchie et leur apportent la paix et la protection.

« Qui peut mieux en témoigner que le sultan loyal, auprès de qui je sers la France, et dont l'auguste amitié a tenu à m'honorer aujourd'hui par la présence de son plus haut représentant ?

« Oui, cette guerre coloniale, si méconnue, est, par excellence, une guerre constructrice, une œuvre de paix et de civilisation, et il fallait que cela fût dit. »

Le labeur ininterrompu de Barrey exerce sur sa délicate constitution une influence néfaste et qui se manifeste dès les années 1913 et 1914 : il s'affaiblit visiblement quand, en juillet 1914, survient la déclaration de guerre et quand la mobilisation s'improvise et, prodigieusement rapide, s'étend sur toute la surface de notre territoire réunissant, dans un ordre admirable et d'un élan unanime toutes les forces vives du pays. Barrey souffrant de son incapacité physique et désolé de ne pouvoir servir dans l'armée, ne saurait rester inactif ! Quand ayant pu apprécier son caractère, la droiture de sa conscience, la rectitude de son jugement et sa puissance de travail, l'administration municipale lui propose l'organisation et la direction du ravitaillement, notre ami n'hésite pas : il accepte, allègrement et sur-le-champ, cette charge écrasante et ingrate.

Il va, lui aussi, pouvoir accomplir son devoir.

Dès lors il se consacre à ses absorbantes fonctions ; il s'y donne tout entier. Débordé parfois par des travaux imprévus et urgents, il prend à peine le temps de déjeuner.

Et cependant, le soir, rentré à son foyer, après une journée des mieux remplies et malgré les objurgations de sa femme, de sa fille et de ses amis, il se délasse en se livrant à ses études favorites.

Un pareil surmenage ne pouvait durer : son état de santé jusque-là précaire, s'aggrave ; la phtisie pulmonaire qui le guettait depuis si longtemps s'empare de lui et fait en peu de jours des progrès inquiétants. Il est, et il se sent condamné ; il se soigne par amour pour sa famille mais sans espoir. Il ne quitte pas son poste, ce qui lui semblerait une désertion ; il refuse obstinément de prendre du repos déclarant que le service du ravitaillement a besoin de lui.

Condamné à se reposer, n'ayant plus que le souffle, il ne veut pas rester inactif. Quinze jours avant l'heure fatale, il se traîne encore à son Bureau et y travaille jusqu'à ce que ses forces l'aient définitivement trahi et qu'il tombe épuisé.

Jusqu'à ses derniers moments, il conserve ce calme, cette fermeté, cette sérénité qu'il a toujours manifestés au cours de son existence.

Aucune plainte ne sort de ses lèvres ; mais on devine que son cœur, malgré son apparente résignation, déborde d'une immense tristesse : sa pensée, dans son pieux recueillement, se reporte vers sa femme, vers sa fille qu'il a si profondément affectionnées et vers les nombreux et sincères amis dont il sera séparé pour toujours !

Sa force d'âme cependant ne s'ébranle pas un instant ; sa conscience ne lui adresse aucun blâme ; loin de là, elle lui affirme que dans toutes les circonstances, il a fait ce que le devoir et l'honneur lui commandaient : sa vie a été laborieuse, probe et utile.

Il ne rentre pas dans le cadre de cette note d'analyser et de résumer chacune des Études de Ph. Barrey, quelque intéressantes et originales qu'elles puissent être.

C'est pour l'ensemble de ses travaux que l'Académie des Inscriptions et Belles Lettres a, en 1919, décerné à Ph. Barrey le prix Gobert et qu'en 1920 elle vient de le renouveler.

Quelle plus belle consécration cette grande Compagnie pouvait-elle accorder à l'œuvre considérable de l'archiviste du Havre ? Cette double récompense décernée au savant modeste, au travailleur infatigable, à l'homme de bien sans reproche et sans tache ; au citoyen épris de sa ville et de son pays, est comme une couronne civique, comme un hommage national déposé sur une tombe prématurément ouverte et sur laquelle il ne faut pas que planent jamais les ténèbres de l'oubli et de l'ingratitude ! Au surplus l'œuvre de Ph. Barrey n'est pas et ne pourra jamais être achevée : sa veuve inconsolable et inconsolée a reçu de lui, en héritage, en dehors de sa réputation de grand historien, un nombre considérable de fiches, qui étaient comme la matière première de ses études ou les éléments destinés à préparer la trame de nouvelles et aussi consciencieuses études.

Nous espérons que ces matériaux accumulés au prix de tant de soins, dans des heures innombrables arrachées au repos seront placés entre les mains d'hommes de science dignes de poursuivre l'œuvre immense de celui qui à juste titre peut être appelé l'Historien du Havre maritime commercial et industriel.

Ph. Barrey avant de rendre son dernier soupir faisant un retour sur son passé, aurait pu dire avec le poète Horace :

Exegi monumentum aere perennius.

S'il est vrai qu'il convient d'élever à ceux qui ont bien mérité de leur ville natale et de leur pays un monument ou une statue,il serait légitime qu'en face du Port du Havre ou sur une place voisine de l'Hôtel de Ville et des Archives municipales fût érigé un monument ou dressé une statue consacrant la mémoire de ce modeste et utile citoyen que fut notre archiviste et où chacun de nos contemporains et de nos descendants pourrait lire cette inscription :

A PHILIPPE BARREY

Archiviste et Historien du Havre maritime

LA VILLE DU HAVRE RECONNAISSANTE

Julien Hayem.

ŒUVRES DE PH. BARREY

Congrès des Sociétés Savantes

1906. — Le commerce maritime du Havre du traité de Paris à la rupture de la paix d'Amiens, 1763-1802.

1907. — Premiers paquebots postaux entre le Havre, New-York et les colonies françaises, 1786-1788.

1909. — Industrie Havraise. Constructions navales.

1910. — Une Chambre de commerce indépendante au xviii⁰ siècle.

1912. — Navires de guerre construits à Caen en 1757.

1914. — Etude statistique et démographique sur la population du Havre, 1785-1802.

1916. — Un projet de représentation commerciale aux Etats Généraux de 1789.

Revue « La Révolution française ».

1908. — Les Archives révolutionnaires de la ville du Havre.

1913. — Les élections à la Convention dans le département de la Seine-Inférieure.

Recueils du « Cercle d'Etudes ».

1905. — Les courtiers interprètes conducteurs de navires.

1905. — Les origines de l'Entrepôt de douanes.

1906. — Le premier Magasin de Sauvetage.

1907. — Les Passagers d'Honfleur.

Collection Hayem.

Mémoires et Documents pour servir à l'Histoire du Commerce en France (tome VI).

1917. — Le Havre maritime du xvi⁰ au xviii⁰ siècle. Les Normands au Maroc au xvi⁰ siècle. Le Havre Transatlantique de 1571 à 1610. Le Havre et la navigation aux Antilles sous l'ancien régime. La question coloniale en 1789-1791.

Association Française pour l'Avancement des Sciences.

1913. — Sur la population du Havre.

Bulletin du Bureau d'Hygiène.

1918. — Note sur l'origine de l'Hôtel-Dieu du Havre. Vol. publié pour le Congrès pour l'Avancement des Sciences.

1914. — Le Havre en 1911. Notice historique.

1914. — Les célébrités havraises.

Société de l'Histoire de Normandie.

1906. — Documents pour servir à l'histoire de la Marine normande au xvi⁰ siècle (en collaboration avec M. Charles Bréard).

1912. — Guide du Havre et de la région.

1912. — Répertoire des Archives Anciennes et Révolutionnaires de la ville du Havre.

Société Havraise d'études diverses.

1892. — Résumé des observations météorologiques faites au Havre pendant les années 1889 et 1891.

1893. — La climatologie de l'hygiène publique au Havre en 1892.

1894. — Contributions à l'étude de la climatologie havraise météorologique de 1893.

1894. — Les anomalies de température au sommet du Puy-de-Dôme en 1893.

1895. — Météorologie européenne en décembre 1894.

1895. — Météorologie européenne en janvier 1895.

1895. — L'hiver 1894-1895. Météorologie européenne en février 1895.

1896. — La question coloniale.

1896. — L'avenir du Havre.

1898. — Les étoiles filantes de novembre.

1900. — Rapport sur les travaux astronomiques de M. Lucien Libert du Havre.

1901. — Notes sur la population du Havre.

1903. — Les bataillons de jeunes gens au Havre sous la Révolution.

1903. — Notice sur la Société Havraise d'Etudes diverses (suivies du catalogue méthodique de ses publications).

1904. — Les acquisitions des archives municipales en 1903.

1904. — Une tentative de colonisation en 1790.

1907. — Notice sur les constructeurs de navires havrais.

1908-1909. — L'Arsenal du Havre pendant la Révolution (1789-1801).

1910. — La Représentation commerciale havraise au xviii° siècle.

1910. — Notice nécrologique de M. Louis-Edouard Rouette, ancien président de la Société Havraise d'Etudes diverses.

1912. — L'Ecole royale de marine du Havre.

1912. — Quelques lettres de soldats et de marins havrais de 1792 à 1794.

1913. — Les relations entre les officiers de marine et la population havraise sous le premier Empire.

1913. — Les Armoiries de la ville du Havre.

1913. — Les tribulations d'un procureur syndic en 1595.

1915. — Le Havre maritime. L'armement de 1779.

1916. — Les débuts de la grande industrie havraise. L'Enquête de l'an VI.

1916. — IV° Centenaire de la fondation du Havre. Exposé et vœux émis dans la séance du 12 avril 1916.

1916. — Le Havre Maritime. Un embarquement de troupes durant la Ligue.

1916. — Un projet d'annexion des communes suburbaines en 1790.

1916-1917. — Les origines de la Colonisation française aux Antilles. La Compagnie des Indes Occidentales.

1917. — Origines et fondations du port et de la ville du Havre.

1917. — A travers le Havre d'autrefois. Causeries.

1918. — Nécrologie. Paul Leroux archiviste de la Société.

1918. — Le Havre Maritime. Beaumarchais et Les armements havrais.

1918. — Notice sur la Fonderie de canons de Graville (1627-1642).

LETTRE

SUR L'EMBÉLLISSEMENT ET L'AMÉLIORATION DE PARIS

SUR LES MOYENS DE PROCURER EN MÊME TEMPS SA SALUBRITÉ

SANS QU'IL EN COUTE RIEN

Par J.-B. ÉLIE de BEAUMONT

Avocat au Parlement
Intendant des finances de Mgr le Comte d'Artois.

Publiées par MM. G. LESAGE, J. HAYEM et E. GUITARD

AVANT-PROPOS

Le projet d'embellissement de Paris par Jean-Baptiste-Élie de Beaumont, qui était resté ignoré et inédit jusqu'à ce jour, est un morceau capital pour l'histoire de Paris. On verra combien de renseignements utiles, combien d'indications neuves contient cet important mémoire rédigé immédiatement avant l'époque où la capitale fut transformée, l'on peut dire « révolutionnée », dans sa forme comme elle l'était dans son esprit.

Rédigé vers 1785 par un homme d'idées très avancées, le projet est un véritable « cahier de doléances ». Au nom de l'hygiène publique, au nom de l'esthétique et aussi de l'intérêt général, il réclame à grands cris « des réformes » dans la voirie parisienne : ces réformes devenues en partie indispensables, la royauté ne pouvait, faute de crédits ou faute d'initiative, se décider à les entreprendre : c'est la Révolution qui les commença ; l'Empire et à sa suite tous les gouvernements du XIXe siècle les continuèrent.

Le mérite de cette découverte revient à un érudit de valeur, M. LESAGE, pharmacien à Caen, qui a fort heureusement mis à profit les bonnes relations qu'il entretenait avec la famille Elie de Beaumont pour explorer les riches archives de son château, situé à Canon (Calvados). Ces archives contiennent plusieurs manuscrits inédits écrits de la main de Jean-Baptiste-Elie de Beaumont. Mais celui que nous allons publier n'est pas autographe : M. Lesage peut l'affirmer en toute certitude, connaissant très bien l'écriture de son auteur ; ce dernier en a sans doute envoyé l'original à un personnage important ou à un ami : félicitons-nous qu'il ait pris la précaution d'en faire prendre copie. Remercions d'autre part, en même temps que M. Lesage, M. Gaston-Elie de Beaumont, propriétaire du château de Canon et représentant actuel de la famille, qui a autorisé la copie et la publication du mémoire de son trisaïeul.

Le projet d'embellissement de Paris ne pouvait être imprimé sans commentaires. Beaucoup de rues citées par notre auteur ont changé de nom ou disparu complètement : il fallait les identifier ou indiquer leur emplacement actuel. De même il était nécessaire de fournir chemin faisant des explications précises sur les monuments, les institutions, les usages. C'est M. Guitard qui s'est chargé de tout cela. M. Guitard, bien connu des lecteurs de cette Revue, a été attaché pendant plusieurs années au service des Travaux historiques de la ville de Paris ; il était donc bien qualifié pour cette besogne utile.

Il n'est pas inutile de dire un mot du personnage principal, l'auteur du mémoire.

Jean-Baptiste-Jacques-Elie de Beaumont est né à Carentan, en Normandie, en octobre 1732. Il fut reçu avocat au Parlement en 1752 ; mais il ne fut jamais un brillant avocat parce qu'il était timide et possédait une voix très sourde. Par contre, il était intelligent et instruit, ami des philosophes et des écrivains avancés de l'époque, notamment de Voltaire ; il écrivait très élégamment et se mit à défendre par de nombreux « mémoires judiciaires » et « factums », les causes qui lui parurent dignes d'intérêt, en particulier celles de Calas, de Sirven et du sieur Cazeaux, accusé de l'enlèvement du jeune comte de Solar, affaire qui le mit aux prises avec l'abbé de l'Epée. Au cours d'un voyage en Angleterre dont la relation a été publiée, il devint docteur en droit de l'Université d'Oxford et membre de la Société Royale de Londres. En 1768 il entrait à l'Académie de Berlin.

Sa femme, fille d'un gentilhomme normand, Morin du Mesnil, publia plusieurs ouvrages dont le plus célèbre est un roman intitulé *Lettres du marquis de Roselle* ; elle mourut en 1783. A partir de ce moment, Jean-Baptiste-Elie de Beaumont ne quitta plus guère sa terre de Canon en Normandie où il avait institué une fête champêtre, la *Fête des bonnes gens*. Il y mourut en 1786 (1).

Qu'il nous soit permis de présenter une dernière observation.

La lettre si originale sur « les Embellissements et les Améliorations de Paris » peut-elle et doit-elle trouver sa place dans les « Mémoires et Documents pour servir à l'Histoire du Commerce et de l'Industrie en France ? » Il suffira d'en prendre connaissance pour se rendre compte de l'intérêt qu'elle offre non seulement à tous les esprits curieux et passionnés pour l'étude des choses du passé, mais aussi à tous ceux que préoccupent le développement, la prospérité et le renom de la première et de la plus belle ville de France : Paris n'en est pas seulement la tête, le cerveau, mais aussi l'âme et la parure. Qu'on le veuille ou non, qu'on soit partisan d'une décentralisation plus ou moins large, Paris sera toujours un foyer, un centre d'action aussi favorable à la production artistique, intellectuelle, industrielle qu'aux initiatives financières et à l'expansion commerciale.

Dès le xviiie siècle Jean-Jacques-Elie de Beaumont rêvait d'une ville hospitalière, assainie, aux larges rues, aux voies ouvertes à la circulation et au mouvement des foules, aux avenues nombreuses, entrecoupées de carrés riants (aujourd'hui des squares) ; d'une ville méthodiquement nivelée, remplie de maisons spacieuses et salubres, surmontées de terrasses ; d'une ville enfin où tous les habitants auraient la fierté de leurs traditions municipales, de la beauté des monuments consacrés par l'histoire et auraient à cœur d'ajouter à la splendeur du passé l'éclat du présent et la préparation

---

(1) Bibliographie biographique : Dupin jeune, *Notice sur Elie de Beaumont,* dans *Annales du Barreau français,* 1824, p. i-xv ; V[icomte] de G[roncuy], *Un voyageur français en Angleterre en 1764 in Revue Britannique,* novembre 1895, p. 133-135 ; *Biographies* Michaud et Hœfer.

d'un avenir encore plus brillant et plus prospère. N'est-ce pas cette ville, conçue par Jean-Baptiste Elie de Beaumont, que les gouvernements qui se sont succédé chez nous depuis plus d'un siècle et demi ont édifiée, augmentée et embellie ? N'est-ce pas d'après un plan ancien, mais imprégné des mêmes desseins et tendant vers les mêmes fins, qu'ont été élevés les monuments nationaux, multipliés les places publiques, les jardins, les rues, les boulevards, les avenues ? il suffit de lire le précieux mémoire d'Elie de Beaumont et de parcourir la ville de Paris de 1921 pour reconnaître que toutes les transformations de notre éblouissante capitale étaient en germe dans l'esprit de nos prédécesseurs et sont comme des anneaux d'une chaîne d'or que le siècle passé a forgée et transmise aux siècles futurs. La noble devise : *Fluctuat nec mergitur* ne doit pas suffire à la Ville de Paris. Il convient de la compléter en disant qu'à l'instar de Rome, elle est l' « Urbs » moderne, aussi belle par les œuvres de ses artistes, que par les travaux de ses artisans, aussi digne de l'admiration du monde par son activité intellectuelle et morale que par les produits de son génie commercial et industriel !

J. H.

LETTRE

SUR L'EMBELLISSEMENT ET L'AMÉLIORATION DE PARIS

SUR LES MOYENS DE PROCURER EN MÊME TEMPS SA SALUBRITÉ

SANS QU'IL EN COUTE RIEN

Par J. Élie de Beaumont

Je veux aussi faire des projets, Monsieur ; cela m'amuse et ne nuit à personne. S'ils sont bons, on en raisonnera de proche en proche, et peut-être pourra-t-on en adopter quelques-uns. Ce sera toujours avoir fait quelque bien. S'ils sont mauvais, on en sera quitte à ne point les suivre et l'auteur inconnu n'en sera point humilié. D'ailleurs, lorsque je vois ces vilaines maisons des ponts condamnées enfin à une destruction prochaine, depuis si longtemps désirée, je me sens encouragé à me livrer à mes idées sur cette nature. Je suis bien sûr que je ne dirai rien ici contre la Religion, l'Etat et les bonnes mœurs et dès lors

> Chacun à ce métier
> Peut perdre impunément de l'encre et du papier.

Enfin, si je tiens parole et si en effet *il n'en coûte rien*, en consacrant, je suppose, deux millions par an pour augmenter l'embellissement, l'amélioration et la salubrité de Paris, cela vaudra bien qu'on m'écoute. Le *sans dot* a toujours été un excellent argument, surtout quand on aime à ménager la chose publique et quand on pense, comme l'excellent Dr du Breuil, *qu'avec un écu* (économisé) *on peut faire beaucoup de bien.* J'entre en matière.

---

(1) R. P. F. Jacques du Breul, l'auteur du *Théâtre des Antiquités de Paris*, 1 vol., Paris, 1612.

I

Quais intérieurs.

Voilà donc les maisons qui sont hors le pont au Change et sur le pont Notre-Dame abattues, ou autant vaut. Dieu soit loué (1)! Mais que me découvrent-elles? A droite du pont Notre-Dame en regardant le pont au Change, je trouve ce vilain quai de Gèvres dont la partie inférieure, attenante à la rivière, est toute remplie d'immondices très dangereuses pour la santé, et dénoncées comme telles il y a peu d'années par d'excellents citoyens chargés spécialement par le gouvernement de veiller à la salubrité de cette capitale. A gauche, je trouve tout le derrière des maisons de la vilaine petite rue Gervais-Laurent (2) qui sont immédiatement sur le bord de la rivière et qui présentent l'aspect le plus malpropre et le plus dégoûtant.

Je me retourne sur ce même pont Notre-Dame, en regardant vers l'île Saint-Louis et je vois, en face du quai Pelletier (3), une vilaine suite de maisons qui bordent immédiatement la rivière et qui sont de la construction la plus antique et la plus désagréable. Dans toute cette suite de maisons, je ne vois que l'hôtel des Ursins (4) qui ait une cour sur la rivière.

Je vais au marché Neuf (5) et j'aperçois vis-à-vis une sem-

(1) Cette démolition, ordonnée par les lettres patentes du 22 avril 1769, ne fut terminée qu'en 1786

(2) Il en est fait mention dans les textes à partir de 1248. Elle conduisait de la rue de la Lanterne à la rue de la Vieille-Draperie et fut supprimée par l'ouverture du boulevard du Palais.

(3) Ou Le Pelletier : a été englobé dans le quai de Gesvres, sur lequel est édifié maintenant le théâtre Sarah-Bernhardt.

(4) L'hôtel primitif des Ursins, démoli en 1550, avait été donné vers 1390 par la ville de Paris à un prévôt des marchands, Jean Jouvenel, l'un des plus redoutables ennemis des Bourguignons, père du célèbre historien de Charles VI.

(5) En 1568 les maraîchers qui encombraient le Petit-Châtelet se virent assigner un nouvel emplacement, sur lequel on éleva « un corps de halle et deux

blable suite de vilaines maisons formant le derrière de la rue de la Barbette (?) à l'exception d'une seule maison neuve assez reculée pour laisser la largeur d'un quai.

De là je me porte sur le quai de l'Horloge du Palais. Je vois que pour élargir ce quai d'un trottoir très nécessaire, M. Turgot a été obligé de faire, dans toute sa longueur, une voûte en l'air sur la rivière, et qu'on a ensuite rétréci ce même quai par une foule de mauvaises baraques adossées au Palais, en détruisant ainsi d'une main ce qu'on faisait de l'autre. Et je dis : La destruction des maisons sur les ponts nous donnera sans doute une plus libre communication d'air, — et nous en avons de plus en plus besoin — mais ajoutera-t-elle à l'ornement de la capitale et n'y nuira-t-elle pas dans un certain sens, lorsqu'elle offrira aux regards, entre le pont au Change et le pont Notre-Dame, les derrières du quai de Gèvres et de la rue Gervais-Laurent, qui du moins sont actuellement dérobées à la vue des citoyens et des étrangers ?

De là, je jette les yeux sur un arrêt du Conseil qui ordonna il y a quelques années, la construction d'un quai (1) entre le pont Saint-Michel et le Petit-Pont, et je vois que tout cet appareil, qui fut tant applaudi alors, s'est réduit à la seule construction de la maison dont j'ai parlé plus haut et que le quai est resté là. Car, n'en déplaise à mes chers compatriotes, nous commençons beaucoup dans ce pays-ci et nous finissons peu. On dirait que nous ressemblons un peu plus ou un peu moins à ces peuples de l'Inde qui vendent leur lit le matin et qui oublient qu'ils en auront besoin le soir : une idée nous saisit, nous échauffe, nous nous y livrons avec ardeur, puis ce grand feu s'éteint aussi promptement qu'il s'était allumé.

Si donc de nouveaux quais sont nécessaires à la décoration et même à la salubrité de Paris, en facilitant par de larges communications le renouvellement de l'air, ne serait-il pas

---

boucheries » que Jean Goujon fut chargé de décorer. En 1852 ce marché a été démoli pour faire place au quai actuel qui est resté le quai du Marché-Neuf et qui est en bordure de la Préfecture de Police.

(1) Sans doute le futur quai du Marché-Neuf (v. note précédente).

naturel après la destruction des maisons sur les ponts :

1° D'élargir le quai de l'Horloge du Palais, en abattant ces mauvaises baraques qui le rétrécissent ;

2° De faire un quai découvert à la place du quai de Gèvres, que son air resserré rend si malsain ;

3° De faire un quai depuis l'Horloge du Palais jusqu'à Saint-Denys de la Châtre (1), à la culée du pont Notre-Dame, en abattant toutes les maisons entre la rue Gervais-Laurent et la rivière ;

4° De faire un autre quai à la suite de celui-ci jusqu'au pont Rouge (2) dont je parlerai tout à l'heure ;

5° De faire un quai depuis le pont Saint-Michel jusqu'à l'ancien emplacement du Petit Châtelet (3);

6° D'abattre cette petite île de maisons en clavecin qui est au bout du pont au Change ?

Alors vous auriez une superbe communication depuis la grille de la Conférence (4) jusqu'à l'Arsenal dont les cours (5) deviendraient elles-mêmes une continuation de rue qui, venant rendre à un bout du jardin de l'Arsenal, aboutirait à une belle place et à une grande rue prise tant sur le fossé de l'Arsenal (6) que sur le bord du fossé et de là se rendrait à droite à un beau pont en face du boulevard Neuf (7), et à gauche un magnifique carrefour de six rues qui commence le faubourg Saint-Antoine.

D'un autre côté, à partir des Invalides et d'un quai sur le bord de la rivière, vis-à-vis des Invalides et du Palais-Bourbon

---

(1) Eglise qui se trouvait dans la Cité à l'entrée du pont Notre-Dame.

(2) *Vide infra*, et note spéciale au Pont-Rouge.

(3) S'élevait à l'entrée du Petit-Pont sur la rive gauche. Il fut la résidence du prévôt de Paris jusqu'en 1423: on le démolit en 1782: ainsi Beaumont l'avait vu debout.

(4) La porte de la Conférence se trouvait sur le quai des Tuileries non loin de l'actuel pont de la Concorde.

(5) Le grand Arsenal possédait cinq cours se suivant et communiquant entre elles. La rue de Sully actuelle a été ouverte sur leur emplacement.

(6) Notre gare d'eau de l'Arsenal a remplacé le fossé de l'Arsenal.

(7) Il doit être question du pont déjà projeté et qui fut réalisé plus tard, un peu plus en amont, sous le nom de Pont du Jardin des Plantes, notre pont d'Austerlitz. Peut-être le boulevard actuel de la Bastille, qui était alors le boulevard de la Contrescarpe, situé en bordure des fortifications de Paris. — Nous ne croyons pas qu'il s'agisse ici du boulevard Morland, car il existait alors sous forme de quai (quai du Mail) longeant un bras de la Seine qui enserrait l'île Louviers.

(avec un beau pont en face de la statue de Louis XV (1) et de la rue de Bourgogne) vous gagnez le quai d'Orsay, le quai des Théatins (2), le quai de la Monnaie (3), le quai des Augustins, le quai de la Hûchette (4), la rue de la Bûcherie (5), que vous élargissez (surtout en y abattant une maison qui fait le coin de cette rue avant d'arriver à celle qui conduit au quai des Miramionnes (6), maison si mal située qu'il arrive souvent des accidents) et de la rue de la Bûcherie, ainsi élargie, vous avancez tout droit vers le quai des Miramionnes, le quai et la porte Saint-Bernard et jusqu'au pont par lequel vous entrez dans le quartier Saint-Antoine, où vous vous portez dans les faubourgs Saint-Victor et Saint-Marceau et à Saint-Jacques (que vous liez ainsi avec le reste de la ville du côté du nord-est) sans avoir à escalader la montagne Sainte-Geneviève, impraticable dans les temps fâcheux de l'hiver. Ainsi, les deux bords de la rivière (à l'exception de la seule rue de la Bûcherie qu'un établissement sacré ordonne de conserver) (7) ont de magnifiques quais qui établissent une double communication d'une extrémité de la ville à l'autre, dans toute sa largeur, et qui unissent ensemble par deux beaux ponts toutes les parties de cette grande ville. Il n'y aurait pas une seule capitale en Europe qui eût des communications aussi nobles, aussi belles, aussi saines en même temps que le seraient celles-là.

---

(1) Sculptée par Bouchardon et inaugurée en 1770 au milieu d'une affluence si désordonnée que la bousculade produite au moment du feu d'artifice coûta la vie, selon Mercier (*Tableau de Paris*), à plus de 1.200 personnes. Ce feu d'artifice était tiré en l'honneur du mariage du dauphin, le futur Louis XVI, avec Marie-Antoinette (30 mai 1770). — Autour de cette statue on créa la place Louis XV, dont la Révolution a fait la place de la Concorde.

(2) Actuellement quai Voltaire.

(3) Actuellement quai Conti.

(4) Actuellement quai Saint-Michel et partie du quai Montebello.

(5) Où est l'hôtel Colbert, aujourd'hui Maison des Etudiants.

(6) Ainsi nommé à cause de la fondation à la fin du xvııe siècle par Mᵐᵉ Beauharnais de Miramion d'un petit couvent charitable dont les religieuses étaient appelés *Filles de Sainte-Geneviève* ou plus vulgairement Miramiones. Leur hôtel, affecté aujourd'hui à la Pharmacie centrale des Hôpitaux de Paris, subsiste au n° 47 du quai, qui est maintenant le quai de la Tournelle, et il a fait l'objet d'un article de M. Marcel Fosseyeux dans la revue *Æsculape* de février 1914.

(7) L'Ecole de médecine, y établie en 1472.

II

Ponts.

J'ai déjà parlé du pont vis-à-vis la place Louis XV et entre les fossés de l'arsenal et le boulevard neuf. Je ne me répéterai point. Je dirai seulement, et je ne serai démenti par personne, qu'ils sont depuis longtemps ardemment désirés par tous les citoyens. Je dirai que les superbes monuments de la place Louis XV, ceux qui sont en face les Invalides et l'Ecole militaire, l'accroissement du faubourg Saint-Honoré et la nécessité de sa communication avec le faubourg Saint-Germain rendent le premier de ces deux ponts aussi pressant qu'indispensable. Je dirai que la formation de la grande rue Amelot, près la Bastille, le projet formé de faciliter les communications entre l'ancien boulevard et le nouveau, les beaux accroissements qu'a pris le jardin du Roi (1), aujourd'hui l'un de nos plus intéressants monuments, rendent le second de ces ponts presque aussi nécessaire. Je dirai enfin que l'intérêt de dégager Paris des voitures à fardeaux le plus qu'il sera possible en faisant passer toutes ces voitures qui viennent du midi par une grande rue le long des fossés de la Bastille, par la rue Amelot et autres rues des faubourgs extérieurs aux anciens boulevards, pour de là gagner nos provinces du Nord, ainsi que je le dirai avec plus de détail ci-après, rendent le pont de l'Arsenal peut-être encore plus nécesssaire que l'autre, non pour la décoration et l'ornement, mais pour la facilité du service public et pour dégager les rues de la capitale de leurs perpétuels engorgements. Il faudrait encore trois autres ponts dans Paris, ou pour parler plus exactement le redressement d'un pont et la construction de deux autres.

Il existe auprès de Paris une ville qu'on appelle l'île

---

(1) C'est le moderne Jardin des Plantes, créé au xviie siècle pour l'instruction des étudiants en médecine.

Saint-Louis, séjour forcé de bien des personnes qui s'isolent de leurs amis et de leurs connaissances par le défaut de logements ailleurs, et qui cependant, étant si voisines de Paris, seraient bien aises de participer à ses amusements, à ses spectacles. Le pont Rouge les tient tous sous la clef, parce que des voitures n'y peuvent passer et d'ailleurs où aboutiraient-elles ? Redressez le pont Rouge (1), laissez-y (2) passer seulement les carrosses et les voitures légères à usage d'homme, faites une suite de quais depuis celui de l'Horloge jusqu'à l'île Saint-Louis et voilà cette île transplantée tout à coup comme avec la main jusqu'au cœur de Paris. Car on aura beaucoup moins loin pour aller du milieu de l'île à la statue de Henri IV que de ce même milieu aux Bernardins (3). Voilà une partie de Paris bâtie en superbes maisons, percée de plusieurs grandes et belles rues, environnée de très beaux quais, qui se trouvera tout à coup rendue à la capitale à laquelle elle est aujourd'hui comme étrangère.

Voulez-vous rendre cette communication plus complète encore et beaucoup plus utile? Placez un autre pont à cette même pointe de l'île qui vienne aboutir sur le quai des Ormes (4) à une grande et belle rue qui, passant devant le portail Saint-Gervais, aboutira à la place Beaudoyer et au marché Saint-Jean (5). Alors vous dégagez le plus beau por-

---

(1) Ce pont fut construit sans doute vers 1640 entre la Cité et l'île Saint-Louis par l'ingénieur Marie, qui construisait en même temps le « pont Marie » entre l'île Saint-Louis et la rive droite. Jusque-là l'île Saint-Louis ou île Notre-Dame était complètement isolée par la Seine. Le pont qui nous occupe était en bois peint de rouge : il fut deux fois détruit par les eaux. Le pont de fer qui le remplace actuellement, dit pont Saint-Louis (une seule arche de 745.000 kilogs) date de 1862. Le pont construit en 1632 par Barbier en face la rue de Beaune, et qui a eu une courte destinée, porta aussi pendant un temps le nom du « pont Rouge », d'où une confusion souvent répétée.

(2) Le Pont Rouge était à l'usage exclusif des piétons.

(3) Du couvent des Bernardins il subsiste encore le réfectoire, actuellement la caserne des sapeurs-pompiers, rue de Poissy N° 24. Des Bernardins on allait à l'île Saint-Louis par le Pont de la Tournelle, construit au xvii* siècle. Il subsiste près de la place Maubert quelques traces du couvent des Bernardins.

(4) La portion de quai comprise entre l'hôtel de Sens et la rue Geoffroy l'Asnier s'était appelée port des Barrés jusqu'à Charles V. Ce roi ayant englobé l'hôtel de Sens dans son palais, fit planter d'arbres le quai en question pour l'embellir, d'où la nouvelle dénomination de quai des Ormes.

(5) Le marché Saint-Jean, à l'entrée de la rue Bourg-Tibourg, a été supprimé en 1818.

tail de Paris, vous liez l'île Saint-Louis avec le cœur de la ville, avec l'entrée du Marais et le quartier Saint-Martin, vous ne faites de ces parties séparées qu'un seul et même tout.

Voulez-vous même abattre une poignée de maisons qui forment une île entre l'église Saint-Jean-en-Grève (1) et le quai, entre l'église Saint-Gervais et la grève ? Vous agrandissez une place que tout le monde convient être beaucoup trop étroite, vous facilitez la communication avec la rue Saint-Antoine, communication si fort angustrée par la rue du Martroy qui vient à la suite de l'arcade de l'Hôtel de Ville, et vous vous ménagez un emplacement très nécessaire à un établissement dont je parlerai tout à l'heure.

Un troisième pont serait à placer au bout du quai Dauphin, près de l'hôtel de Bretonvilliers pour joindre l'île Saint-Louis à l'île Louviers. Je n'ai pas besoin de prouver la nécessité de celui-là, elle est toute prouvée puisqu'on en a déjà fait les piles en bois (2).

III

Boucherie du grand Châtelet et rues adjacentes.

Depuis bien longtemps il n'y a qu'un cri contre la situation incommode, dégoûtante et très malsaine de la boucherie du grand Châtelet. Le grand air et le voisinage de l'eau sont nécessaires à une boucherie ; celle-ci se trouve très serrée dans

---

(1) L'église Saint-Jean-en-Grève était attenante à l'Hôtel de Ville.

(2) Ces détails sont particulièrement intéressants, car ils nous font connaître qu'à la date du mémoire de Beaumont un pont avait été amorcé entre l'île Saint-Louis et la petite île Louviers. Or si nous en croyons tous les plans postérieurs à cette époque et antérieurs à la date du comblement du bras de Seine qui séparait l'île Louviers de la rive droite de Paris, le pont amorcé n'a jamais été terminé. La nécessité ne s'en faisait pas sentir d'ailleurs aussi impérieusement que l'assure de Beaumont, car jusque sous Louis-Philippe, date de la suppression de l'île Louviers, ces terrains servaient seulement à des entrepôts, à un bal-musette et à la manie des pêcheurs ennemis des lieux trop passagers. Sur l'emplacement du pont dont parle notre auteur, a été jetée de nos jours la passerelle de l'Estacade.

En 1778, la Ville a commencé la construction d'une estacade entre l'île Louviers et l'île Saint-Louis pour mettre à l'abri de la débâcle des glaces les bateaux garés entre la rive droite et l'île Sain-Louis. Les piles dont parle de Beaumont sont certainement celles de l'estacade en question.

son local et placée entre des tours fort élevées et de petites rues
étroites, infectes, dont il est impossible de supporter l'odeur
et sur lesquelles il faut lire ce qu'en dit l'auteur du *Tableau
de Paris*, avec une touche aussi vigoureuse que vraie (1).

Il est indispensable de la supprimer et alors on pourrait
procurer au grand Châtelet, sans prendre à beaucoup près
l'emplacement entier de cette boucherie, une augmentation
de bâtiments, pour loger plus sainement et plus au large les
prisonniers au rez-de-chaussée et pour former dans la partie supérieure des dépôts publics et des greffes que l'importance et la multitude des affaires de cette première juridiction du royaume lui rendent nécessaire. On ouvrirait, par la
suite, une rue de trente pieds de large, entre la rue de
Gesvres et la rue Saint-Jacques de la Boucherie, pour désin-
fecter ce quartier, et on pourrait la diriger tellement que
de l'Apport-Paris elle ouvrît une grande et belle communication avec la place de Grève en l'alignant sur le coude que fait
la rue de la Vannerie et en élargissant cette dernière (2).

---

(1) Cet ouvrage anonyme, qui vit le jour en 1781 et par suite de l'énorme
vogue qui l'accueillit s'augmenta de suppléments successifs jusqu'à former
une collection de douze petits in-8, est dû à la plume du littérateur Sébas-
tien Mercier. Il se compose d'une série d'articles satiriques juxtaposés sans
ordre qui rappellent les feuilletons actuels de nos journaux littéraires. Voici
un extrait du chapitre auquel Élie de Beaumont rend un juste hommage.

« *Boucheries*. — Elles ne sont pas hors de la ville, ni dans les extrémités ;
elles sont au milieu. Le sang ruisselle dans les rues, il se caille sous vos
pieds, et vos souliers en sont rougis. En passant vous êtes tout à coup
frappés de mugissemens plaintifs. Un jeune bœuf est terrassé ;... une
lourde massue lui brise le crâne, un large couteau lui fait au gosier une plaie
profonde ; son sang qui fume coule à gros bouillons avec sa vie... Des bras
ensanglantés se plongent dans ses entrailles fumantes, un soufflet gonfle
l'animal expiré et lui donne une forme hideuse ; ses membres partagés sous
le couperet vont être distribués en morceaux et l'animal est tout à la fois
enseigne et marchandise.

« Quelquefois le bœuf, étourdi du coup et non terrassé, brise ses liens...
Des femmes, des enfants qui se trouvent sur son passage sont blessés, et les
bouchers qui courent après la victime échappée, sont aussi dangereux dans
leur course brutale que l'animal... Ces bouchers sont des hommes dont la
figure porte une empreinte féroce et sanguinaire ; les bras nus, le cou gonflé,
l'œil rouge, les jambes sales, le tablier ensanglanté, un bâton noueux et
masif (sic) arme leurs mains pesantes et toujours prêtes à des rixes dont elles
sont avides... Une luxure grossière et furieuse les distingue, et il y a des rues
près des boucheries, d'où s'exhale une odeur cadavéreuse, où de viles pros-
tituées, assises sur des bornes en plein midi, affichent publiquement leur
débauche... » (*Tableau de Paris*, nouv. éd., Amsterdam, t. I, 1783, p. 117-119).

(2) La ruelle de Gesvres avait porté pendant un temps le nom significatif
de *Merderet*. La rue de la Vannerie faisait suite à la rue Saint-Jacques de la

Mais, où replacerait-on la Boucherie que l'on aurait supprimée ? Le voici. Si vous abattez l'île de maisons entre l'église Saint-Jean-en-Grève et le quai, entre Saint-Gervais et la Grève, il vous revient un grand emplacement qui n'est pas nécessaire en totalité à beaucoup près, pour le débouché du pont qui marierait l'île Saint-Louis à ce quartier-là, ni pour l'élargissement de la communication de la Grève avec le quartier Saint-Antoine. La boucherie sera placée là en bon air, dans le voisinage de l'eau, tout à côté du blé et d'autres objets de première nécessité et également à portée des citoyens, d'autant plus qu'il reste encore les deux boucheries de la rue Saint-Honoré, celle de la Montagne Sainte-Geneviève, celle de la rue Saint-Martin et les autres qui sont à portée des différents quartiers.

On n'environnera cette boucherie que de petites maisons ayant rez-de-chaussée et entre-sol seulement, avec quatre grandes entrées, une sur chaque face, afin qu'elle soit parfaitement aérée et on peut faire cette construction de manière même que ses dehors fassent ornement et décoration.

IV

La halle et la rue aux Fers.

La bonté du roi vient de s'occuper d'un des plus grands objets d'utilité publique pour la capitale qui est d'élargir différentes halles, de leur donner de l'air et d'en faciliter l'accès. Il ordonne d'abattre les échoppes de la rue aux Fers (1), et même se réserve d'ordonner dans la suite l'élargissement de cette rue.

Boucherie. *Apport-Paris* est un vieux nom de la place du Châtelet signifiant vraisemblablement « marché do Paris ». Le vœu de Beaumont fut exactement réalisé en 1854-1855 puisqu'à cette époque les trois ruelles susnommées firent place à une large avenue faisant communiquer le Châtelet avec l'Hôtel de Ville et qui s'appela pendant quelques mois boulevard de l'Hôtel de Ville, puis avenue Victoria en l'honneur de la reine d'Angleterre reçue par la municipalité parisienne le 25 avril 1855.

(1) *Rue aux Fers* semble bien être une confusion pour *rue aux Feuvre*, c'est-à-dire rue où se vendaient les fourrages à une époque assez reculée. Cette voie a été englobée en 1798 dans le tracé de la rue Berger, ainsi que les autres voies dont parle plus bas l'auteur de notre mémoire.

Mais cet élargissement sera difficile. Si on veut le faire à main gauche en entrant par la rue Saint-Denys, il faudra détruire ce magnifique ornement de la fontaine des Innocents, et une grande et magnifique maison toute neuve bâtie dans la rue aux Fers, immédiatement après cette fontaine.

Si on veut le faire à droite dans cette même rue, il faudra abattre toutes les façades des maisons de cette rue, qui est fort longue, ce qui coûtera beaucoup, et fort marchande, ce qui fera tort à beaucoup de familles.

Il semble qu'il serait beaucoup moins dispendieux d'ouvrir une rue de trente pieds de large entre la fontaine et l'église des Innocents, qui traverserait l'ancien cimetière des Innocents, se dirigerait par un bout sur la rue de l'ancienne Fripperie, qui est une assez belle rue le long de la Halle aux Draps(1) et se dirigerait par l'autre bout à peu près sur la rue Aubry-Boucher. A ce moyen le libre accès des halles serait facilité beaucoup plus promptement et à bien moins de frais qu'en élargissant la rue aux Fers et l'on acquérerait en outre une très grande et belle communication toute droite entre la rue de Grenelle et la vieille rue du Temple, c'est-à-dire entre le cœur du quartier Saint-Honoré et le Marais, par les rues des Deux Ecus, la rue nouvelle entre la rue des Prouvaires et la rue de la Grande Fripperie, la rue de la Grande Fripperie, la rue nouvelle à ouvrir par l'ancien cimetière des Innocents, la rue Aubry-Boucher, la rue neuve Saint-Merry et la rue Sainte-Croix-de-la-Bretonnerie.

---

(1) La *Halle aux Draps et aux Toiles*, qui était située rue de la Poterie, était le siège de l'ancienne corporation des drapiers. Les auteurs du *Dictionnaire des rues et monuments de Paris*, Félix et Louis Lazare, l'ont décrite telle qu'ils la voyaient peu avant sa destruction totale causée par un incendie vers 1855. « Cette halle, disent-ils, paraît remonter à une époque reculée, et avoir été affectée à un autre usage. Cet établissement a 123 mètres 87 centimètres de longueur sur 17 mètres 53 centimètres de largeur. Il contenait dans le principe un rez-de-chaussée et un grenier au-dessus. Ce rez-de-chaussée était divisé en deux nefs par un rang de piliers formant des travées de plancher supportées par des poutres, le tout couvert à pan droit très élevé avec pignon en pointe aux deux extrémités. Vers l'année 1780, la halle dont il est question fut restaurée ; MM. Legrand et Molines, architectes, ont donné à cet ancien bâtiment un nouveau caractère, en conservant toutefois son ancienne disposition, c'est-à-dire les murs de face et les piliers soulageant la portée des poutres... Des travaux de consolidation ont été exé-

V

L'Ecole de chirurgie, la Comédie Française et l'église Saint-Côme.

L'Ecole de chirurgie (1) est un des plus beaux monuments de l'architecture moderne et l'un de ceux qui font le plus d'honneur à la capitale, mais les trois quarts de cette école sont masqués par une portion de la nef des Cordeliers, portion fort inutile au service divin, vu la très grande étendue de cette église.

La Comédie Française (2) est d'un accès fort difficile du côté de la rue des Fossés-de-Monsieur-le-Prince, par une montée fort rude qui se trouve dans cette partie et qui oblige tous ceux qui viennent du pont Saint-Michel et du Marais de remonter jusqu'à la place Saint-Michel (3) pour y arriver.

L'église Saint-Côme (4) est évidemment trop petite pour une paroisse, et d'ailleurs si ancienne et si défectueuse qu'il faudra incessamment la rebâtir.

Vis-à-vis de cette église est un ancien collège nommé le collège d'Ainville, très mal placé en face de la rue des Mathurins (5) dont il intercepte la communication avec la rue

---

cutés de 1837 à 1838 sous la direction de M. Lahure, architecte... » Avant leur incendie, ces bâtiments ne servaient plus aux drapiers, mais étaient affectés à des cours pour adultes.

(1) L'Ecole de chirurgie ou Ecole de médecine a été construite en 1769 par l'architecte Gondouin sur l'emplacement de l'ancien collège de Bourgogne, fondé par la reine Jeanne, comtesse de Bourgogne et d'Artois, femme de Philippe VI.

(2) Les acteurs de la Comédie-Française quittèrent ce théâtre en 1799 à la suite d'un incendie pour s'installer définitivement au Palais-Royal : le nom d'Odéon date de 1797.

(3) Il est à peine besoin de faire remarquer qu'il ne s'agit pas ici de la place Saint-Michel actuelle, mais d'un carrefour situé plus haut.

(4) L'église Saint-Côme et Saint-Damien bâtie en 1210 par l'abbé de Saint-Germain-des-Prés, fut démolie en 1836. Elle appartenait depuis 1345 à l'Université (et plus particulièrement à la Faculté de médecine), et se trouvait à l'endroit où actuellement la rue Racine vient aboutir dans le boulevard Saint-Michel.

(5) Cette rue des Mathurins ou des Mathurins-Saint-Jacques est devenue la rue du Sommerard. La rue des Mathurins actuelle, sise entre la rue Scribe et le boulevard Malesherbes, s'appelait alors rue Neuve ou ruelle des Mathurins, à cause de sa contiguïté avec une ferme appartenant à ces religieux.

des Cordeliers, ce qui fait une tournée fort difficile où il arrive souvent des accidents et où un imprimeur de Paris fut tué il y a quelques années.

Pourquoi de toutes ces incommodités ne pas faire résulter un très grand bien ?

Ou les Cordeliers seront transférés aux Célestins ou ils ne le seront pas. Au premier cas, on peut abattre une portion de leur nef, dégager l'Ecole de chirurgie et faire devant cette Ecole une très belle place composée de l'emplacement de la portion de nef abattue et de la place qui est devant l'église des Cordeliers.

On peut ensuite transférer la paroisse Saint-Côme dans la partie restante de cette église qui sera encore plus que suffisante, vu le peu d'étendue de cette paroisse ; amener ensuite une superbe rue diagonale depuis la rue Racine — terrain de la Comédie Française — jusqu'à la rue des Mathurins, en passant sur le quinconce des Cordeliers et sur le terrain de l'église Saint-Côme ; abattre une partie du collège d'Ainville, pour lier par un beau carrefour de six rues la rue de la Harpe inférieure, la rue de la Harpe supérieure, la rue Pierre Sarrasin, la rue des Mathurins, la rue des Cordeliers et la nouvelle rue diagonale dont nous parlons ; et enfin prolonger la rue Hautefeuille sur le même quinconce des Cordeliers jusqu'à cette nouvelle rue diagonale, à laquelle on pourrait donner 36 ou 40 pieds de largeur : ce serait en quelque sorte rapprocher la Comédie de beaucoup de quartiers desquels elle semble aujourd'hui fort éloignée (1).

Si les Cordeliers restent où ils sont, ce plan peut s'exécuter encore en supprimant la paroisse Saint-Côme, en la répartissant entre les paroisses Saint-Sulpice, Saint-André-des-Arts (2), Saint-Séverin et Saint-Benoît (3), en donnant au

---

(1) Ce projet de Beaumont eût été rien moins qu'une amorce de notre boulevard Saint-Michel, construit de 1855 à 1859.

(2) *L'église Saint-André-des-Arts*, ou plus exactement *des Arcs*, était comme l'église Saint-Côme une dépendance de l'abbaye Saint-Germain-des-Prés depuis l'année 1210 : elle se trouvait place Saint-André-des-Arts et fut démolie en 1790.

(3) *L'église Saint-Benoît-le-Bétourné* était rue Saint-Jacques près du couvent des Mathurins.

curé actuel un bénéfice simple au moins d'un égal revenu, dont la nomination appartiendrait à l'Université pour lui remplacer la nomination à la cure de Saint-Côme.

VI

Translation de la foire Saint-Germain
sur une partie du terrain du Luxembourg.

On frémit involontairement toutes les fois qu'on voit un carrosse entrer dans la foire Saint-Germain, on a toujours peur que quelqu'un soit écrasé (1).

Si elle reste où elle est, il est indispensable d'abattre promptement l'une des deux maisons qui sont à côté de l'entrée et de donner un autre débouché pour les carrosses dans la rue du Petit-Bourbon (2).

Un prince, l'amour de la nation et le protecteur des arts, a bien voulu consacrer une partie de ses jardins pour fournir aux citoyens de nouveaux emplacements. La foire Saint-Germain serait très avantageusement placée au bout du terrain du Luxembourg et vivifierait tout ce quartier là qui manque d'ouvriers et de boutiques.

Mais, dit-on, les marchands y perdraient, cet emplacement serait trop éloigné, ils ne vendraient rien. Et moi je dis : ils vendraient davantage, car plus il y a de monde dans un endroit, plus on vend ; il ne s'agirait seulement que de changer le temps de la foire Saint-Germain et d'en placer l'ouverture au samedi avant le dimanche de la Passion jusques un mois après Pâques. C'est alors que la belle saison commence à s'annoncer et que la cessation de l'hiver tire les citoyens de leur feu pour venir respirer dans les prome-

---

(1) Cette foire qui existait déjà au xiie siècle à côté de l'abbaye Saint-Germain-des-Prés a fait dans notre collection l'objet des savantes études de M. le capitaine Cherrière ; nous y renvoyons le lecteur (V. *Mémoires et Documents pour servir à l'histoire du Commerce et de l'Industrie en France*, l'étude sur : les Halles, les Marchés et les Foires de Paris sous l'ancien régime, p. 184 et suivantes).

(2) La rue du Petit-Bourbon, entre les rues de Buci et de l'Echaudé, s'appelle aujourd'hui rue Bourbon-le-Château.

nades. Celle du Luxembourg est attrayante, une foule immense s'y trouverait portée et tiendrait d'un côté à la foire, d'un autre à la Comédie Française. On se porterait à l'une et à l'autre, la foire Saint-Germain se renforcerait d'acheteurs par le voisinage et l'affluence de la Comédie Française et par la beauté de la promenade du Luxembourg. Bien des gens compteraient pour beaucoup d'éviter le départ des voitures, que l'arrivée de la belle saison leur rendrait d'ailleurs moins nécessaire. La promenade, la foire et la comédie prendraient une après-midi entière et soulageraient une infinité de personnes du fardeau de leur temps qu'elles ne savent où employer et qui se trouverait ici très heureusement partagé. Ce serait rendre un grand service à beaucoup d'honnêtes gens qui trouvent la vie si longue et si difficile à remplir.

VII

Collèges et marchés.

Qu'a fait au ciel toute la partie septentrionale de la ville au delà de la rivière pour être privée de l'éducation de ses enfants ou pour ne pouvoir la leur donner qu'à grands frais ? Avons-nous quelque loi qui défende, à peine de mort, de tenir des classes, sinon dans le quartier Saint-Jacques et Saint-Victor ?

Non, mais un ancien usage a rassemblé tout l'enseignement dans le pays latin parce que là les maîtres sont réunis, se connaissent mieux, s'observent davantage, sont plus à portée de leurs lieux d'assemblée, ce qui maintient la discipline bien plus en vigueur que si les collèges étaient répandus d'une manière isolée dans toute l'étendue de la capitale.

Fort bien, cette idée pouvait être excellente à proposer lorsqu'on disait : Saint-Germain-les-Paris, Saint-Victor-les-Paris, Saint-Nicolas-des-Champs, Saint-Martin-des-Champs et lorsque le chapitre de Saint-Honoré et même celui de

Sainte-Opportune étaient fondés dans des vignobles. Paris était assez petit alors pour que tous les maîtres de l'enseignement se réunissent dans un même quartier, parce qu'il y avait peu de distance des autres quartiers pour les aller chercher.

Mais lorsque la capitale couvre aujourd'hui une surface immense et est comme étonnée de se voir doubler elle-même, cette raison de la conservation de la discipline, raison qui n'est pas sans réplique et à laquelle, d'ailleurs, on peut se conformer, doit céder à un intérêt bien plus grand encore, celui de faire jouir tous les quartiers de Paris du bienfait de l'éducation publique. On pourrait donc placer un collège vers l'endroit où étaient les grands Jésuites et un autre vers le quartier Montmartre (1). Le siège de l'Université resterait toujours où il est, seulement il serait juste de doter les chaires de ces deux collèges de 25 ou 30 pistoles de plus par an pour payer aux professeurs des voitures afin qu'ils puissent se rendre aux assemblées et aux cérémonies de leur *nation* et à celles de l'Université et qu'ils n'aient pas l'excuse de l'éloignement pour s'y rendre.

Dans un ordre moins relevé mais cependant nécessaire se trouvent les marchés. Dans tout le nord de Paris vous n'avez point de marché depuis le marché d'Aguesseau (2) jusqu'au marché Saint-Paul ou au marché Saint-Antoine. Il est évident que dans tout ce grand espace, il en faut placer un ou deux, mais tout au moins un vers le faubourg Montmartre ou la Chaussée d'Antin qui forme aujourd'hui comme une nouvelle ville dans la ville même.

---

(1) La maison professe des Jésuites était dans le quartier Saint-Paul : les conseils d'Elie de Beaumont furent suivis puisqu'on y créa le lycée Charlemagne. Ils furent suivis également en ce qui concerne Montmartre de par la création du collège Rollin.

(2) Le marché d'Aguesseau se tenait depuis 1746 dans la cité Berryer qui est entre les rues Royale et Boissy-d'Anglas.

VIII

Percée des rues Froidmanteau
et Saint-Thomas-du-Louvre, en face le vieux Louvre.

Tous les citoyens voient avec satisfaction une belle communication établie entre le quai du Louvre et la rue Saint-Honoré par la rue du Coq (cy-devant cul-de-sac du Coq) (1) et en traversant la cour du vieux Louvre. Une communication qui coupe celle-ci à angle droit, en passant par les deux autres portes du Vieux Louvre, ne serait pas moins nécessaire et ferait le plus bel effet. Une belle rue de 40 pieds de large viendrait aboutir de la principale porte du Vieux Louvre au Carrousel et donnerait lieu d'adoucir la pente trop rapide qui est entre le Vieux Louvre et la rue Froidmanteau, rue ignoble et étroite que cette communication corrigerait un peu, surtout en l'élargissant depuis cette nouvelle rue jusqu'à la place du Palais Royal (2). On verra d'ailleurs combien ces grandes et belles communications serviraient à diminuer la dépense et c'est par où je finirai.

IX

Communication de la place Vendôme
avec le boulevard et les Tuileries.

En voyant la place Vendôme former seulement deux grandes cours en face l'une de l'autre et mises comme sous la

---

(1) La rue du Coq, appelée aussi Coq-Saint-Honoré pour la distinguer de la rue du Coq-Saint-Jean située près de la rue de la Verrerie, venait d'être élargie et complètement percée en 1767 : elle a reçu en 1854 le nom de *rue de Marengo*.

(2) L'agrandissement de la place du Palais-Royal en 1852 devait donner satisfaction à notre auteur en faisant disparaître les rues Froidmanteau ou Fromentel et Saint-Thomas-du-Louvre.

clef et sous la consigne des Capucines et des Feuillants,
l'étranger demande s'il a donc été impossible de donner à
cette belle place plus de développement et d'accès, puisqu'il
n'y a que l'impossibilité seule qui puisse excuser de ne l'avoir
pas fait et l'on est obligé de lui répondre : Hélas ! non, c'est
qu'on n'y avait pas pensé.

Pensons-y donc aujourd'hui, la chose est facile et peu
dispendieuse, non seulement peu dispendieuse, mais source
de bénéfices par l'augmentation de valeur qu'acquéreront les
terrains environnants. Cela se réduit à percer une belle rue
de la largeur de l'entrée de la place Vendôme sur le terrain
des Capucines jusqu'aux boulevards, et une semblable sur la
cour des Feuillants (qui ne toucherait en rien à leur portail)
et sur toute la longueur de leur passage jusqu'aux Tuileries,
en coupant une partie du manège qu'il serait facile d'allon-
ger à l'autre bout si cela était nécessaire. On pourrait encore
établir, entre le jardin des Capucins et la terrasse des Feuillants, une belle rue en retour qui serait bien vite couverte
de superbes hôtels et qui viendrait aboutir à angle droit à
une autre qui rentrerait dans la rue Saint-Honoré, en face
du portail de l'Assomption. Quel superbe coup d'œil offrirait
la place Vendôme, communiquant par un bout au boulevard
et par l'autre au plus beau jardin de l'Europe (1).

X

Elargissement de la rue Traînée
et Carrefour à la pointe Saint-Eustache.

La rue Traînée qui est le long de l'église Saint-Eustache
depuis le portail jusqu'au bout de l'église est une des rues
les plus dangereuses de Paris pour les accidents dans toute

---

(1) Pendant la période révolutionnaire de nombreux projets concernant le
dégagement de la place Vendôme furent mis en avant. Mais il devait appartenir à Napoléon Iᵉʳ de mettre à exécution celui d'Elie en perçant en 1811 la
rue de Castiglione sur l'emplacement du monastère des Feuillants et en 1814
la rue de la Paix à la place du couvent des Capucines.

la portée de cette rue qui s'étend depuis l'angle de la rue des Prouvaires (1) jusqu'à la rue Montmartre et c'est en même temps un des passages les plus fréquentés.

On l'a si bien senti, qu'outre les maisons déjà abattues à la pointe Sainte-Eustache, le gouvernement en fait encore abattre deux autres. Mais ces démolitions, qui donneront beaucoup de jeu pour la communication de la rue Traînée avec les rues Montmartre et Comtesse d'Artois (2), peuvent ne pas suffire pour donner tout l'accès nécessaire aux halles à l'entrée desquelles les maisons sont fort serrées. Il pourrait être utile d'abord d'élargir la rue Traînée depuis la rue des Prouvaires jusqu'à la rue Montmartre et ensuite de faire, par la démolition de quelques maisons du côté de la rue de la Tonnellerie (3) et du côté des halles, un grand et vaste carrefour où aboutiraient toutes les rues qu'on vient de nommer (4).

XI

Ecole de natation.

Quand nous voyons dans Horace et dans d'autres auteurs les exercices violents de la jeunesse Romaine au Champ de Mars, ses combats de natation dans le Tibre, la honte qu'il y avait de n'y pas prendre part, l'espèce de reproche d'homme efféminé qui en était la suite, et quand nous considérons que ces exercices si nécessaires à la santé et à la vigueur du corps

---

(1) Ainsi nommée parce que l'habitaient en grande partie les *prouvoires* ou prêtres de Sainte-Eustache. L'agrandissement des Halles n'en a laissé subsister qu'un tronçon du côté de la rue Saint-Honoré.

(2) Englobée depuis 1830 dans la rue Montorgueil.

(3) Absorbée progressivement par les Halles Centrales. Elle possédait la maison natale de Molière et de Regnard.

(4) Ici encore on a si bien approuvé les vues de notre auteur qu'on les a pour ainsi dire outrepassées en supprimant vers 1848 toutes les maisons qui délimitaient la rue au midi, ce qui équivalait à faire disparaître la rue elle-même. C'était réaliser en même temps l'agrandissement des Halles centrales et la prolongation de leur place jusqu'au bas-côté sud de l'église Saint-Eustache, mesure qu'Elie de Beaumont n'avait pas osé préconiser. D'où venait ce nom de *Traînée ?* Toutes les explications qu'on en a donné sont inacceptables : au xɪvᵉ siècle on disait : *ruelle au curé de Saint-Huystace.*

étaient encore dans toute leur force à Rome lors même que les Romains commencèrent à connaître un maître, nous devons nous trouver bien petits et bien mesquins dans notre éducation et dans notre manière de former les jeunes gens.

Pourquoi ne voyons-nous plus dans Paris presque aucuns jeux de paume ? Pourquoi plus de courses aux barres dans les Champs-Elysées, qui nous remplacent le Pré aux clercs si fameux sous Louis XIII et sous la régence d'Anne d'Autriche, pour ces exercices ? Pourquoi pas, du moins, une école de natation, lorsque nous destinons le quart de notre jeune noblesse à servir dans la marine et quand cet exercice est un jeu pour une puissance voisine chez laquelle plus de la moitié des enfants savent nager ?

Vous avez un endroit tout trouvé : le petit bras de la rivière depuis le pont Saint-Michel jusqu'au Pont-Neuf est presque à sec l'été — ce qui par parenthèse est fort désagréable à la vue et fort malsain — d'où il résulte qu'on peut y tenir l'eau aussi basse qu'on voudra et en même temps par un travail dans l'eau au bas du pont Saint-Michel, y en réserver une quantité suffisante pour le besoin. Une fois le pont Saint-Michel abattu, on hausserait jusqu'à cinq pieds et demi les parapets de toute cette partie entre le pont Saint-Michel et le Pont-Neuf, pour ménager la décence et la pudeur, et afin que les passants ne s'attroupassent pas tout le long des parapets et dans cette enceinte paisible et sûre des maîtres de natation donneraient des leçons dont l'hiver même ne dispenserait pas ceux qui voudraient se faire un bon tempérament et qui ne croiraient pas que la destination de l'homme soit de venir professer dans les cercles dès l'âge de dix-huit ans, bien coiffé, bien recherché dans sa parure, avec un petit fond de doctrine puisé dans les dictionnaires abrégés et dans les journaux, et un grand fond de présomption.

XII

Multiplication des communications pour les gens de pied.

Beaucoup de gens vont à pied par défaut de moyens pour aller en voiture. Beaucoup d'autres voudraient y aller pour faire un exercice très salutaire à la santé, ils en sont détournés par le danger des voitures, parce que quand on sort de chez soi on est bien aise d'avoir une forte certitude d'y rentrer. La malpropreté presque toujours subsistante de beaucoup de rues les en détourne aussi.

Ne serait-il pas utile de multiplier en faveur des gens de pied les passages qui traversent d'une rue à l'autre et qui même abrègent quelquefois ? Nous avons le passage de l'Hôtel de Longueville, celui du quai de l'Ecole au cloître Saint-Germain-l'Auxerrois, celui de l'Ancien Grand Cerf donnant de la rue Saint-Denys dans la rue des Deux-Portes, celui du Saumon, donnant de la rue Montmartre dans la rue Montorgueil, celui de la cour du Commerce donnant de la rue des Cordeliers dans la rue Saint-André-des-Arts et dans l'ancienne rue de la Comédie Française, celui du Palais-Royal donnant de la rue Richelieu dans la rue des Bons-Enfants, celui de l'Hôtel des Fermes, celui de la cour du Dragon, donnant du carré Saint-Benoît dans la rue du Sépulcre, celui de l'Hôtel de Toulouse, celui de la maison du Roulage et quelques autres en petit nombre.

C'est trop peu pour Paris. Londres est plein de passages ou *lanes* qui donnent une facilité incroyable aux communications journalières des citoyens et qui diminuent extrêmement (ce qu'il faut compter pour beaucoup) la fatigue des domestiques, des commissionnaires et des gens de peine. Il serait très essentiel de chercher à multiplier dans Paris ces communications.

XIII

Danger des grosses voitures supprimé.
Arrosage des rues.

Une société *d'émulation* qui a fait du bien et qui pourrait continuer d'en faire, s'était dès les premiers temps occupée de proposer des prix pour assurer la solidité des grosses voitures appelées *fardiers*. Elle a couronné une de ces inventions, nous avons vu daɴs le *Journal de Paris* qu'on a fait l'essai d'un *fardier* dans la cour du Contrôle général dont on a cassé l'essieu à volonté et dont les roues ne se sont pas renversées. Si les *fardiers* sont parvenus à leur point de perfection, ce que j'ignore, ce serait le cas de les faire graver et publier et d'en encourager l'usage.

Deux sortes de grosses voitures passent dans Paris, les unes en passe-debout pour aller d'une province à une autre en traversant Paris, les autres servant uniquement aux consommations intérieures des citoyens. C'est l'immense quantité de ces voitures qui abîme le pavé, qui obstrue les rues, qui cause des engorgements et quelquefois des accidents funestes.

Diminuons tout d'un coup le mal de moitié. Qu'à l'avenir, lorsque le pont de l'Arsenal sera fait, toute voiture chargée en passe-debout et qui n'aura rien à laisser à Paris, n'entre point dans la ville et prenne sa direction par les faubourgs. Vous avez dans toute la partie du midi le Boulevard Neuf depuis les Invalides jusque vis-à-vis de l'Arsenal, de là le pont, de là une grande rue de quarante pieds de large jusqu'au carrefour de l'entrée du faubourg Saint-Antoine, par lequel on sortira pour gagner les provinces qui entrent par ce faubourg, de là la belle rue Amelot et à la suite de celle-là on peut pratiquer ou élargir plusieurs autres pour donner des sorties par les faubourgs du Temple, Saint-Martin, Saint-Denys, Chaussée d'Antin et Saint-Honoré, afin que les voitures se rendent à leurs destinations respectives.

Il peut y avoir d'autres grosses voitures qui aient à laisser une partie de leur charge à Paris et à porter l'autre dans les provinces, on peut les assujettir à laisser aux bureaux des barrières, ce qui doit rester à Paris, et on ferait avertir par billets imprimés ceux que ces objets regardent de venir les y prendre et rembourser, avec le paiement des droits, les frais de voiture que le commis de la barrière aurait commencé par payer au voiturier sur sa lettre de voiture pour ne pas retarder sa marche, et dont il aurait le remboursement bien assuré par le nantissement des marchandises restées au bureau.

Il ne resterait donc que les marchandises destinées à transporter dans les différents quartiers de Paris les marchandises et les différents objets de consommation intérieure. Quant aux marchandises, le bien du commerce veut qu'on puisse les transporter librement tous les jours. Quant aux objets de grosse consommation comme vin, bois, fourrages, matériaux de construction, décombres, etc., on pourrait régler les choses de manière qu'elles ne fussent transportables que le matin jusqu'à deux heures ou de deux jours l'un ou les trois premiers jours de la semaine ou les trois derniers. Quant aux objets de consommation, matériaux de construction et décombres, on pourrait prendre des tempéraments qui conciliassent le dégagement des rues avec la nécessité de ne point mettre une partie du temps des voitures en pure perte pour les constructeurs, tout cela ne serait pas fort difficile.

Quand verrons-nous le jour où les eaux de MM. Périer arroseront régulièrement et en abondance les rues de la capitale et rendront enfin praticables aux gens de pied toutes ces vilaines rues du quartier Montmartre et des halles, du commencement de la rue Saint-Martin, de la traverse du quartier Saint-Martin à la grande Poste, et du quartier Saint-Denis au Marais, qui sont toujours pleines d'une boue grasse et dégoûtante, même au cœur de l'été ? Je n'ai, vous le savez, Monsieur, aucun intérêt dans cet établissement si utile et si patriotique, mais en vérité, je suis étonné qu'on ne l'ait pas saisi avec plus d'ardeur. Nous avons une police vigilante et

bienfaisante qu'on assure s'occuper fortement de l'objet de
l'arrosement des rues et l'on prétend même que la dépense
n'en serait pas considérable. Ce serait, en même temps, une
des choses qui contribueraient le plus à la salubrité de Paris.
Puissions-nous jouir bientôt de ce nouvel établissement dans
toute son étendue !

XIV

Bains domestiques.

Les anciens n'avaient pas comme nous l'usage du linge,
mais les bains le leur suppléaient et ils y trouvaient à la fois
la santé et la propreté. Combien n'aurions-nous pas d'avantages dans les bains domestiques lorsque nous avons de plus
qu'eux l'usage du linge qui contribue si essentiellement à la
propreté et à la santé ! Il n'y a parmi nous que les gens
riches qui en aient. Les bains publics ont beaucoup d'inconvénients et sont d'ailleurs trop éloignés des demeures des
citoyens, ils occasionnent une très grande perte de temps,
sans compter la dépense des voitures pour y aller et en revenir ; il est donc nécessaire de faciliter les distributions
d'eau dans les maisons de Paris de manière que les simples
citoyens puissent avoir l'usage du bain, même à meilleur
marché qu'en se servant des bains publics qui d'ailleurs ne
manqueront jamais de pratique. On a longtemps projeté de
faire venir l'eau de l'Yvette à Paris ; ce serait un renfort
ajouté à la machine de MM. Périer, si celle-ci ne pouvait suffire à tous les services publics et particuliers. Cet objet est
encore de la plus grande importance et digne de la plus
sérieuse attention (1).

---

(1) Les frères Périer, dont l'aîné fut membre de l'Académie des Sciences,
donnèrent un grand essor à la construction mécanique au xviii° siècle. A
partir de 1782 fonctionnèrent les deux machines à vapeur ou « pompes à feu »
qu'ils avaient établies à Chaillot et au Gros-Caillou pour élever l'eau. En 1788,
leur société, dans laquelle était intéressé Beaumarchais qui eut à la défendre
par la plume, devait conclure un traité avec la ville de Paris, et le service
des eaux allait être centralisé entre les mains d'un nouvel organisme, l'Ad-

XV

Place pour le Roi.

J'aime à me livrer à cet article : un bon roi a des droits sur nos cœurs et sur nos hommages. La Bretagne, la Franche-Comté et le Roussillon ont devancé la capitale, mais elles n'ont pas devancé nos vœux. Avec quelle satisfaction je vois le bon Henri occuper une place dont la parcimonie même répond si bien à l'amour qu'il portait à ses peuples ! Lui-même vivant n'en aurait pas choisi d'autre ! il en avait une si belle et si durable dans les cœurs. La plus belle place pour la statue d'un bon roi est celle qui coûte le moins à ses sujets.

Je vois dans Paris deux endroits dans l'un desquels on pourrait placer la statue du roi et tous deux dans le faubourg Saint-Germain qui n'a point de places publiques et qui mérite d'être orné.

L'une de ces places serait une grande place pleinement circulaire entre les rues du Théâtre Français (1), de Condé, des Quatre-Vents, du Petit-Lyon (2), des Boucheries (3), des

---

ministration royale des eaux de Paris, placée sous le contrôle du prévôt des marchands.

La source de l'Yvette se trouve entre Versailles et Rambouillet ; son confluent avec l'Orge est voisin de Savigny. L'idée de l'utiliser pour l'alimentation de Paris fut émise en 1762 par Deparcieux, qui fit dresser le plan d'un aqueduc par l'ingénieur Perronet ; elle fut reprise par Lavoisier qui publia un mémoire sur la question dans le *Mercure de France ;* elle n'a jamais abouti.

La disette d'eau à laquelle Beaumont fait allusion est attestée par le passage suivant du *Tableau de Paris* qui a pour titre *Porteurs d'eau :* « On achète l'eau à Paris. Les fontaines publiques sont si rares et si mal entretenues qu'on a recours à la rivière ; aucune maison bourgeoise n'est pourvue d'eau assez abondamment. Vingt mille porteurs d'eau, du matin au soir, montent deux seaux pleins, du 1er jusqu'au 7e étage, et quelquefois par delà : la voie d'eau [2 seaux, au total 24 litres environ] coûte 6 liards ou 2 sous... Quand la rivière est trouble, on boit l'eau trouble : on ne sait trop ce qu'on avale, mais on boit toujours... Les étrangers ne manquent presque jamais l'incommodité d'une petite diarrhée... »

(1) Rue de l'Odéon, on le devine (*op. cit.*, t. I, p. 146-148).

(2) Ou *du Petit-Lion-Saint-Sulpice,* nous rappelant la présence d'une enseigne et qu'un décret a transformé en 1851 en *rue Saint-Sulpice* en y adjoignant la *rue du Petit-Bourbon* qui la prolongeait.

(3) A été englobée en partie dans la rue de l'Ecole-de-Médecine, en partie dans la fraction du boulevard Saint-Germain qui avoisine le carrefour de

Fossés-Saint-Germain-des-Prés ou rue de l'ancienne Comédie-Française, des Cordeliers (1) et des Fossés-de-Monsieur-le-Prince (2) : Ce serait une place superbe à laquelle huit rues aboutiraient. Elle demanderait peu de démolitions de maisons et seulement des façades à décorer uniformément, il y aurait plus de vide que de plein, on pourrait même renoncer à y faire aboutir la rue de Quatre-Vents et du Petit-Lyon afin de diminuer la dépense. La statue regarderait le Théâtre Français où si souvent l'amour national fait relater ses transports (3).

On pourrait aussi placer la statue dans une grande place circulaire à la Croix-Rouge, place à laquelle six grandes et belles rues aboutiraient, les rues du Four, du Colombier, du Cherche-Midi, de Sèvre, de Grenelle et du Sépulcre (4). Voilà ce que j'appelle de grands et beaux monuments qui concilient la grandeur, la majesté, la commodité publique et qui étendent en même temps de plus en plus les communications beaucoup trop resserrées dans une ville qui n'a été bâtie que morceau à morceau sans aucun plan fixe, mais de laquelle pourtant on peut faire en moins d'un demi-siècle la plus belle ville de l'univers.

---

l'Odéon. Jusqu'en 1808, date de la construction des premiers abattoirs, la rue était encombrée par les étaux des bouchers et souillée par le sang des bêtes qui étaient abattues dans les cours.

(1) Partie de la voie publique qui s'est appelée en 1300 rue des Cordelés (Cordeliers), en 1304 rue Saint-Côme et Saint-Damien, avant 1672 rue Saint-Germain, de 1672 à 1790, rue des Cordeliers, de 1793 au 9 thermidor, rue Marat, ensuite rue de l'Ecole-de-Santé ou de l'Ecole-de-Médecine, nom qu'elle avait porté pour la première fois entre 1790 et 1793.

(2) « Construite vers 1315 sur l'ancien Clos-Bruneau, elle prit le nom des *Fossés*, parce qu'elle fut alignée sur les fossés qu'on venait de combler. On l'appela ensuite des *Fossés-Monsieur-le-Prince* parce que l'hôtel du prince de Condé s'étendait jusqu'à cette voie publique En 1793 elle reçut le nom de rue *de la Liberté*. Depuis 1806 on la désigne sous la dénomination de rue *Monsieur-le-Prince*. » (F. et L. Lazare).

(3) Le vœu d'Elie de Beaumont n'a été qu'imparfaitement réalisé par l'élargissement de l'extrémité des rues de l'Odéon et de Condé (carrefour de l'Odéon, 1801) et par le percement à cet endroit du boulevard Saint-Germain (emplacement des statues de Danton et Broca).

(4) Les habitants de cette rue, qui au xv° siècle desservait un couvent de chanoines de Saint-Sépulcre, trouvèrent son nom trop lugubre et obtinrent en l'an IX son changement : elle devint la rue *du Dragon*, à cause d'un bas-relief figurant sur la porte d'une maison voisine (Cour *du Dragon*).

XVI

Angles à pan coupé et tourelles à abattre.

On a donné depuis peu une loi fort sage et fort utile pour modérer l'exhaussement des maisons et assurer l'éclaircissement des rues (1).

Il serait bien nécessaire d'en donner une autre pour obliger les constructeurs à faire des pans coupés dans les angles de leurs maisons, à l'encoignure de deux rues. Outre que par là les maisons auraient beaucoup plus de grâce, la sûreté publique y gagnerait beaucoup, car c'est surtout au détour d'une rue que les gens de pied sont plus exposés à l'action des voitures que souvent ils ne voient pas.

Il y a aussi dans beaucoup de coins de rue, entre autres au coin de la rue Pavée (2) et du quai des Augustins, beaucoup de petites tourelles en saillie rondes ou carrées désagréables à l'œil et quelquefois même inquiétantes — témoin celle dont je parle — qu'il faudrait faire abattre. Les propriétaires n'auraient pas beaucoup de regrets à y donner, car elles renferment toutes un logement si exigu que ce n'est en vérité pas la peine de défigurer la ville par ces restes du mauvais goût de nos pères et d'inquiéter pour si peu de chose les citoyens.

----

(1) C'est la déclaration royale du 10 avril 1783, confirmée par les lettres patentes du 25 août 1784 qui furent enregistrées le 7 septembre 1784 par le Parlement de Paris. Les décrets du 27 juillet 1859 et 18 juin 1872 ont apporté peu de modifications à ces règlements anciens qui proportionnent la hauteur *maximum* des maisons à la largeur de la voie publique (M. Block. *Dictionnaire de l'administration française*, v° Voirie).

(2) Il y avait alors trois « rue Pavée » : l'une allant de la rue Montorgueil à la rue du Petit-Lion (quartier Saint-Eustache), l'autre faisant communiquer la rue des Francs-Bourgeois avec la rue du Roi-de-Sicile (celle-ci existe toujours au Marais sous la vocable de rue *Pavée*), la troisième enfin joignant la rue Saint-André-des-Arts au quai des Augustins : c'est celle dont il est question ici. Pour éviter les confusions on l'a depuis peu transformée en rue *Séguier :* il eût mieux valu lui rendre le nom pittoresque qu'elle portait au temps de Rabelais : « Pavée d'Andouilles » ; mais aujourd'hui les riverains sont plus susceptibles.

XVII

Carrés.

Les spéculations de terrains ont emporté tant de jardins, surtout dans la partie du Nord, qu'il devient juste de rendre à la commodité et à la sobriété de la capitale une partie des surfaces qu'on lui a ôtées. Le tableau de la mortalité de la ville de Montpellier, imprimé dans un des journaux de Paris du mois d'octobre 1785, fait trembler quand on considère que dans la ville la plus saine de l'Europe, suivant ce tableau même, il meurt plus de la moitié des enfants au-dessous de cinq ans.

L'air et le bon air et un peu d'exercice sont aussi nécessaires aux enfants au-dessous de dix ans que la nourriture même. A Londres, il y a tout plein de carrés où les enfants se promènent et jouent sur l'herbe. Nous n'avons ici que trois carrés dans ce genre, qui sont la place Royale (1), le jardin de l'hôtel de Soubise (2) et les Champs-Elysées. La dignité nationale que je n'entends pas blâmer, mais que du moins on n'exigera pas que je loue, ne permet guère aux bonnes d'entrer dans les grandes promenades, surtout les jours de fêtes et dimanches, qui sont cependant ceux où les bonnes en auraient le plus le temps. D'ailleurs, combien y aurait-il de familles où l'on n'a pas moyen d'avoir de bonnes et où personne ne peut conduire et accompagner les enfants ? Il y aurait la plus grande imprudence à laisser jouer les enfants dans les rues dans un âge si tendre, exposés à être sans cesse écrasés par les voitures et les fardeaux. Ces pauvres enfants sont donc réduits à languir, à se faner, à mourir dans des cinquième et sixième étages avec de la braise pour se chauffer, sans pouvoir se fortifier par l'exercice et le bon air ; on n'en peut parler sans verser des larmes.

---

(1) Place des Vosges.
(2) Aujourd'hui Archives Nationales, à l'angle de la rue des Archives et de la rue des Francs-Bourgeois.

Ce serait certainement une dépense bien paternelle, une dépense à laquelle il n'est aucun citoyen honnête qui ne concourût par souscription, une dépense qui honorerait à jamais le cœur d'un bon roi et d'un ministre citoyen, d'établir dans les différents quartiers de Paris une douzaine de *carrés* (1), en cherchant quelque emplacement intérieur dans de grandes cours de vieilles et mauvaises maisons de peu de valeur. On sent bien que ces carrés (qu'il serait cependant possible de rendre agréables) ne seraient pas pour la décoration de la ville, mais pour la salubrité, pour la circulation de l'air, pour la conservation des enfants et des générations futures. Vous en avez déjà, Monsieur, deux tout trouvés et qui ne coûteraient au roi qu'un emplacement hors les faubourgs, qui sont le cimetière Saint-Nicolas-des-Champs et le cimetière des Innocents (2) ; les dix autres avec quelque recherche et peu de dépense pourraient se trouver aisément.

Je suppose qu'il fallût acheter pour chacun cinq mauvaises et vieilles maisons, que j'évalue à 30.000 livres chacune et dont les matériaux vaudraient bien peu s'ils ne valaient les frais de démolition également du terrain, gazonnage, plantation d'ormes ou de tilleul autour et entourage en barrières à hauteur d'appui avec tourniquets et bornes. Ce serait donc une dépense de 1.500.000 livres ou 75.000 livres de rentes.

Ne sauverait-on pas par là la vie à plus de 750 enfants par an, et n'assurerait-on pas la force et la vigueur de plus de 7.500 autres ? Je le demande à tout homme sensible et raisonnable, mais surtout aux gens de l'art. Or, a-t-on jamais placé de l'argent à un plus haut intérêt ?

Que j'aimerais à voir la statue d'un bon roi, d'une aimable reine au milieu d'un magnifique carré de gazon, cinq cents enfants jouant et folâtrant autour et pour unique inscription cette invitation touchante du meilleur des hommes et d'un Homme-Dieu : *Sinite parvulos venire ad me, Laissez les*

---

(1) Nous n'avons pas adopté ce mot pour désigner nos petits jardins publics mais sa traduction anglaise : *square*.

(2) Utilisé depuis pour l'agrandissement des Halles Centrales.

enfants approcher de moi. Une telle inscription vaudrait bien, ce me semble, les superbes panégyriques gravés à la place Royale et à la place Vendôme (1) et les nations enchaînées à la place des Victoires.

Pourquoi ne placerait-on pas dans les carrés dont je parle le bon roi Louis XII, le vertueux saint Louis, le sage Charles V ; cela serait peu cher en y mettant des statues de pierre en pied ; de tels rois n'ont besoin ni du marbre ni du bronze.

Quel inconvénient trouverait-on encore à y placer de bons et dignes ministres : un Georges d'Amboise (2), un Sully, le bon Jean-Jacques à qui les enfants doivent tant, ou des hommes chers à la nation par leur bienfaisance, un Vincent de Paul, un Fénelon, un François de Sales, une Mme de Miramion (3), un Catinat, qui préférait la conservation de ses soldats à l'éclat des victoires, un Turenne, non pour avoir eu tant de succès à la guerre mais pour cette bonhomie excellente avec laquelle se retournant vers un de ses gens qui l'avait frappé par derrière, le prenant pour Jacques son aide de cuisine, il lui répondait : Eh ! quand ce serait Jacques, fallait-il frapper si fort ?

Dira-t-on que ces honneurs de statue publique, n'appartiennent qu'aux rois ? Je trouverais ce langage bien oriental. Le roi de Prusse, qui se connaît bien en pouvoir, n'a-t-il pas lui-même érigé dans Berlin des statues à ses généraux et aux hommes célèbres de ses Etats ? N'a-t-il pas lui-même contribué à la dépense de ces érections, lorsqu'on les lui a proposées ? N'en a-t-il pas lui-même fixé la place ? Mais, sans sortir de ce royaume, Turenne et Duguesclin ne reposent-ils pas au milieu de nos rois, et y a-t-il plus d'honneur à avoir une statue équestre dans l'une des places d'une ville, qu'à avoir ses cendres honorablement mêlées avec les cendres

---

(1) La place Vendôme était ornée d'une statue colossale, Louis XIV par Girardin, qui fut détruite le 16 août 1792.

(2) Le cardinal d'Amboise, ministre de Louis XII.

(3) Femme d'un conseiller au Parlement de Paris qui fonda deux maisons de refuge pour les repenties et une communauté de religieuses vouées à diverses œuvres de bienfaisance dont la maison principale était sur le quai des Tournelles ou « de Miramion » (Voir plus haut au § I).

royales ? Donnons-nous donc, lorsque l'occasion s'en présente, des encouragements à la bienfaisance et à la vertu, et croyons que c'est un des plus nobles usages du pouvoir.

XVIII

Feux publics.

Qui n'a frémi dans les cruels hivers que nous avons éprouvés depuis quelques années en apprenant que plusieurs personnes étaient mortes de froid dans des greniers ! Le froid est un des plus grands maux que l'on puisse endurer et il est fort aisé de le prévenir à peu de frais. C'est en même temps un des actes de bienfaisance dont on s'occupe le moins.

Vingt feux publics allumés en vingt endroits de la capitale, chaufferaient chacun cinq cents personnes qui s'en approcheraient tour à tour. Supposez quarante jours d'un froid très vif dans tout un hiver, c'est beaucoup. Supposez une voie de bois (1) brûlée par jour dans un feu public qui serait allumé trois fois, savoir un tiers de voie à l'heure du déjeuner des ouvriers comme maçons, charpentiers et autres, afin qu'ils en profitent aussi, un second tiers à l'heure de leur dîner et le dernier tiers le soir quand ils se retirent de leur travail. La voie est de 27 livres, ajoutez 3 livres, tant pour la voiture que pour la peine de l'homme qui serait chargé d'y veiller, de l'allumer en trois fois, suivant l'ordre qui lui en serait donné, d'empêcher que le bois ne fût pillé et que les charbons ne s'éloignassent et ne missent le feu quelque part, cela ferait 30 livres pour un feu, et pour quarante jours dans ce même endroit 1.200 livres ; cela ferait pour vingt feux 24.000 livres. Voulez-vous aller jusqu'à trente feux, cela ferait 36.000 livres. Quelle modique dépense en comparaison du secours immense qui en résulterait pour tant de malheureux !

---

(1) Voie de bois ou « demi-corde » = deux stères environ.

XIX

Terrasses des toits.

M. Etienne, chevalier de Saint-Louis, a fait voir, il y a deux ans, à tout Paris, dans une rue qui va à Mesnilmontant, au delà du boulevard du Temple, une terrasse chargée de berceaux, d'arbrisseaux et de fleurs, dont il a prétendu, dans ses calculs, que la dépense était beaucoup moindre que celle d'une charpente et d'une couverture, sans avoir moins de solidité.

L'hiver dernier on a prétendu remplacer les couvertures et leurs charpentes par des terrasses couvertes d'une matière venue de Suède qui n'est ni plomb, ni étain, ni tôle, ni ferblanc, qui résiste à la rouille, et qu'on prétend coûter beaucoup moins qu'une couverture ordinaire (1). Il y a plusieurs terrasses semblables dans Paris, une entre autres dans la rue des Vieux-Augustins (2), à droite en entrant par la rue Coquillère et qu'on voit du jardin de l'hôtel de Coigny, cidevant occupé par M. Mesner rue Cochéron.

Il serait intéressant de prier Messieurs de l'Académie des Sciences et Messieurs de l'Académie royale d'Architecture de donner un avis raisonné sur ces deux manières de couvrir les maisons et si en effet, l'une ou l'autre, ou toutes deux méritent d'être adoptées, on en ferait imprimer des prospectus avec des devis de dépense sur lesquels chacun se réglerait. Ces méthodes prendraient promptement et il en résulterait beaucoup d'avantages.

D'abord ce serait une immense épargne de bois et cet objet est d'autant plus à considérer que le bois de construction devient de jour en jour plus rare et plus cher parce qu'on n'a pas replanté dans la même proportion qu'on a détruit. Ensuite, quel agrément ne serait-ce pas pour les citoyens

---

(1) Il s'agit du zinc, dont la découverte et les premières utilisations remontent à peine au XVIIe siècle.

(2) Aujourd'hui rue d'Argout, près de la Banque de France. C'est dans un hôtel de cette rue que Charlotte Corday était descendue en venant de Normandie pour assassiner Marat.

d'avoir des promenoirs dans leurs maisons, de pouvoir en user, sans perdre de temps et sans faire de dépenses de voitures pour les aller chercher au loin, de pouvoir se promener à toute heure sans avoir besoin de s'habiller, de pouvoir prendre l'air et faire faire de l'exercice aux enfants sous les yeux de leur mère qui, s'occupant en même temps de son ouvrage, tiendrait dans les petits ménages la place d'une gouvernante qu'on n'est pas toujours en état d'avoir ?

XX

Hôtel de Ville.

Je suis dans la plus belle ville de l'Europe, mes yeux y cherchent l'édifice qui doit être à la capitale ce que la capitale est au royaume. Je trouve, au bout d'un quai fort étroit, une place mesquine et de toutes parts irrégulière, sans accès, sans issues, n'ayant qu'une surface insuffisante à sa destination, quoique presque doublée depuis quelques années, et je vois, non pas même en face de la rivière, mais sur les côtés, un vilain édifice gothique avec des niches vides de statues et chargées d'ornements de mauvais goût, un petit rez-de-chaussée écrasé et servant à faire des prisons, un premier étage d'une hauteur démesurée surmonté de lourdes masses en forme de lucarnes, sans fenêtres sur un de ses côtés, parce qu'un prévôt des marchands jugea à propos de masquer la façade de l'église Saint-Jean; c'est là ce qu'on appelle l'Hôtel de Ville de Paris, hôtel si étroit, si gêné dans ses distributions, que quand le roi et la reine font aux citoyens l'honneur de les visiter, on est réduit à faire un second Hôtel de Ville en charpente et en planches, pour les recevoir et les traiter (1).

---

(1) La place de l'Hôtel-de-Ville, alors place de Grève, avait été agrandie vers 1770, « presque doublée », dit notre auteur. Elle servait depuis un temps immémorial aux exécutions capitales : cette destination lui fut enlevée en 1830. L'une des cérémonies qui lui valait la visite officielle du roi était celle qui avait lieu toutes les années la veille de la Saint-Jean : en présence de la

Comme la grande science en architecture, ainsi qu'en toutes autres affaires, est de ne se point tenter de remédier à ce qui est irrémédiable, il est clair qu'il faut abandonner l'hôtel de ville pour les loteries et le paiement des rentes et la place qui est devant pour sa destination qui offre d'ailleurs un contraste choquant avec les idées d'allégresse et de bonheur qui doivent être l'âme des fêtes publiques. Ne pourrait-on pas même y transférer le grand Châtelet qui trouverait dans les salles et dans l'intérieur de grandes et commodes distributions et tout ce qui serait nécessaire à l'administration de la justice dans ce grand tribunal ? Il résulterait de là qu'on pourrait abattre le grand Châtelet et faire, en entrant du pont au Change dans la rue Saint-Denis et en écornant un peu la rue de la Vieille-Boucherie, vers la rue de la Huchette, une des grandes communications de Paris et à peu de choses près si l'on voulait percer tout au travers de la Vieille-Boucherie, et de la rue Macon une seconde longueur de Paris, parallèle à celle qui va de l'Observatoire à la barrière Saint-Martin (1). A ce moyen, Paris aurait deux longueurs et deux largeurs : les deux longueurs, on vient de les voir, les deux largeurs seraient des Invalides au delà de la porte Saint-Bernard et jusqu'à la Salpêtrière et de la grille de la Conférence jusqu'au Trône (2).

Mais où placera-t-on l'Hôtel de Ville ? Je vais hazarder une idée qui pourra avoir des contradicteurs parce qu'elle entraînera beaucoup de dépense, mais qui aura aussi des

---

cour et des notabilités parisiennes, on y brûlait solennellement sur un bûcher enguirlandé de roses un panier contenant un renard et deux douzaines de chats vivants.

(1) Le Châtelet, siège de la juridiction du **Prévôt de Paris**, fut démoli en **1813**. Les petites rues mentionnées ici ont disparu avec l'agrandissement de la place du Pont-Saint-Michel, devenue place Saint-Michel. Le projet dont il est question a été réalisé à très peu près exactement par le percement des boulevards de Strasbourg, de Sébastopol, du Palais et Saint-Michel. L'autre « longueur » à laquelle il est fait allusion est une voie en ligne droite constituée par les rues Saint-Martin, des Arcis, de la Juiverie, Saint-Jacques et du faubourg Saint-Jacques.

(2) La porte Saint-Bernard était située entre le pont de la Tournelle et la halle aux vins : Elie demandait donc le percement du futur boulevard Saint-Germain. La grille de la Conférence était située à l'extrémité du quai Debilly : cette barrière s'est appelée aussi barrière des Bons-Hommes, et plus tard barrière de Passy.

approbateurs parce que, si je ne me trompe, elle est grande et belle et digne de la première ville de l'univers.

S'il existait un lieu assez vaste, assez bien disposé par la nature et par les travaux des hommes pour contenir aisément sur ses deux côtés et sur ses deux extrémités un million de spectateurs pour voir les fêtes publiques dans lesquelles le peuple ne doit pas courir risque de sa vie puisqu'enfin en dernière analyse ce sont ses sueurs qui les paient, si ce lieu était également propre à des tournois et à des carrousels, si le goût en revient, à des danses, à des joûtes sur l'eau, à des feux d'artifice, qu'en France on aime passionnément, ce serait là certainement le lieu où Paris désirerait avoir son hôtel de ville.

Or, ce lieu existe. Soient abattues les maisons qui sont entre la place du Vieux-Louvre et l'église Saint-Germain-l'Auxerrois, à laquelle on ferait un magnifique portail. Soit abattue la partie du cloître Saint-Germain-l'Auxerrois qui est entre le passage du cloître et la rue des Fossés-Saint-Germain-l'Auxerrois. Soient abattues plusieurs maisons d'Angivilliers (1), des Poulies (2), Jean Tison et des Fossés-Saint-Germain-l'Auxerrois (3), cela formera un superbe carré long.

Que la grande façade de l'Hôtel de Ville, formant un bâtiment dans le goût de l'hôtel de la Monnaie, soit tournée vers la rivière et placée dans le fond de ce carré, à angle droit du Vieux-Louvre, mais à assez de distance de ce majestueux édifice pour ne pas lutter d'architecture avec lui, d'autant que c'est d'ailleurs un tout autre genre. Dans le derrière de cet édifice, du côté de la rue Saint-Honoré, on peut faire une grande cour à l'Hôtel de Ville et les autres appartenances pour le service public.

---

(1) La rue de Rivoli ayant été percée parallèlement à la rue d'Angivilliers et tout auprès d'elle, celle-ci a été supprimée en 1852 : son emplacement fait aujourd'hui partie des immeubles nᵒˢ 156 et 158 de la rue de Rivoli.

(2) Absorbée par la place du Louvre et la moderne rue du Louvre.

(3) Récemment baptisée rue Perrault pour éviter la confusion avec la rue des Prêtres-S.-G.-l'A. : c'est la petite rue qui, partant de la place du Louvre, vient aboutir obliquement dans la rue de Rivoli après avoir longé la mairie du Iᵉʳ arrondissement. Elle aurait été construite sur l'emplacement d'une tranchée que les Normands creusèrent pour assiéger Paris vers 886 : on y voyait jadis l'hôtel de Ponthieu où fut assassiné Coligny, où naquit Sophie Arnould, où habita en 1747 le peintre Vanloo.

Alors, donnez telle fête que vous voudrez, vous aurez pour placer les spectateurs le pont Neuf et le pont Royal, les beaux quais du Louvre, de l'Ecole (1), des Théatins (2) et de la Monnaie (3), les magnifiques édifices qui les bordent, surtout si l'on abattait les deux pavillons des Quatre Nations (4), les bords de la rivière entre la rivière et les quais — en ne plaçant plus là des piles de bois. — La place immense qui sera devant l'Hôtel de Ville et le Vieux Louvre, des balcons superbes posés dans la colonnade du Louvre y reçoivent le souverain et toute sa cour et dites-moi si cela ne sera pas mille fois plus imposant que ce carrousel irrégulier et petit en comparaison, dans lequel cependant Louis XIV étalant toute sa magnifence appelait l'Europe entière à ses fêtes.

L'église Saint-Germain-l'Auxerrois ou celle de l'Oratoire servirait au corps municipal pour les cérémonies religieuses qui accompagnent les fêtes publiques. Le souverain irait en pompe royale à Notre-Dame par une belle route en redressant un peu le Marché Neuf (5) sur la main gauche pour arriver plus directement à la rue Notre-Dame et reviendrait de même à son palais. Il y aurait des débouchés infinis pour les voitures, la vie d'un enfant ou d'un vieillard ne serait pas même en danger et après le feu d'artifice, le peuple se porterait à la nouvelle halle si heureusement disposée pour les fêtes publiques et dans les divers carrés qui seraient à sa portée et les seuls gazons auraient à en souffrir. Cette opération sans doute serait fort chère, mais elle n'est pas l'ouvrage d'un jour. On pourrait la préparer à la longue et nous aurions du moins la satisfaction de penser que nos neveux jouiraient de ce qu'une sage économie nous aurait interdit à nous-mêmes.

Voilà en substance les principales idées que j'ai conçues

---

(1) Partie du quai du Louvre actuel comprise entre le Pont-Neuf et la rue du Louvre.

(2) Quai Voltaire.

(3) Autrefois quai de Nesle, puis de Guénégaud, puis de la Monnaie ou de Conti.

(4) L'Institut.

(5) Voir plus haut § I.

pour l'embellissement et la salubrité de la capitale et pour procurer quelque bien-être à ceux de ses habitants qui ne peuvent se le procurer eux-mêmes. J'en aurai beaucoup d'autres encore à vous présenter, mais permettez-moi d'abord de demander votre jugement sur celles que je soumets à vos lumières. Pour vous mettre en état de me le donner en connaissance de cause, je passe maintenant aux moyens d'exécution.

XXI

Moyens d'exécution.

Tout cela, me direz-vous, Monsieur, est excellent sur le papier. Les plus beaux projets du monde ne coûtent rien à présenter : on se plaît, on s'agite dans ses idées, soit enthousiasme, soit patriotisme, soit imagination, on voit tout en beau, on trouve tout facile, mais vous avez annoncé que tout cela ne coûterait rien, vous nous avez, en commençant, promis le *sans dot*, comment tiendrez-vous parole ?

Le voici, écoutez-moi : D'abord, les deux ponts de la place Louis XV et de l'Arsenal sont, à ce qu'on m'assure, votés et arrêtés depuis longtemps ; ainsi, les fonds sans doute en sont faits et comme ils sont distincts de divers projets de cette lettre, je n'ai point à m'en occuper ici (1).

Je suppose que les différents plans que je propose doivent coûter 60 millions, tant pour l'indemnité des maisons à détruire et des terrains à acheter que pour les constructions à faire, et que ces plans doivent s'exécuter en trente ans, à raison de deux millions par an. Voilà donc deux millions par an dont il faut trouver les fonds sans détourner aucune autre

---

(1) Des lettres patentes avaient dès 1722 autorisé la ville de Paris à contracter un emprunt pour construire le premier de ces deux ponts, mais à cette époque rien ne fut fait. L'autorisation allait être renouvelée un an après la rédaction de notre mémoire, exactement par un édit de septembre 1786 fixant l'emprunt à 30 millions, sur lesquels 1.200.000 francs seulement devaient être prélevés en faveur du pont. La construction dura de juin 1787 à la fin de 1790 et le pont s'appela pont Louis XVI, puis en 1792 pont de la Révolution, enfin pont de la Concorde, en 1795.

partie du revenu public et sans mettre de nouveaux impôts, voilà le problème à résoudre. Or,

1° La réparation du Palais tend à sa fin (1) et cette réparation se fait au moyen d'une addition sur la capitation de Paris de deux deniers par livre, addition imperceptible et même inconnue de la plupart de ceux qui la paient. On assure qu'elle rend au moins 400.000 livres par an. Certainement personne ne se plaindra de sa continuation lorsque les fonds en seront employés d'une manière aussi satisfaisante pour les citoyens. Car, remarquez, Monsieur, qu'il y a des impôts qui se paient avec plaisir, par exemple, lorsqu'on en fait l'emploi qu'on en aurait fait soi-même. En général, à l'exception de ceux à qui leur défaut absolu de moyens rend tout impôt onéreux, on est moins fatigué d'un impôt comme impôt que par la crainte en général mal fondée qu'il ne soit pas employé à sa destination. Supposons donc une caisse particulière qui soit la *Caisse des embellissements et améliorations de Paris*, dans laquelle le produit de ce léger impôt soit versé tous les ans, cy . . . . 400.000 fr.

2° Nous avons un édit de 1764 dûment enregistré qui ordonne que chaque ordre religieux n'aura que deux maisons dans Paris. Il y a actuellement quatre maisons de capucins et trois de jacobins ; il est au pouvoir du roi de fixer quelles de ces maisons tomberont en suppression et l'on voit que les maisons des capucins et des jacobins de la rue St-Honoré sont naturellement celles qui doivent être supprimées (2).

---

(1) Elie fait allusion à la reconstruction par les architectes Moreau, Desmaisons, Couture et Antoine, de la partie du Palais de Justice comprise entre la Sainte-Chapelle et la galerie des Prisonniers. Elle eut lieu à la suite du second des grands incendies qui ravagèrent le Palais (nuit du 10 au 11 janvier 1776).

(2) Le couvent des Capucins de la rue Saint-Honoré occupait l'emplacement des immeubles de la rue actuelle des Pyramides qui portent les numéros impairs : il était contigu à l'est avec le couvent des Feuillants. « Cette maison, dit l'*Etat ou Tableau de la ville de Paris* pour 1760, doit à Catherine de Médicis son établissement. C'est le chef-lieu de l'Ordre par rapport au royaume, et pour l'étude de la théologie. Il y a... cent dix religieux : la bibliothèque est bien composée. » Les Jacobins de la rue Saint-Honoré, établis en 1611 par Henri de Gondi, archevêque de Paris, étaient au nombre d'environ 80, dont 60 prêtres et 20 novices : leur couvent occupait la plus grande partie du quadrilatère formé par les rues Saint-Honoré, Saint-Roch, Neuve-des-Petits-Champs et la place de Louis-le-Grand (place Vendôme).

A la vérité, quant aux jacobins, il est juste de leur payer leur terrain parce qu'ils ne mendient pas dans le fait (quoiqu'ils soient un des quatre ordres appelés mendiants) et qu'ils peuvent suivant les lois posséder des immeubles, mais on ne leur doit à toute rigueur que la valeur *intrinsèque* et non pas la valeur *additionnelle* qui résultera de la meilleure distribution de leur terrain parce que cette meilleure distribution n'est pas leur ouvrage, mais bien la création même du souverain. Ainsi, par exemple, je suppose qu'on perce tout au travers du terrain des jacobins de la rue Saint-Honoré une belle rue de 40 pieds de large qui aille de la rue Saint-Honoré tout droit à la rue d'Antin, en face de l'hôtel de Richelieu, et que cette rue vienne à être bâtie de beaux hôtels. La plus-value très considérable que ce terrain acquèrera par là ne sera pas due aux jacobins, elle appartiendra au roi, elle appartiendra à la *Caisse des embellissements et améliorations de Paris.*

De même on ne devrait aux capucins de la rue Saint-Honoré (cessant leur empêchement personnel) que la valeur actuelle de leur terrain, mais non la plus-value infiniment plus forte qu'il acquérerait par les belles distributions dont j'ai parlé plus haut.

Et ici se trouvent à l'égard des capucins deux exceptions qui méritent beaucoup d'attention. D'abord ils ne peuvent, suivant leurs constitutions, enregistrées au Parlement, posséder des immeubles comme objets de propriété et de commerce, mais seulement comme *logement* pourvu qu'ils soient convenablement et sainement logés ; toute dette est acquittée envers eux et leur ordre n'a point de propriété proprement dite, elle repose dans la main de l'État, c'est-à-dire en France dans la main du roi. Or, ils sont déjà d'avance convenablement et sainement logés en la Chaussée d'Antin. En supprimant leur maison de la rue Saint-Honoré, il leur restera encore, suivant l'édit de 1664, une maison de trop, celle de la rue Saint-Jacques (1) qu'ils ont évacuée et qui servirait d'au-

---

(1) Au nord de la Sorbonne. Il y avait là une chapelle dédiée à Saint-Jacques, où les Dominicains vinrent s'établir en 1218, ce qui leur valut leur surnom populaire de Jacobins.

tant mieux aux Capucines qu'elles auraient un vaste terrain et de grands jardins, objets bien plus à désirer pour des religieuses cloîtrées pour toute leur vie qu'une grande augmentation de revenu incompatible avec les constitutions d'une maison obligée de vivre d'aumônes et de ne vivre que d'aumônes.

La seconde considération est que quand l'Etat, c'est-à-dire en France le roi, permet à des capucins de s'établir quelque part, il en résulte un engagement tacite de la part du souverain de les faire vivre si les charités publiques n'y suffisent pas (et nos rois ont acquitté et acquittent très généralement cette dette, dès que l'occasion s'en présente), d'où il résulte, par une juste réciprocité, que quand par quelque événement inattendu, les capucins ont excessivement trop (comme ici), comme ils ne peuvent employer ce trop *en acquisitions d'immeubles*, ce trop peut être regardé comme devant être à l'équitable disposition du souverain, à la charge de continuer de les faire vivre par la suite comme par le passé, si les secours venaient à leur manquer.

Ce n'est pas que je veuille dire par là qu'il faille s'emparer de leur maison et de leurs terrains. L'image même de la propriété, toute imparfaite qu'elle pourrait être, sera toujours pour moi l'objet du plus grand respect, mais je veux dire qu'on sera dans le cas de leur faire un traitement infiniment moins fort qu'aux jacobins. Je veux dire que ce qui leur sera donné, ils le tiendront plutôt de la grâce et de la munificence du roi que d'une justice rigoureuse, parce que la justice rigoureuse ne peut différer de la loi et que suivant la loi, il ne leur est dû que *logement et subsistance* et non *opulence et propriété immobilière*.

Ce que je dis ici des capucins s'applique de soi-même aux capucines, qui ont les mêmes règles et les mêmes devoirs.

3° Un arrêt de règlement du Parlement ordonne de placer les cimetières de Paris hors de la ville et faubourgs. Les cimetières ne sont pas dans le commerce, le roi peut donc, en fournissant de nouveaux cimetières, dans les lieux qui seront jugés convenables, disposer des anciens suivant sa sagesse et la capitale y gagnera enfin d'être délivrée d'un fléau terrible (1).

4° Les augmentations de valeur qui seront la création du roi appartiennent légitimement au roi ; ainsi je suppose par exemple que de la boucherie du Grand Châtelet à la rue des Arcis qui est à la descente du pont Notre-Dame, on tire une rue droite de trente pieds de large, ce sera aux maisons voisines qui acquéreront par là une grande augmentation de valeur à payer ce qu'il en aura coûté pour créer cette augmentation (2). C'est ainsi que le roi ayant ordonné la formation d'une rue nouvelle de trente pieds de large derrière l'hôtel des menus plaisirs et parallèle à la rue Bergère (3), on fait très légèrement payer au nom du roi à un très haut prix les toises de bordures qui touchent les terrains voisins, parce que ces terrains augmentent de valeur par la formation d'une aussi belle rue et qu'il est juste que le prix qu'on retirera de ces toises de bordure indemnise le roi des frais de pavé et d'acquisition de terrains et maisons pour former cette rue. Or, dans tout ce que j'ai proposé plus haut, il y aura des augmentations de valeur considérable dont le prix versé dans la *Caisse des embellissements et améliorations de Paris* aidera à en supporter les dépenses.

5° On ne peut nier que les trois ponts proposés pour l'île Saint-Louis (4) augmentent considérablement la valeur des maisons et le produit des loyers ; on ne dirait rien de trop en avançant qu'avant dix ans ils doubleront. Or, le roi ne doit certainement aux propriétaires des maisons de l'île Saint-Louis, par aucune règle d'équité ni de bonne administration, de leur créer 3 ou 400.000 livres de rente par une dépense prise sur tout le reste de ses sujets. Cette future

---

(1) L'arrêt du Parlement qui ordonne le transfert des cimetières hors ville est de 1765 : il fut mal exécuté ; cependant le cimetière des Innocents fut fermé en 1783 et on ouvrit ceux de Montmartre et de Sainte-Marguerite sur la rive droite, ceux de Vaugirard et de Sainte-Catherine sur la rive gauche.

(2) Ce serait à peu près l'avenue Victoria telle qu'elle est aujourd'hui.

(3) L'hôtel dit des Menus Plaisirs du roi appartenait à Denis Papillon de la Ferté, intendant général de l'Argenterie, Menus plaisirs et Affaires de la Chambre. On y donna des représentations théâtrales et l'on en fit une sorte d'école de chant d'où est sorti le Conservatoire (Pessard).

(4) Voir plus haut.

augmentation de valeur et de loyers peut donc être légitimement la matière d'un contrat préparatoire entre l'administration du roi et les propriétaires.

D'ailleurs, il ne serait pas besoin de faire ces ponts en pierre ; on pourrait se contenter de réparer l'un et de faire les deux autres en bois, parce qu'il y a, à peu de distance, deux ponts de pierre sur lesquels on obligerait les charrettes et les fardiers de passer pour se rendre aux marchés voisins et aux maisons de l'île, et ces ponts en bois n'auraient à supporter que des carrosses. C'est ainsi qu'une ordonnance très sage du Bureau des finances oblige les charrettes, les coches et les fardiers qui viennent du côté de la Normandie à entrer dans Paris par l'ancien chemin de Neuilly et par la barrière Saint-Honoré et ne permettent l'entrée par la grille de Chaillot qu'aux carrosses et autres voitures de même genre (1).

6° Tous ces embellissements, toutes ces percées de grandes et belles rues, ces translations de collèges, ces établissements de marchés, ces *carrés* à faire dans différents quartiers de Paris, donneront certainement lieu à une foule de constructions importantes et hausseront en même temps les loyers des maisons voisines. Il est juste de porter en diminution de dépenses la grande augmentation sur les vingtièmes qui en résultera.

7° L'hôtel de Longueville par sa situation est et devient tous les jours d'une très grande valeur. On peut établir ailleurs et à beaucoup meilleur marché la fabrication et le dépôt du tabac, il en résultera une plus-value considérable (2).

8° On a donné, il y a quelques années, un édit qui rend peu au roi, et qui augmente dans Paris les dépenses de construction du cinquième au sixième, parce que les marchands de matériaux ont fait à cette occasion ce qu'on fait et ce

---

(1) Les barrières dépendaient du Bureau des finances à cause des droits de *domaine, barrage, poids-le-Roi*, qui étaient perçus par les *receveurs, contrôleurs, commis, brigadiers, et sous-brigadiers*.

(2) L'hôtel de Longueville devenu entrepôt et manufacture de tabacs, était situé dans la rue Saint-Thomas-du-Louvre, à côté du fameux hôtel de Rambouillet. La place du Carrousel a remplacé cette rue et ces constructions.

qu'on fera toujours dans les impôts de consommation, ils ont augmenté les prix de toutes ces matières énormément au delà de ce que l'impôt les oblige de payer au roi (1). Il serait bien à désirer qu'on pût retirer cet édit, ou au moins le suspendre pendant trente ans et qu'une taxe bien faite remit avec vigueur les prix sur l'ancien pied. Je suis persuadé qu'il n'est aucun constructeur qui ne s'abonnât avec joie à payer au roi, au lieu des taxes imposées par cet édit, le centième denier une fois payé du prix de sa maison bâtie, ou des réparations qu'il y aurait fait faire, au delà, par exemple, de dix mille livres, celles au-dessous devant être exemptes comme réparations ordinaires. Quel est, en effet, l'homme raisonnable qui n'aimerait mieux payer en deux ou trois ans mille francs sur une maison de cent mille francs, mille écus sur une maison de cent mille écus, que de payer du cinquième au sixième une augmentation sur ses constructions.

9° Il serait encore très facile d'exempter du centième denier pour les deux premières ventes les maisons qui seraient bâties puis vendues dans la direction des embellissements proposés. On pourrait aussi exempter des droits seigneuriaux dans la mouvance du roi ces mêmes maisons pour les deux premières ventes et appliquer ces mêmes exemptions aux maisons qui seraient achetées pour être abattues. Et quant à celles qui seraient dans la mouvance des autres seigneurs de fiefs ecclésiastiques ou laïcs dans Paris, il serait aisé de faire à l'amiable avec eux des concordats préparatoires. Leur propre intérêt les y conduirait parce qu'il serait infiniment plus avantageux pour eux de perdre le profit de deux mutations et de voir leurs censives s'enrichir de belles et grandes maisons qui leur procureraient ensuite des droits considérables et de beaucoup supérieurs au sacrifice momentané qu'ils auraient fait.

Or, ces exemptions produiraient le triple effet : 1° De dimi-

---

(1) Elie de Beaumont vise sans doute la déclaration du roi sur les alignements de Paris du 10 avril 1783 ou celle du 25 août 1784 relative à la hauteur des maisons (Cf. *Recueil des lettres patentes, ordonnances*, etc., in-4, 1ᵉʳ supplément, 1889, p. 38 ; 2ᵉ suppl., p. 69).

nuer pour le roi le prix des maisons qu'il aurait à acquérir ;
2° D'accélérer de la manière la plus rapide les nouvelles
constructions à faire ; 3° De produire par ces nouvelles constructions des vingtièmes considérables et très supérieurs à
ceux des maisons abattues.

10° La nation française est généreuse et aime tout ce qui
ajoute à sa puissance, à sa gloire, à sa considération chez
l'étranger, à sa magnificence, à ses plaisirs. Depuis longtemps,
il n'y a qu'un cri sur la nécessité d'embellir Paris et de rec-
tifier les vices de son ancienne construction. Vous avez vu,
Monsieur, avec quel transport on a accueilli même parmi le
peuple plus indifférent en général sur ce qui n'est pas du
pain, la nouvelle de la démolition des maisons sur les ponts.
Vous avez vu, non seulement les grands corps de la capitale et les provinces voter des vaisseaux (c'est un acte de
patriotisme qui ne doit pas se comparer à un simple goût
d'embellissement) mais encore de puissantes compagnies de
finance concourir, par des contributions volontaires, à la dépense du pont de Neuilly et à ses dépenses accessoires.

Croyez-vous, Monsieur, que si un bon édit bien enregistré
assurait aux Parisiens qu'on va s'occuper irrévocablement de
l'embellissement et de l'amélioration de Paris suivant les
plans et projets qui seraient annoncés dans l'édit et formait
à cet effet une caisse dans laquelle seraient versés tous les
produits que je viens d'indiquer plus haut et qui fût confiée
à des personnes honorées de la confiance publique, comme
on vient de le faire dernièrement pour une caisse d'amortis-
sement, croyez-vous que si cet édit leur assurait, non seulement des embellissements agréables à la vue, mais encore
des améliorations utiles pour la santé de leurs enfants, pour
le chauffage des malheureux, pour l'arrosement journalier
des rues et pour tout ce qui peut contribuer à la sûreté et à
la salubrité de Paris, les grandes compagnies de finance, les
différents corps de la capitale, les six corps qui dans tous les
temps ont fait éclater tant de patriotisme et de zèle et qu'une
foule de particuliers aisés ne se feraient pas un honneur de
verser dans cette caisse des secours volontaires qui, par la
voie de l'impression, seraient connus du roi et de la nation ?

Pensez-vous qu'il fût nécessaire de proposer par exemple, un léger droit de 24, 48 et 72 livres sur toutes les nominations et les grâces laïques émanées médiatement ou immédiatement du trône, à proportion de leur importance, et qu'une contribution généreuse et volontaire ne dispensât pas d'avoir recours à ce léger supplément, en cas que les autres moyens que j'ai indiqués plus haut ne remplissent pas suffisamment la dépense proposée, dépense que, selon moi, ils excéderaient ?

J'honore assez ma nation, je la connais assez, pour être sûr qu'une caisse ainsi annoncée, ainsi administrée, ainsi garantie, ainsi employée, recevrait annuellement des secours considérables, surtout quand on verrait, dès les premières années, les effets répondre aux promesses. Je juge des autres par moi-même et quoique je ne sois pas riche, il s'en faut bien, je donnerais de grand cœur dix louis par an, pendant trente ans, pour voir ainsi la capitale de ma patrie s'embellir et s'améliorer sous des mains paternelles et pour acquérir ainsi tous les ans de nouvelles jouissances. J'espère donc, Monsieur, avoir assez bien rempli le *sans dot* que je vous avais annoncé.

J'ai l'honneur d'être, etc.

Paris, le 11 novembre 1785.

Réflexions au sujet de la lettre
de M. Elie de Beaumont.

On ne dit mot du nivellement des rues et quais que l'on pourrait relever, sans beaucoup d'inconvénients, jusqu'à hauteur de la crête des ponts.

En venant du quai des Théâtins au quai de la Monnaie, ne pourrait-on pas renverser, chemin faisant, les deux pavillons élevés par la haine Mazarine ?

En abattant les maisons qui coupent et gênent l'entrée du pont au Change, n'y aurait-il pas quelques coups de pioche à donner à l'arcade du grand Châtelet ?

L'école de natation est fort bien imaginée, mais elle serait on ne peut plus mal placée dans l'endroit indiqué qui est le bassin où les volailliers puisent de l'eau, ainsi que les porteurs d'eau ; où mille ouvriers comme teinturiers, chapeliers, etc., vont laver leurs ouvrages. D'ailleurs l'idée d'élever un parapet de six pieds et demi rétablirait l'inconvénient des maisons sur les ponts, puisque la vue serait absolument interceptée.

On ne parle point d'établir des commodités publiques où les personnes éloignées de chez elles et surtout les gens de la campagne puissent aller faire leurs besoins. Qu'importe que Paris soit aligné, si la malpropreté des rues est toujours la même et si l'on ne peut faire un pas sans avoir les yeux fixés sur des immondices ?

Paris a grand besoin d'un nivellement mieux raisonné que celui qui existe. Pourquoi suis-je obligé de descendre du Pont-Neuf au Louvre ou au Pont-Royal, au Pont au Change pour remonter tout aussitôt ? Qui empêche que le nivellement soit pris de la crête des ponts et que je m'en aille directement de l'un à l'autre sans m'apercevoir de la pente, qui ne doit être relative qu'à l'écoulement des eaux qui n'exige tout au plus que six lignes par toise ? Mais, dans les orages et les mauvais temps, les eaux ne s'écouleraient pas assez promptement. Eh bien ! construisez des entonnoirs, des aqueducs souterrains avec grilles de distance en distance qui les recevront et les conduiront soit à la rivière soit dans les égouts. Mais, de grâce, songez qu'il est fou de me faire descendre à la Grève et remonter la rue de l'Orme-Saint-Gervais dans la distance de 200 toises au plus. Il ne l'est pas moins de faire monter de la porte Saint-Denis pour aller descendre soit la rue du Petit-Carreau ou la rue Neuve-Saint-Eustache, etc., etc. Si le nivellement des rues était bien raisonné, on ne connaîtrait de descente et de montée que celle de Sainte-Geneviève.

Pourquoi Paris se trouve-t-il submergé et le commerce interrompu lorsque les eaux grossissent ? C'est parce qu'on n'a pas réfléchi que l'on pourrait construire un canal au-dessous de l'embouchure de la Marne avec un réservoir qui aurait reçu tout le superflu des eaux et les aurait dégorgés dans la Seine, vers Saint-Denis, de manière que l'on ne se serait aperçu à Paris d'aucuns débordements. Mais, ce canal coûterait immensément ! Sans doute, mais il pourrait s'exécuter sans bourse délier, en établissant un péage aux ponts qu'il faudrait construire pour ne pas interrompre les routes qui seraient coupées par le passage du canal.

La statue du roi serait-elle déplacée en face du Parlement et sur une place circulaire construite vis-à-vis de ce sanctuaire de la justice ? Il me paraît plus décent de le diriger de ce côté que de celui de la comédie où il ne va jamais. Le carrefour de la Croix-Rouge me paraît avili par les exécutions qui s'y sont faites.

Serait-il hors de propos de parler des gouttières et de ces corps avancés qui submergent les passants lors même qu'il ne pleut pas ? Par exemple dans la fonte des neiges qu'un dégel occasionne.

La maison de M. le baron de Wurmser, rue d'Artois, est construite de manière qu'il n'y a que les portes et les parquets en bois, tout le reste est fer et plâtre (1).

Pourquoi le Châtelet, si incommode où il est, ne serait-il pas transféré à l'Hôtel de Ville ?

La rue Louis-le-Grand longe l'hôtel et le jardin de Richelieu, mais ne donne pas en face. C'est de la rue d'Antin dont M. de Beaumont a voulu parler (2).

---

(1) La rue d'Artois, commencée en 1771, correspond depuis 1880, à la partie de la rue Laffite comprise entre le boulevard des Italiens et la rue de Provence. — L'indication donnée est précieuse pour l'histoire de l'architecture.

(2) Aucun indice ne permet d'identifier l'auteur de ces « réflexions ». Nous ne serions pas éloigné de croire qu'elles émanent du personnage, d'ailleurs inconnu, auquel Elie de Beaumont avait plus particulièrement dédié son mémoire, puisqu'on y lit à plusieurs reprises l'apostrophe « Monsieur ». On découvrira peut-être un jour aux Archives Nationales l'original du mémoire en question et les études qu'il a certainement provoquées dans les milieux compétents : par là on aura la preuve qu'Elie de Beaumont a non seulement prévu, mais encore réellement déterminé par son action le sens des améliorations de la voirie parisienne, dont on jouira pendant de longs siècles.

Paris devrait bien donner à une de ses rues le nom de Jean-Baptiste Elie de Beaumont.

NOTE COMPLÉMENTAIRE

Aux *Arch. Nat.*, Carton Q¹ 1109 on trouve un dossier de 13 pièces relatives à des projets de Lettres Patentes (1769) et des **Lettres patentes du 22 avril 1769** en 45 articles ordonnant différents ouvrages et constructions pour l'embellissement et décoration de la ville de Paris et de l'utilité de ses habitants, savoir : construction d'estacades à la tête de l'île Louvier et entre Saint-Louis et ladite île Louvier ; reconstruction du pont qui communique du quai des Célestins à l'île Louvier ; élargissement du quai des Ormes ; démolition de maisons qui restent sur une partie du pont Marie, du côté de la place aux Veaux ; élargissement du « quay hors Tournelle » ; démolition de maisons au bord de la rivière depuis le port aux Tuiles, jusqu'à l'abreuvoir de la place Maubert, remplacement du pont Rouge par un nouveau pont en pierre qui aboutira d'un côté en face de la rue Saint-Louis et, de l'autre, au quai des Ursins ; élargissement de la place au-devant de l'Eglise métropolitaine, du côté de l'Hôtel-Dieu ; démolition de la salle dudit Hôtel-Dieu, construite sur le pont au Double, sauf à l'Hôtel-Dieu à étendre ses bâtiments dans la rue de la Bûcherie du côté de la rivière jusqu'à l'abreuvoir de la place Maubert, ouverture d'un nouveau quai appelé quai des Ursins, depuis la descente du pont Notre-Dame, du côté de Saint-Denis de la Chartre jusqu'au pont de pierre remplaçant le pont Rouge ; alignement et élargissement de la rue Saint-Pierre-aux-Bœufs et son prolongement depuis le parvis Notre-Dame jusqu'à son débouché sur le quai ; formation d'un autre quai parallèle à la rue de la Pelleterie depuis la descente du pont Notre-Dame jusqu'au pont au Change, démolition des maisons construites sur les ponts au Change et Notre-Dame ; reconstruction de la pompe établie sur le pont Notre-Dame ; démolition et suppression des maisons du quai et de la rue de Gesvres ; continuation de l'élargissement du quai de la Mégisserie ; exécution du quai Bignon, parallèle à la rue de la Huchette ; démolition des maisons du pont Saint-Michel, ainsi que de celles construites en retour dans la rue du Hurepoix, du côté de la rivière ; démolition des maisons à la suite du pont Saint-Michel, du côté du Marché-Neuf et de celles qui sont rue Saint-Louis, du côté de la rivière jusqu'au quai des Orfèvres ; prolongement dudit quai des Orfèvres jusqu'au pont Saint-Michel ; retranchement des maisons de l'encoignure de la rue de la Barillerie pour dégager l'entrée et la sortie du pont Saint-Michel ; décoration du carrefour « formé par la ligne capitale de l'église métropolitaine, sur la ligne prolongée du milieu du pont Notre-Dame au milieu du Petit-Pont » par des maisons symétriques dont les dessins seront fournis par le maître général des bâtiments de la Ville ; élargissement du quai de Conti depuis l'arrivée de la rue Dauphine jusqu'à la rue Guénégaud ; continuation du quai d'Orsay jusqu'à la rue de Bourgogne ; construction d'une nouvelle façade à l'Hôtel de Ville avec adjonction d'une aile tombante à la jonction de l'Hôtel de Ville par la démolition et suppression des maisons formant l'encoignure du quai Pelletier jusqu'à la rue de la Vannerie et par la continuation dudit quai jusqu'au Port-au-Bled ; formation d'une place au-devant du portail de Saint-Eustache ; élargissement de la rue Coquillière ; élargissement de la place du Palais-Royal ; construction d'un égout dans la rue Saint-Honoré, près celle de la rue Croix-des-Petits-Champs..... Les derniers articles desdites Lettres patentes sont consacrés aux clauses et conditions de l'exécution desdits ouvrages et travaux.

LES APOTHICAIRES PRIVILÉGIÉS
DE PARIS SOUS L'ANCIEN RÉGIME

(Note complémentaire)

J'ai publié ici même en janvier 1916 (1) une étude inédite sur les apothicaires privilégiés de Paris. Le sujet étant très neuf, je n'avais pas eu la prétention de l' « épuiser » ; aussi n'ai-je été aucunement surpris de recevoir des lecteurs de la Revue quelques lettres fort aimables m'apportant un supplément de documentation appréciable : je suis heureux de les remercier de l'intérêt qu'ils on porté à ce travail.

Il existe notamment un fonds très riche et un peu touffu dans lequel j'avais largement puisé, mais où il m'était matériellement impossible de tout découvrir à cause de la longueur de temps qu'aurait nécessitée un dépouillement complet : c'est le fonds d'archives de l'École Supérieure de Pharmacie de Paris. Or, le conservateur de ce dépôt, M. le Dr Paul Dorveaux, qui est le bibliothécaire en chef de ladite école, joint, on le sait, à une érudition profonde, une obligeance à toute épreuve : tout en classant ses archives et poursuivant ses travaux personnels, il a bien voulu me communiquer, à mesure qu'il les recueillait, les moindres documents relatifs à nos privilégiés. C'est à lui que je dois la plupart des additions que j'apporte aujourd'hui à mon étude de 1916 et qui d'ailleurs viennent enrichir sans les modifier mes conclusions précédentes.

I. — Pour replacer les lecteurs de la Revue dans le cadre du sujet, je ne saurais mieux faire que de reproduire, en supprimant ce qu'il a de trop flatteur pour moi, le compte rendu que M. Dorveaux

---

(1) *Mémoires et Documents pour servir à l'Histoire du Commerce et de l'Industrie*, l'étude de E. GUITARD : Les Apothicaires privilégiés de Paris sous l'ancien régime, p. 271 et suivantes.

lui-même a tracé de l'article en question dans le *Bulletin de la Société d'Histoire de la Pharmacie* (1). C'est un résumé des plus exacts et des plus clairs :

Sous l'Ancien Régime, lorsque nos rois se déplaçaient, ils avaient, dans leur nombreuse suite, des marchands et des artisans *privilégiés* « pour fournir la Cour de toutes sortes de marchandises ». Ce terme de *privilégiés* a été défini de la façon suivante par le *Dictionnaire de Trévoux* : « On appelle *privilégiés*, ceux qui, en vertu des Lettres Patentes du Roi, ont droit de faire certains commerces ou d'exercer certains arts et métiers sans avoir fait d'apprentissage et sans avoir été reçus Maîtres. *Privilégiés suivant la Cour*, sont ceux qui ont droit d'exercer leur négoce, ou leur métier, dans tous les endroits où se trouve la Cour. Ils sont sous la protection, justice et visite du Grand prévôt de l'Hôtel. »

D'après cette définition, il est facile de saisir la cause des inimitiés et des rivalités qui ont régné de tout temps entre les maîtres apothicaires de Paris, astreints à faire un long apprentissage, puis à servir les maîtres, ensuite à subir les épreuves de la maîtrise, enfin à acheter une officine, et les privilégiés, qui, souvent sans autre apprentissage que celui de l'épicerie, obtenaient par l'intrigue le droit de « lever boutique » d'apothicaires non seulement à Paris, mais encore dans toutes les villes où résidait la Cour.

Après d'intéressantes « généralités » sur la question, M. Guitard étudie les principales variétés de l'espèce « apothicaires privilégiés », qui sont : 1° les « suivant-la-Cour » ; 2° les apothicaires de la famille royale ; 3° les apothicaires des maisons royales et de l'armée ; 4° les privilégiés des couvents et du premier médecin ; 5° les « gagnant-maîtrise » ; puis il consacre les chapitres suivants aux examens subis, à partir de 1607, par les apothicaires privilégiés, et à la visite de leurs officines ; enfin il termine son œuvre par le récit de la fusion des deux corporations ennemies, en 1777, lors de la création du Collège de Pharmacie de Paris.

---

(1) *Bulletin de la Soc. d'Histoire de la Pharmacie*, n° 16, février 1917, p. 267-269.

Dans mon mémoire de 1916, j'ai exposé que les apothicaires de la catégorie « suivant-la-cour » ou « apothicaires du prévôt » « n'achetaient leur charge (tout au moins à partir du xviie siècle) que pour avoir le droit d'ouvrir boutique à Paris », droit qui leur fut d'ailleurs partiellement contesté par les maîtres de la corporation parisienne.

M. Poussier, de Rouen, a bien voulu me communiquer deux pièces imprimées faisant partie de sa collection particulière, de l'examen desquelles il résulte que certains apothicaires de cette catégorie s'établirent ou cherchèrent à s'établir dans telle ou telle ville de province qu'ils choisirent eux-mêmes pour résidence. Aux environs de 1700 il y en eut à Dijon, Langres, Lyon et Reims. A Toulon un certain Méral ne put se maintenir qu'après s'être fait recevoir maître dans une ville de la Provence. A Rouen s'était installé vers 1715, Jean-Baptiste Cardon, originaire de la ville, qui venait d'acheter une des six charges d'apothicaire-épicier suivant-la-cour : il fut vigoureusement poursuivi par la corporation rouennaise qui lui déniait le droit de s'établir ailleurs qu'à Paris ; Cardon fit valoir que son prédécesseur en la charge se trouvait établi à Soissons et qu'on ne l'avait jamais inquiété. Nous ignorons l'issue du procès. Il est probable qu'on l'obligea à la formalité d'une réception dans la maîtrise de Rouen. A Paris comme ailleurs le privilège servait de fausse porte, la faveur ou l'argent tenant lieu d'introducteurs.

II. — J'ai rappelé précédemment que les contestations incessantes qui avaient divisé les pharmaciens de Paris du fait de ce privilège avaient pris fin (du moins en théorie), à la suite de la déclaration du 25 avril 1777 établissant dans son article 1er que : « Les maistres apothicaires de Paris et ceux qui sous le titre de *privilégiés* exerçoient la pharmacie dans ladite ville et fauxbourgs, seront et demeureront réunis pour ne former à l'avenir qu'une seule et même corporation sous la dénomination de *Collège de Pharmacie* ». Cette déclaration n'était elle-même qu'une application de l'édit de février 1776, rédigé par Turgot et décrétant la suppression des jurandes et maîtrises.

Or, M. le Dr Dorveaux me communique un curieux document qu'il a découvert dans les Archives de l'Ecole Supérieure de Pharmacie (1) et qui nous apprend que les intéressés désiraient depuis

___

(1) Registre 38, fol. 28, 31 v°.

longtemps cette « réunion », dont ils avaient déjà établi un projet détaillé en l'année 1762. Voici la délibération relative à ce projet ; elle mérite d'être lue d'un bout à l'autre pour les détails intéressants qu'elle renferme :

Du vendredi 22 octobre 1762.

En l'Assemblée générale des Maîtres Apotiquaires de Paris convoquée par billets en la manière accoutumée, Messieurs les Gardes ont dit que par la délibération du 21 novembre dernier ils ont été autorisés à suivre conjointement avec MM. Barbe et Gillet nommez adjoints et commissaires à cet effet, la réunion des Apotiquaires du Roy, maison et familles Royalles, au Corps des Maîtres Apotiquaires, réunion dont les avantages ont été reconnus par ladite délibération ; qu'en conséquence les Gardes ont prié M. Despaulx avocat aus Conseils du Roy, de leur donner son avis, et d'assister aus conférences qui se sont tenues chez M. de Chamourt aussi avocat aus Conseil du Roy, choisy par les Scindics des Apotiquaires du Roy, maison et familles Royalles, dans lesquelles conférences les parties assistées de leurs avocats ont respectivement examiné et discuté les conditions qui ont été proposées, qu'enfin après un mur examain, elles se sont fixées aux clauses et conditions portées en la requête dont la teneur s'ensuit, et sur laquelle l'assemblée est priée de donner son avis :

Sur la requête présentée au Roy étant en son Conseil par les Gardes en charge des Maîtres Apotiquaires-Épiciers de la Ville et fauxbourgs de Paris, et par les sieurs Martin père, premier apotiquaire du Roy, Boulduc, premier apotiquaire du Roy, Habert, premier apotiquaire du Roy, Jamart de Liboy, premier apotiquaire du Roy, Liége, aide apotiquaire du Roy, Lacassaigne, apotiquaire-major des camps et armées du Roy, Dufour, apotiquaire des Grandes Écuries du Roy, Boric, apotiquaire des Petites Écuries du Roy, Guindre, apotiquaire du corps de Mme la Dauphine, Brun, Cheminard et Rouelle, apotiquaires de M. le Duc d'Orléans, et Chambaud, apotiquaire de la Grande Chancellerie, conte-

nant que les Apotiquaires de Sa Majesté, maison et familles
Royalles, ayant droit d'exercer publiquement la pharmacie
et de tenir boutique ouverte dans les villes de leur résidence, il s'est formé dans celle de Paris deux corps distincts
et séparés d'apotiquaires, qui, pour l'intérêt d'une profession
qui leur est commune, auroient deu se réunir dans les mêmes
vues et dans les mêmes principes, mais qu'au contraire se
sont perpétuellement combattus, ce qui a occasionné une
multitude de procès, dont les uns ont été portés devant les
juges ordinaires, et les autres devant des juges de privilège,
procès également contraire au progrez d'une profession si
utile au public, et aux intérêts des membres qui l'exercent :
que pour tarir la source d'une division aussi funeste, les supplians n'ont point trouvé de moyen plus convenable et plus
efficasse, que de supplier Sa Majesté d'unir et incorporer les
Apotiquaires pourveus de charges au Corps des Maîtres Apotiquaires de Paris, pour ne former à l'avenir qu'un seul et
même corps, qui soit régy par les mêmes loix, les mêmes
statuts, et la même police ; qu'une pareille réunion est capable en effet d'écarter les obstacles qui se sont opposés jusqu'à présent de faire cesser les abus qui se sont introduits
dans l'exercice de cette profession, et de la porter au degré
d'utilité et de perfection dont elle est susceptible. C'est par
ces considérations que d'un côté les Maîtres Apotiquaires-
Épiciers, et d'un autre côté les Apotiquaires de Sa Majesté,
maison et famille Royalle, désirent mutuellement cette réunion. L'exemple des Chirurgiens qui, en 1699, en ont obtenu
une semblable sur l'avis du sieur d'Argenson, Lieutenant-
Général de Police, malgré les oppositions qui avoient été
formées tant de la part d'une partie des Chirurgiens de
Saint-Cosme que de quelques chirurgiens pourveus de charges,
fait expérer aus supplians que Sa Majesté daignera les traiter aussi favorablement ; l'affinité de ces deux professions,
qui étant deux branches de la médecine, s'appliquent égal-
lement à la conservation des sujets de Sa Majesté, établit
les mêmes motifs et peut rendre communes aus Apotiquaires
presque toutes les clauses et conditions de la réunion qui a
été prononcée pour les Chirurgiens par les lettres patentes

de 1699. Requeroient à ces causes les supplians qu'il plut à
Sa Majesté aggreger, unir et incorporer au Corps des Maîtres
Apotiquaires-Épiciers de la ville et fauxbourgs de Paris
ceux qui sont ou seront pourvus à l'avenir des charges et
états de ses quatre apotiquaires servant par quartier, et des
quatre aydes, de ses deux apotiquaires distilateurs, de
l'apotiquaire-major de ses camps et armées, et des deux
apotiquaires de ses Écuries, des deux apotiquaires de la
Reine, de l'apotiquaire du corps de Mme la Dauphine, des
quatre apotiquaires de M. le Duc d'Orléans, d'un apotiquaire
de ses Mousquetaires, d'un apotiquaire des Cent Suisses de
sa garde, et d'un apotiquaire de la Chancellerie de France ;
ordonner en conséquence :

ARTICLE PREMIER.

Que ceux qui sont ou seront à l'avenir pourvus desdits
États et Charges d'apotiquaires cy-dessus, ne fairont avec
les Maîtres Apotiquaires-Épiciers de la ville et fauxbourgs
de Paris qu'un seul et même corps, sans en pouvoir jamais
être distraits et désunis pour quelque cause et occasion que
ce soit, et seront soumis aux Statuts desdits Maîtres Apotiquaires, régis par les mêmes règles et sujets à la même
police. Et après qu'il aura été procédé à leur aggrégation
en la manière qui sera expliquée cy-après, ils jouiront de
tous les droits, honneurs et prérogatives dont les Maîtres
Apotiquaires de Paris jouissent et ont droit de jouir.

ARTICLE 2.

Pour parvenir à laditte aggrégation, ceux qui sont actuellement pourvus desdits États et Charges d'apotiquaires cy-
dessus, présenteront devant les Gardes et leur remettront
leurs provisions et actes de prestation de serment, pour être
lesdittes pièces communiquées par lesdits Gardes à l'assemblée des Anciens qui sera convoquée à cet effet dans la hui-
taine.

ARTICLE 3.

Les Gardes, après laditte assemblée d'Anciens, recevront
de chacun desdits apotiquaires officiers, pour son aggréga-

tion, la somme de trois cents livres, et lui donneront jour à l'effet d'être aggregé, sans aucun examain ni chef-d'œuvre, dans une assemblée généralle de tous les maîtres qui sera convocquée à cet effet en la forme ordinaire, sans que lesdits apotiquaires officiers puissent être tenus de payer plus forts droits pour lad. aggrégation sous tels prétexte que ce soit, même pour lettres d'Épiceries que les Gardes Épiciers seront tenus de leur délivrer gratuitement, à l'instar des gagnans maîtrise conformément aus arrêts du Parlement des quatre septembre mil sept cent quarante-huit et vingt-cinq may mil sept cent cinquante-sept.

<h3 style="text-align:center">Article 4.</h3>

Laditte somme de trois cents livres employée aux dépenses du Cours public de Chimie, qui se fait gratuitement chacque année par les Maîtres Apotiquaires, et aus autres dépenses particulières dont lesdits Maîtres Apotiquaires peuvent être tenus.

<h3 style="text-align:center">Article 5.</h3>

Après laditte aggrégation, lesdits Apotiquaires officiers seront tenus de prêter entre les mains du sieur Lieutenant Général de Police le serment porté par l'article 8 des Statuts des Maîtres Apotiquaires.

<h3 style="text-align:center">Article 6.</h3>

Lesdits Apotiquaires officiers seront tenus de se faire aggréger et de prêter le serment dans le délay de trois mois à compter du jour de l'enregistrement des lettres patentes qui seront expédiées sur l'arrêt qui interviendra ; auront rang et sceance parmi les Maîtres, seront inscrits dans le Catalogue à compter du jour de leurs provisions ; et seront proposés indistinctement avec les autres maîtres pour remplir les charges des Gardes ; et ce à la pluralité des voix, dans une assemblée generale en la manière accoutumée.

Article 7.

Lesdits Apotiquaires officiers, qui ne se seront pas fait aggréger dans le délay de trois mois, pourront encore parvenir à leur aggregation dans les trois mois suivans ; mais dans ledit cas, ils n'auront rang et séance dans le Corps et ne seront inscrits sur le Catalogue qu'à compter du jour de leur aggrégation ; et passé ledit délay de trois mois, ils ne pourront plus être aggregez sous quelque pretexte que ce soit ; et ils ne pourront plus, eux, ni leurs veuves, tenir boutique ouverte à Paris, et ce nonobstant tous Edits, Déclarations, arrêts et réglemens à ce contraires, ausquels il sera expressément dérogé.

Article 8.

Ne pourront les Apotiquaires officiers ainsi aggrégez être imposez sur le Rolle de la Capitation par le Corps des Maîtres Apotiquaires, mais continueront payer lad. imposition entre les mains du Receveur de la Capitation de la Cour.

Article 9.

Ceux qui seront pourvus à l'avenir des charges d'Apoticaire mentionnés cy-dessus, seront tenus de se faire agreger dans le Corps des Maîtres Apoticaires de Paris, dans les six mois de la datte de leurs provisions, sans qu'ils puissent ouvrir boutique qu'après leur aggregation. Et à faute par eux de s'être fait aggreger dans ledit délay de six mois, ils seront et demeureront décheux du droit de laditte aggregation.

Article 10.

Pour parvenir à leur agregation, les Apotiquaires qui seront pourvus à l'avenir desdittes Charges se présenteront aus Gardes conformément à ce qui est prescrit par l'article second ci-dessus, et consigneront entre leurs mains la somme de six cents livres, sans qu'ils soient tenus de payer autres ni plus grands droits conformément à l'article 3.

Article 11.

Laditte somme de six cents livres sera employée aus dépenses mentionnées en l'article 4.

Article 12.

Lors de la consignation de laditte somme de six cents livres, les Gardes nommeront ausdits Apotiquaires officiers un conducteur qui sera choisi dans le nombre des maîtres qui auront au moins dix années de réception et leur assigneront un jour pour leur aggrégation, qui sera faite en la manière portée en l'article suivant.

Article 13.

L'Apoticaire officier poursuivant son aggrégation, assisté de son conducteur, faira deux jours au moins avant laditte aggrégation, une visite aus Gardes et à tous les Maîtres, à chacun desquels il portera un billet d'invitation : et au jour qui lui aura été assigné, il faira une poudre et une tablette dans l'assemblée généralle de tous les Maîtres Apotiquaires qui sera convoquée à cet effet.

Article 14.

Lesdittes Charges d'apotiquaire ne pourront être conférées à l'avenir qu'à des sujets qui rapporteront des certificats en bonne forme de six années de service chés les maîtres apotiquaires de Paris.

Article 15.

L'Apotiquaire qui aura été aggrégé en la forme prescritte par l'article 13, sera tenu de prêter le serment conformément à ce quy est porté en l'article 5, auquel serment il sera présenté en la manière accoutumée.

Article 16.

Les Apotiquaires officiers qui cesseront d'exercer les Charges sur les provisions desquelles ils auront été aggrégés,

et quy n'obtiendront point des provisions d'une des autres
charges mentionnées ci-dessus, seront payés du Catalogue et
ne pourront exercer la Pharmacie dans la ville et fauxbourgs
de Paris, souz quelque prétexte que ce soit.

ARTICLE 17.

Aucunes personnes, de quelque qualité et condition qu'elles
soient, ne pourront exercer la Pharmacie tant Galénique que
Chimique dans la ville et fauxbourgs de Paris, soit en boutique, en chambre ou autres lieux particuliers privilégiés,
pour quelque cause ou occasion que ce soit, si elles ne sont
membres du corps des Maîtres Apotiquaires de Paris, et receus ou aggrégés en icelui, de la manière portée par les Statuts desdits Maîtres Apotiquaires, ou par le présent réglement. En conséquence il sera fait très expresses inhibitions
et défenses à tous autres particuliers et à toutes communautés
laïques ou ecclésiastiques, séculiers ou réguliers, d'exercer la
Pharmacie, en tout ou en partie, et de composer, vendre,
débiter ou distribuer aucunes des préparations qui en dep-
pendent, à peine de confiscation desdittes préparations, trois
mil livres d'amende et de tous depens, domages et intérêts,
sans que laditte amende, dont la moitié sera applicable au
corps des Maîtres Apotiquaires, et l'autre moitié aus pauvres
de l'Hôtel-Dieu de Paris, puisse être remise, ni modérée.

ARTICLE 18.

Au moyen de la présente union et aggrégation, tous les
procès d'entre ledit corps des Maîtres Apotiquaires d'une
part, et les pourvus des charges mentionnées ci-dessus
d'autre part, demeureront éteints et assoupis, sans qu'ils
puissent être poursuivis ou renouvellez à l'avenir, en quelque
manière et souz quelque prétexte que ce soit.

ARTICLE 19.

L'arrêt quy interviendra sera exécuté de point en point et
à toujours, nonobstant toutes oppositions, dont si aucunes
interviennent, Sa Majesté se réservera à Elle et à son Conseil

la connoissance, qu'elle interdira à toutes ses Cours et autres juges. Et quant aux autres contestations qui pourroient survenir relativement à l'exécution du présent réglement, les parties se pourvoiront en première instance pardevant le Lieutenant Général de Police et par appel au Parlement de Paris, sans préjudice aux Apotiquaires pourveus des charges mentionnées cy-dessus de se pourvoir pour leurs affaires particulières pardevant les juges à la jurisdiction desquels ils ont leurs causes comises ainsi qu'ils aviseront bon être, et sera au surplus l'arrêt qui interviendra exécuté nonobstant tous Edits, Déclarations, arrêt et réglement à ce contraires, auxquels il sera expressément derrogé, sans préjudice des droits du premier Médecin de Sa Majesté et ceux de la Faculté de Médecine de Paris qui seront conservés dans leur entier, et pour l'exécution dud. arrêt toutes les lettres nécessaires seront expédiées.

Veu ladite Requête.

La Compagnie d'une voix unanime a approuvé tous les articles qu'elle contient et authorise Messieurs les Gardes et Messieurs les Commissaires nommés à la présenter au Roy et à nos Seigneurs de son Conseil par le Ministère de M. Despaulx, avocat aux Conseils, qu'elle a choisy pour suivre cette affaire jusques à son entière exécution et ont signé ledit jour et an.

Signé) : Chilhaud, Paris, C. Pia, Poullain, Pia, Richard, Le Bel, Taxil, Terrier, Roulx, Gillet, Cozette, Bellier, Morel, Vassou, Paris, Picard, Mayol, Brusley, Baumé, Demachy, Chilhaud, Becqueret, Tassart, Gautier, Santerre jeune, Lapierre le jeune, Henry, Mitoüart, Bert, Simonnet, Guiart, Laplanche, Charas, Bataille, Santerre, Hérissant, Barbe, Pia, Demoret, Couzier.

Contrôlé à Paris le 23 octobre 1762. Reçu douze sols six deniers.

[*Signé*] : Bururu (?)

III. — J'ai indiqué plus haut que les querelles intestines au sein de l'apothicairie ne devaient se terminer que « théoriquement » par la fusion des deux partis hostiles et par la création du Collège.

On aura pu lire en effet dans la *Revue internationale* de janvier 1916 le récit de quelques conflits nouveaux amorcés dès 1777. Une autre affaire litigieuse surgit encore en 1782, ainsi que nous l'apprend le petit article qui suit composé en 1788 par Antoine Solomé, prévôt du Collège (1) ; il contient un petit aperçu rétrospectif plein d'intérêt :

Les apothicaires titulaires ou privilégiés sont tous ceux qui ont des charges d'apothicaires du roy, de la reine, des princes et princesses du sang, des brevets donnés par les grands officiers de la couronne, même par le grand prévôt de l'hôtel.

Ces titulaires étaient autrefois isolés et formaient trois ou quatre branches. Sous prétexte de leurs charges, brevets et droits y annexés, ils cherchaient toujours à se soustraire aux visites, se nommaient un chef pour chaque branche et cette division leur donnait lieu à abuser même de leurs droits, jusqu'à vendre leur charge ou brevet, et malgré cette aliénation prétendaient avoir droit de tenir officine ouverte, bien plus, de louer un privilège à un individu quelconque, et presque toujours à un épicier inapte, de façon qu'une charge donnait droit à trois ou quatre individus d'avoir officine ouverte. La quantité de discussions que cela occasionnait à la compagnie des apothicaires avec ces titulaires fit chercher un moyen de les éviter.

Il y eut des comités, des conférences fréquentes des gardes apothicaires avec les syndics des titulaires et les titulaires mêmes, en présence des magistrats. On ne trouva pas de meilleur moyen que de ne faire qu'une seule et même corporation, de soumettre tous les pharmaciens à un seul et même régime, et après plusieurs comités chez des conseillers d'état et des maîtres de requêtes, on obtint la déclaration du 25 avril 1777, enregistrée au parlement (le 13) en mai suivant. Les titulaires qui exerçoient alors, sans subir aucun examen, sans aucune finance, furent réunis, incorporés aux maîtres, sous la dénomination des membres du Col-

---

(1) Archives de l'École Supérieure de Pharmacie de Paris, reg. 34, fol. 8 : document recueilli et transcrit par le M. le Dr Dorveaux.

lège [de pharmacie], devinrent participants aux mêmes honneurs, prérogatives, et ce qui n'est pas peu pour eux, à
l'échevinage. Ils devinrent copropriétaires du Collège, du
jardin, de la bibliothèque, etc., enfin de tous les biens du
Collège. Ces arrangements avaient été faits avec quelques-
uns des titulaires ; mais tous y applaudirent lors de l'installation du Collège ; mais la précipitation avec laquelle fut
rédigée la déclaration, laissa échapper quelques termes et
expressions qui pouvaient être mal interprétés.

En effet, en 1782, les titulaires eurent un grand mécontentement des prévôts et furent indignés de voir qu'ils s'é-
taient prêtés à faire recevoir membres du Collège six épiciers
inaptes (1), ignorants et très incapables, et qu'ils avaient
obtenu que ces épiciers fussent reçus sans examen, et c'était
nécessaire pour eux. Les titulaires cherchèrent alors la division, voulurent se retirer, et quelques-uns d'entre eux susci-
tèrent des contestations qui ont coûté au Collège plus de
6.000 livres, sans compter ce qu'ils ont dépensé eux-mêmes,
mais qui sont terminées.

Les constestations n'étaient pas terminées aussi complètement
que le prévôt veut le croire : elles se rallumèrent bientôt sous un
autre prétexte, pas pour longtemps il est vrai, car la Révolution
vint apporter des solutions plus radicales que celles tentées par
Turgot : elle étouffa corporations et privilèges.

E.-H. GUITARD.

---

(1) Barbet, Delon, Roland, Vaillant, Depille et Fessart. V. registre 24,
p. 76 et suiv. ; registre 39, fol. 77 v°, 78 v°, etc...

LE HAVRE MARITIME

LA BATELLERIE ET LES TRANSPORTS PAR TERRE

DU XVIe AU XIXe SIÈCLE

La circulation des marchandises entre un port et les régions qu'il dessert, qu'elle s'opère dans un sens ou dans un autre, est naturellement tributaire des voies de terre et des cours d'eau. Plus riche en sera le réseau, plus faciles, plus rapides et moins coûteux seront les transports. L'activité commerciale dépend en partie de son aménagement. On peut dire qu'un port est une porte, mais cette porte n'a de raison d'être que si son accès est large et ses issues commodes. Or ces issues, les unes sont les voies navigables, sur lesquelles jusqu'à l'époque moderne l'industrie humaine, au moins dans nos régions, a eu peu d'emprise ; d'autres sont les ramifications et les jonctions artificielles, les canaux ; d'autres enfin, uniquement dues au travail, sont les routes, qui suppléent à l'insuffisance des « chemins qui marchent. »

Jusqu'au milieu du xviie siècle la route est souvent peu sûre. Empruntée de préférence par les voyageurs, qui ont besoin d'aller vite, elle est en revanche mal ou pas entretenue et se prête difficilement à une exploitation active. Il faudra le xviiie siècle pour que le perfectionnement des grandes routes royales permette un roulage intensif.

Par contre et dès la haute antiquité le transport par eau a été le mode idéal pour la plupart des produits, surtout ceux qui sont lourds, encombrants et relativement de peu de valeur. Son exploitation a donné naissance à une industrie particulière, à des corporations puissantes qui se sont maintenues durant des siècles jusqu'au moment où la vapeur a amené en quelque sorte le divorce entre les usages d'hier et les usages contemporains.

Le Havre a disposé de ces deux moyens de transports intérieurs. Leur étude se divise logiquement suivant chacun des modes pratiqués : batellerie et roulage. Aussi importe-t-il de les examiner séparément.

I

La Batellerie.

Les ports qui se sont succédé au nord de l'estuaire de la Seine ont bénéficié d'une situation géographique dont les calamités naturelles, les désastres et les commotions politiques n'ont pu annihiler les avantages. Tout au plus est-il arrivé que les phénomènes d'érosion et de colmatage résultant de l'action destructive de la mer et du charriage des courants en ont déterminé le déplacement en aval. Successivement Lillebonne, avec les Calètes et les Romains, Harfleur pendant le moyen âge, Honfleur au début de la Renaissance ont rempli le rôle dévolu au Havre, lorsque les alluvions les eurent comblés.

C'est que leur existence, à cet endroit, était indispensable au développement de cette partie du pays. Par la Seine, dont ils commandaient l'entrée, les produits qu'ils recevaient d'outre-mer étaient aisément transportés jusqu'aux seuils du plateau de Langres et de Bourgogne, à peu de distance de la Saône (qui semble, jadis, avoir porté un nom analogue à la Seine) (1) et par elle au Rhône et à la Méditerranée.

Cette merveilleuse artère fluviale, sans courants infranchissables, sans basses-eaux ni crues excessives, fut autrefois la voie la plus commode pour passer des bleus horizons de la Mer Intérieure aux rives sauvages de la mer de Bre-

---

(1) Camille Jullian. *Histoire de la Gaule*, I, 21.

tagne et aux pays de l'étain. Elle a été fréquentée par les caravanes phéniciennes, les trafiquants grecs, les marchands de Massilia. Peut-être son estuaire a-t-il donné asile aux équipages fatigués d'Himilcon et de Pythéas. César y créa le principal arsenal de sa flotte et l'un de ces chantiers de constructions navales qui fournirent en si peu de temps un nombre de barques suffisant pour assurer le passage de l'armée romaine, lors de la deuxième expédition en Bretagne (1). Plus tard, et jusqu'au moment où l'empire s'écroula sous les coups des Barbares, entraînant avec lui la prospérité galloromaine, le centre commercial de la Basse-Seine se maintint à Juliobona (Lillebonne), où la route de l'isthme français, de Marseille à la Manche, rencontrait celle qui, de la Loire, aboutissait à Boulogne, le grand port militaire des Césars.

La paix capétienne fit revivre cette prospérité évanouie depuis neuf siècles. Harfleur, devenu l'emporium de l'estuaire, doté d'un avant-port, Leure, où s'arrêtaient les navires d'un trop grand tirant d'eau, d'un port d'escale, le Chef-de-Caux, abrité par un renflement de la Hève maintenant engloutie dans la mer, vit affluer les marchandises de toute nature. Un témoignage éloquent de l'étendue de son commerce nous a été conservé dans le « Livre des acquits et coutumes de la prévôté de Harfleur », daté de 1387 (2).

Les hourques flamandes, les barges et les grosses nefs normandes et castillanes qui y abordaient, construites pour la navigation sur des mers sujettes aux tempêtes, étaient trop lourdes, trop difficiles à manœuvrer pour pouvoir sans danger remonter le fleuve. Les cargaisons qu'elles débarquaient à Harfleur étaient transbordées sur des navires de plus faible échantillon et de là conduites à Rouen et même à Paris.

Au xive siècle les bateaux, nefs ou vaisseaux indiqués comme stationnant au port de Rouen sont en majorité de faible tonnage. On y trouve d'ailleurs la plus grande variété

---

(1) L Bonnard. *La navigation intérieure de la Gaule à l'époque galloromaine.* Paris, 1913, in-8, p. 93-95.
(2) Arch. comm. AA 6.

de formes et de noms : le fousset, la hourque, l'escaffe, le
tronc, la gogue, le crayer, le balenier, la galiote, la barge,
le bargot, la galée. On distinguait encore le bateau façon de
Bourgogne, la nacelle marnaise et des nefs plates qui allaient
par la Seine (1).

Beaucoup de ces embarcations n'étaient pas affectées au
commerce maritime proprement dit. L'importante aggloméra-
ration rouennaise exigeait pour son alimentation, son approvisionnement en bois et en produits du pays utilisés par ses
manufactures, un va-et-vient continuel par eau qui représen-
tait un mouvement fluvial élevé. La plus petite partie servait
à établir les communications directes avec les ports de l'estuaire, tant à la montée qu'à la descente.

A Leure détruit, à Harfleur envasé, à Honfleur déclinant
le Havre succéda comme port récepteur et distributeur. Cette
fonction se développa par suite des conséquences des décou-
vertes géographiques qui, en moins d'un demi-siècle, éten-
dirent dans des proportions inouïes les champs de l'activité
maritime. Pour affronter l'océan du large il fallut des navires
robustes capables de porter une grande voilure, une artillerie protectrice, d'un tirant d'eau relativement élevé (2) que
seuls des ports en eau profonde pouvaient recevoir sans
encombre. De là une transformation rapide du matériel naval
qui rendit plus difficile la remontée de la Seine et par
contre-coup développa la batellerie.

En outre, les changements qui se produisirent vers le
milieu du xvi⁰ siècle dans le régime du fleuve, probablement
des atterrissements importants et des variations brusques dans
la position des bancs de sable qui encombraient l'estuaire
et les chenaux d'accès contribuèrent à fixer au Havre le terme
de la navigation hauturière. Les échevins du Havre, dans
une requête de 1560, faisaient remarquer que les cuirs « et
les autres marchandises se déchargent pour le présent en

---

(1) *Bulletin de la Commission des antiquités de la Seine-Inférieure*, n⁰ 8,
p. 370.

(2) J'ai déjà eu l'occasion d'indiquer que de toutes les caractéristiques des
navires de haute mer c'est le tirant d'eau qui a le moins changé. Ph. Barrey.
Le Havre Maritime, du XVI⁰ au XVIII⁰ siècle, p. 96, note 1. (*Mémoires et documents*, etc., 5⁰ série, 1917.)

grandes quantités en ladite ville de Grâce, parce que les navires ne peuvent plus monter la rivière de Seyne pour le danger qui y est » (1).

A partir de cette époque, à moins de circonstances exceptionnellement favorables, les navires au long cours et au cabotage international s'arrêteront au Havre. Cette situation se prolongera longtemps, jusqu'à l'époque où des travaux méthodiquement conduits amèneront l'approfondissement et la régularisation du lit de la Seine, en feront disparaître les seuils et permettront jusqu'à Rouen la remontée du plus utile fleuve de France à des bâtiments de dimensions et de tirant d'eau graduellement croissants.

Pendant le dernier tiers du xvi⁰ siècle (2) les expéditions par la Seine se faisaient à l'aide de navires appelés heus qui ne dépassaient jamais 80 tonneaux ; leur jauge commerciale moyenne étant environ de 50 tonneaux. De plus, il était employé également des allèges, d'une portée un peu moindre.

Le prix de ces navires, moins élevé que ceux destinés à la navigation en haute mer, était très variable, à en juger par les documents qui y ont trait. Cela tient sans doute à ce que, dans les actes de vente, il ne s'agit la plupart du temps que de navires ayant déjà un service plus ou moins long, et c'étaient là des bâtiments qui s'usaient vite. Aussi ne peut-on donner que des indications assez vagues à ce propos, puisqu'on ignore les conditions précises de ces ventes et l'état où se trouvaient les heus et les allèges.

Toutefois quelques renseignements ne seront pas inutiles. Ils permettront de se faire une idée approchée du prix de ce genre de constructions navales et de son extrême modicité.

En 1574, le marché pour une allège de 25 pieds de quille portant à terre, 10 pieds de quête tant à l'avant qu'à l'arrière, c'est-à-dire d'une longueur totale de 35 pieds ou de 12 mètres environ est de 220 livres, avec 2 écus de pot de vin. Elle était livrable avec le petit bateau, « le gouvernail

---

pendu au cul ». Malheureusement le tonnage n'est pas indiqué (1).

Dans cet exemple, il est certain que les apparaux, mâture, voilure, cordages, n'étaient pas compris au devis. On en peut dire autant de la vente d'une allège neuve de 30 tonneaux, en 1594, pour 150 écus ou 450 livres.

Les heus étaient de dimensions plus grandes. Un marché concernant un navire de ce genre à construire à Bonneville-sur-Dives lui donnait une longueur totale de 50 pieds, soit près de 17 mètres, et une largeur de 18 pieds et demi ou 6 mètres (2). Comme il est probable que les dimensions respectives de la largeur proportionnellement à la longueur étaient fixées par l'usage, on voit que les heus étaient un peu moins de trois fois plus longs que larges, ce qui en faisait des navires lents mais stables, susceptibles de porter de fortes charges.

Une vente conclue en 1558, concernant l'allège de 12 tonneaux la *Trinité*, avec son canot et ses apparaux, fait ressortir le prix de revient du tonneau à 6 livres. C'est là un chiffre très faible et qui doit être exceptionnel car, pour certains heus, on relève jusqu'à 33 livres le tonneau.

Au cours des années qui précèdent la mort de Henri III l'insécurité croissante des routes provoquée par les troubles religieux développa considérablement la navigation séquanienne. On a vu ailleurs quelle activité avait atteint le commerce maritime du Havre. Encore, pour être complet, faudrait-il y ajouter la navigation avec la péninsule ibérique et la pêche à Terre-Neuve et sur les côtes américaines qui donnaient naissance à un gros mouvement d'importation. Or cette activité s'exerçait en grande partie, réserve faite des réexpéditions sur les autres ports français et pour les pays étrangers, au profit des régions rouennaise et parisienne. Elle n'avait comme exutoire que la voie du fleuve. Aussi, contrairement à ce qui se produira par la suite, voit-on des marchandises de grande valeur transportées à Rouen sur des heus au lieu de l'être par voitures.

---

(1) Tabell., 12 février 1574.
(2) Tabell., 14 août 1578.

C'est ainsi qu'en août 1589, dans les heus de Jacques Le Masle et de Bosquet, pillés en Seine, devant Quillebeuf (1), par le capitaine La Roche, se trouvaient des pièces de velours cramoisi, bleu, brun, rouge et noir, de taffetas, de draperie et de soie (2).

Ce n'était pas chose extraordinaire que de tels incidents. La maîtrise du cours de la Seine par les escadres ligueuses n'empêchait pas les coups de main, qui ne laissaient pas parfois d'être gênants. En avril 1594, alors cependant que le Havre venait de faire sa soumission à Henri IV, le commandeur de Crillon enlevait une allège chargée de blé pour Rouen et la faisait conduire à Tancarville.

Les documents du tabellionage, si complets en ce qui concerne le taux des frets maritimes, sont très pauvres en renseignements sur le fret fluvial. Cela tient à ce que ce dernier se traitait d'ordinaire verbalement et ne donnait lieu à la rédaction d'un acte que dans des circonstances exceptionnelles.

En 1573, l'artillerie et les munitions provenant du siège de la Rochelle sont transportées du Havre à Rouen sur deux heus, à raison de 30 sols par tonneau (3). En 1581, une cargaison de poudre et de boulets descend la Seine, de Rouen au Havre, pour 35 sols le tonneau de 2.000 livres (4). Enfin, au siècle suivant, en 1630, lorsque Richelieu faisait édifier la citadelle, quarante maîtres de heus du port s'engagèrent à en apporter les matériaux en descendant le fleuve, moyennant 30 sols du tonneau et 60 sols lorsqu'ils étaient obligés d'aller les chercher exprès (5).

Si les marchandises empruntaient de préférence la voie d'eau, il était rare que les voyageurs suivissent le même chemin. Etait-ce l'amour du pittoresque des bords de la Seine, que les superbes abbayes de Jumièges, de Saint-Wandrille

---

(1) Quillebeuf tenait pour Henri III et plus tard pour le roi de Navarre alors que le Havre, gouverné par Villars, s'était déclaré pour la Sainte-Union des Catholiques.

(2) Tabell., 10 septembre 1589.

(3) Tabell., 2, 13 novembre 1573.

(4) Tabell., 22 décembre 1581.

(5) Tabell., 20 décembre 1630.

et d'autres détruites depuis jalonnaient si merveilleusement, ou la crainte des coupeurs de bourse ou des fondrières des grandes routes qui incita Arnold Van Buchel, voyageur d'Utrecht, à descendre la Seine pour venir s'embarquer au Havre ? On ne sait, mais ce touriste d'autrefois, qui venait de séjourner onze mois à Paris en 1584 et 1585, après avoir gagné Rouen par le coche royal pour un écu d'or, prit passage dans une barque hollandaise qui l'amena au Havre, où il passa quelques jours avant de retourner dans son pays (1).

Ce qui contribuait à donner à cette navigation une animation considérable, c'était le privilège accordé en 1557 par Henri II, malgré l'opposition des habitants du Havre, que toutes les épiceries, drogueries et aluns entrant en France par l'Océan fussent descendus au port de Rouen (2). Privilège, au reste, qui resta toujours plus nominal qu'effectif, bien qu'une ordonnance de 1687 et d'autres postérieures l'aient confirmé en ce qui concernait la Normandie (3). Comme les navires apportant ces produits étaient habituellement d'un trop fort tirant d'eau pour remonter jusqu'à Rouen, aussi bien ceux venant des parages américains que les bâtiments chargés dans les ports d'Italie (4), d'où provenait la totalité de l'alun arrivant au Havre, force était bien de recourir à des transbordements.

Ce n'étaient pas uniquement des produits manufacturés qui descendaient la Seine. Les bords du fleuve et les au-delà de Rouen fournissaient, dans les années de bonne récolte, de fortes quantités de céréales, froment, méteil, seigle, orge, qui étaient chargés au Havre pour les ports espagnols et italiens, particulièrement pour Livourne.

Heus et allèges n'étaient pas exclusivement affectés au

---

(1) *Société de l'Histoire de Paris et de l'Ile-de-France*, t. 26, 1899.

2) E. de Fréville. *Mémoire sur le commerce maritime de Rouen*. Rouen, 1857, in-8, t. 1, p. 350, d'après Arch. comm. de Rouen, A 17, folio 182 v.

(3) Il ne fut supprimé que par un arrêt du Conseil d'Etat, en date du 6 mai 1736, rendu sur un procès intenté par les négociants du Havre à la Ferme générale, qui ne fit que confirmer en droit ce qui était depuis longtemps, on pourrait dire toujours, d'une pratique générale. Arch. comm. HH 59.

(4) Ces navires atteignaient souvent 200, 250 et même 300 et 350 tonneaux pour la période comprise entre 1573 et 1608.

trafic fluvial. Outre qu'en bien des cas leur emploi était réclamé pour alléger en rade les navires que leur tirant d'eau empêchait d'entrer au port, les plus gros de ces bâtiments étaient fréquemment affrétés pour les réexpéditions à faire dans les Iles Britanniques, dans les Flandres et même pour des ports plus éloignés.

Ces navires, par leur nombre et le peu de durée habituelle de leurs voyages, constituaient une ressource précieuse lorsqu'il était besoin de transporter rapidement des troupes et des munitions. On assistait alors à une véritable mobilisation navale que venaient compléter les heus nolisés dans les ports voisins. En voici un exemple :

Le 16 mai 1625 les maîtres ou bourgeois aux heus le *Saint-Jean*, de 70 tonneaux, le *Soleil*, de 40 tonneaux, le *Saint-Nicolas*, de 55 tonneaux, le *Voiturier*, de 50 tonneaux, le *Cheval-de-Mer*, de 80 tonneaux, la *Marie*, de 80 tonneaux, le *Saint-Jacques*, de 70 tonneaux, l'*Empereur*, de 70 tonneaux, le *Henry*, de 45 tonneaux, le *Saint-Pierre*, de 80 tonneaux, le *Saint-Nicolas*, de 75 tonneaux, l'*Espérance*, de 80 tonneaux, la *Françoise*, de 70 tonneaux, la *Perle*, de 110 tonneaux, le *Sanson*, de 80 tonneaux, le *Saint-Pierre*, de 40 tonneaux et le *Don-de-Dieu*, de 60 tonneaux, attestaient qu'au mois de janvier précédent il leur avait été commandé par le marquis de Villars, gouverneur du Havre, d'équiper et d'avitailler leurs vaisseaux pour se rendre à Calais où ils devaient recevoir les ordres du Roi.

Les maîtres avaient obéi au commandement du gouverneur à condition qu'ils auraient, ce qui fut accepté par Villars, les mêmes fret et avantages qui avaient été promis par le sieur de La Tignonic (?), de Calais, aux maîtres de heu qu'il avait affrétés à Rouen et dans les ports de la Seine pour le même objet. « Et lequel fret ledit Villars leur avait promis faire payer par Sa Majesté, et en déduction duquel il leur avait baillé et payé à leur prière et requête, de ses propres deniers, chacun en leur particulier, quelque nombre de deniers, pour employer aux victuailles et choses nécessaires de leurs dits heus et vaisseaux pour ledit voyage, dont ils avaient baillé acquits. En outre, ledit Villars aurait fait venir de Henry Carville (de Quillebeuf) (1) à chacun d'eux un pilote qui s'étaient embarqués dans leurs dits vaisseaux pour les piloter et conduire dans ledit voyage, ce qu'ils n'eussent osé ni voulu entreprendre autrement pour n'être leur navigation ordinaire audit lieu de Calais, lieu assez difficile et dangereux, et autres lieux où on les devait faire naviguer. Et pour lequel voyage accomplir ils étaient partis du Havre avec leurs vaisseaux, pilotes et équipages sur la fin de janvier dernier et y faire leur retour. Depuis lequel ils n'avaient reçu aucuns deniers sur ledit fret, mais au contraire poursuivis par les pilotes de Quillebeuf à leur faire raison et paiement de leur salaire d'avoir fait ledit voyage (2). »

Cet acte, non plus qu'un autre concernant la mise de lest à bord de ces heus, n'apporte aucun éclaircissement sur le motif de cet armement, assez considérable puisqu'il s'étendit à Rouen et aux ports de la Seine. Heureusement sa date et le nom de Calais permettent de suppléer à ce mutisme.

Il s'agit certainement là d'un épisode de la guerre de Trente ans, alors que la France, d'une façon occulte, subventionnait et encourageait les ennemis de l'Espagne et de l'Empire. Allié des Hollandais, Richelieu avait promis à Mansfeld, alors dans les Pays-Bas, de l'argent, des soldats et six mois de solde. De plus, il s'était engagé envers Jacques Ier, beau-père de l'électeur palatin, le chef de l'Union évangélique, dont la puissance s'était effondrée en 1620, à la bataille de la Montagne Blanche, à l'aider dans les levées qu'il faisait pour renforcer Mansfeld (3).

Richelieu jouait double jeu. Tout en donnant des subsides à Mansfeld il n'entendait pas encore se brouiller avec l'Espagne. Aussi quand la flotte anglaise se présenta devant Calais pour y débarquer ses troupes trouva-t-elle le port fermé et dût-elle pousser jusqu'à Flessingue, qu'elle atteignit le 1er février.

---

(1) A la suite de la vaillante résistance que la ville de Quillebeuf opposa en 1592 à l'armée de la Ligue elle porta quelque temps le nom d'Henricarville.

(2) Tabell. Registre 175.

(3) Elles ne lui profitèrent guère. L'année suivante il fut battu par Wallenstein à Dessau et forcé de chercher un refuge en Hongrie.

Il est donc probable que les bâtiments partis du Havre pour Calais portaient, en plus des troupes promises à Mansfeld, les renforts nécessaires pour en assurer la neutralité ostensible.

La navigation de la Basse-Seine se continua après le XVIe siècle sans modifications appréciables, ralentie bien plutôt par les guerres maritimes qui raréfiaient les arrivages que par les accidents dus aux variations de régime du fleuve. Elle changea toutefois un peu de caractère quand le commerce havrais se détourna du Brésil d'abord, des Antilles ensuite, pour se consacrer plus spécialement à la pêche de la morue à Terre-Neuve, sur les côtes de l'Acadie et au Canada.

L'enquête conduite en 1664 au Havre par Claude Mathé, lieutenant en l'Amirauté, en exécution de l'arrêt du Conseil royal des Finances du 21 avril de cette année, révéla l'existence de 36 heus attachés au port, d'un tonnage de 30 à 100 tonneaux, de 2 gribannes de 80 tonneaux, de 10 barques couvertes servant d'allèges, de 10 à 40 tonneaux, et de 11 bateaux non pontés, de 10 à 30 tonneaux (1).

Les uns comme les autres étaient indistinctement affectés aux transports pour Rouen, pour le petit cabotage et même à l'occasion, suivant les chargements qu'ils trouvaient, pour l'Angleterre et l'Écosse.

Ce nombre de 36 heus se retrouve à peu près en 1730, — 30 heus, d'après Sicard. A leur descente de la Seine ils apportaient les marchandises que les marchands du Havre et de Rouen tiraient de Rouen même, de Paris, de Lyon, de la Champagne, de la Bourgogne et des autres provinces de l'intérieur (2).

Depuis la création de l'arsenal, en 1668, beaucoup de ces bâtiments opéraient leurs retours avec des chargements de bois destinés à la construction des vaisseaux de la marine royale et à l'approvisionnement de Brest, mal placé à cet

---

(1) Arch. de la Seine-Inférieure. Amirauté de Rouen.
(2) Mémoire de Sicard, presque entièrement reproduit dans le *Dictionnaire* d'Expilly. Arch. de la marine. Documents historiques des ports.

égard, et même de Saint-Malo, Lorient et Rochefort (1), de boulets et de canons et surtout de chanvres de Champagne qui, bien que de qualité inférieure à ceux des pays du Nord, étaient très utilisés par les deux corderies de l'arsenal et les corderies particulières établies le long de la plage.

L'ouverture des colonies françaises des Antilles au commerce libre, résultant des lettres patentes d'avril 1717, avait redonné à la navigation au long cours havraise un lustre oublié depuis plus d'un siècle. Assez lent au début le mouvement d'ascension s'était accéléré à partir de 1748 ; le tonnage des marchandises empruntant la voie du fleuve avait suivi une marche parallèle. En 1753, Dubocage de Bléville comptait au Havre une cinquantaine de heus, non compris les allèges de Rouen, de Honfleur et des ports de la Seine qui venaient y charger. Il y avait de plus 30 bateaux de 40 à 80 tonneaux faisant les voyages au petit cabotage (2).

Le registre du commerce accuse en six mois de l'année 1752 113 allèges expédiées pour Rouen (3).

Malgré l'importance de cette flotte secondaire, que venaient accroître les contingents des ports voisins, elle se révélait parfois insuffisante pour satisfaire aux besoins, surtout dans les années de disette. Les arrivages de blés étaient alors considérables au Havre et il y avait urgence à les diriger sur l'intérieur et particulièrement sur Paris. Dans ce cas, on oubliait volontiers la forme pour ne songer qu'à la nécessité. Par exemple, en 1714, il est vrai après la stagnation commerciale qui avait signalé la guerre de la succession d'Espagne, on fit appel aux navires hollandais pour transporter les blés destinés à Paris et à plusieurs autres ports, en les exemptant du droit de 50 sols par tonneau imposé aux vaisseaux étrangers allant de port à port dans le royaume.

---

(1) Le parc aux bois de la marine recevait, pendant les années de guerre, d'énormes quantités de bois destinés pour ces ports. On les y faisait parvenir, non sans mal et sans danger, par des gabarres et des navires affrétés. C'est ainsi que de 91.061 pieds cubes de bois existant au 1er novembre 1777 dans l'arsenal du Havre, l'approvisionnement était passé à 548.543 pieds cubes le 1er avril 1781 et à 696.313 au 1er juin 1782.

(2) Dubocage de Bléville. *Mémoires sur le port, la navigation et le commerce du Havre de Grâce*. Le Havre, 1751, in-8.

(3) Arch. comm. HH 52.

Le transport des marchandises par les heus et les opérations de déchargement en rade à l'aide d'allèges avaient été réglementés à diverses reprises, non par les officiers de l'Amirauté, qui semblent ne s'être pas immiscés dans les arrangements conclus entre les maîtres de ces navires et le commerce, mais d'un commun accord par les intéressés.

En 1728, en vue de mettre fin aux difficultés qui surgissaient entre eux, vingt-six maîtres d'allèges prenaient « la liberté de proposer à Messieurs les négociants du Havre, pour la facilité du commerce » de charger à tour de rôle, certains ne faisant que 2 ou 3 voyages tous les ans, alors que d'autres en faisaient 11 ou 12, ce qui était évidemment très préjudiciable aux moins avantagés, quoique assez explicable pourtant.

Afin même d'éviter une concurrence ruineuse, ils demandaient que le nombre d'allèges en service ne fut pas augmenté, qu'elles fussent visitées par des experts, qu'il fut interdit de porter des marchandises sur le pont, qu'un commis, payé par les maîtres, eût pour mission d'enregistrer les entrées, que les maîtres ne pussent exercer sans l'agrément de six des principaux négociants, etc.

Les vœux ainsi exprimés reçurent en partie satisfaction, mais, comme pour bien d'autres règlements, d'autrefois et d'aujourd'hui, les décisions prises ne furent pas observées. En réalité, elles pouvaient supprimer quelques abus ; elles étaient incapables d'empêcher la concurrence. Elles n'auraient pu être souveraines que si tous les navires employés avaient été d'un rendement égal, si les maîtres et les matelots qui les montaient avaient déployé les mêmes capacités et aussi, car c'est chose à la mer qui a plus d'importance encore que partout ailleurs, aient eu la même chance au cours de leurs voyages.

Les contestations incessantes qui s'élevaient entre les maîtres déterminèrent les négociants, réunis le 2 janvier 1735 en assemblée générale, à élaborer un nouveau règlement, dont l'exécution fut confiée à trois d'entre eux, Eustache, Prier et Lainé.

Les heus devaient être chargés à tour de rôle et la cargaison reçue telle qu'elle était donnée, sous peine de 50 livres d'amende et même de destitution du maître. Défense était faite de porter aucune marchandise sur le pont, même avec le consentement des chargeurs, sous les mêmes peines. Enfin lorsqu'un navire avait besoin d'être allégé en rade le consignataire auquel il était adressé était tenu de donner 100 livres à chacun des maîtres de heus ayant pris part à l'opération.

Il est improbable que ce règlement ait été plus respecté que le précédent. Le genre d'exploitation des heus s'y opposait d'ailleurs, les négociants, contre lesquels aucune pénalité n'était prévue ni même possible puisque ces tractations et ces règlements n'avaient aucun caractère légal, étant naturellement enclins à avantager les maîtres des bateaux où ils possédaient des intérêts.

Ces maîtres, sans former une corporation proprement dite, étaient cependant, comme les capitaines de navires et un certain nombre de métiers, réunis dans une confrérie fondée en l'église de Notre-Dame sous le titre de « Confrérie de la Transfiguration de Notre-Seigneur ». Une messe se célébrait tous les dimanches à l'intention de ses membres, ainsi que le 6 août, fête de la Transfiguration, où il y avait grand'messe et pain bénit.

Au décès de chaque maître il se disait trois messes pour le repos de son âme.

La cotisation à la confrérie n'était pas fixée comme dans la plupart de ces associations ; elle s'acquittait moyennant une remise sur le produit de chaque voyage.

Le trafic par bateaux de charge entre le Havre et Rouen suivit pendant longtemps le développement du commerce havrais. L'encombrement de l'estuaire par les bancs de sable mobiles, l'étroitesse et les variations de direction des chenaux navigables, le peu de connaissance qu'on avait alors des phénomènes de remplissage du fleuve interdisaient, d'une façon à peu près absolue, la remontée par des bâtiments d'assez fort tonnage des 124 kilomètres qui séparent Rouen de la mer (1).

____

(1) Les chenaux de l'estuaire étaient sujets à des variations aussi considérables que subites. Dans un procès-verbal du 26 mars 1665 le lieutenant de

Cette situation très préjudiciable aux intérêts rouennais, puisqu'elle contraignait la plupart des navires de haute mer à opérer au Havre un transbordement souvent d'autant plus onéreux que les marchandises apportées étaient encombrantes, lourdes et relativement de peu de valeur, ne commença à se modifier que dans la seconde moitié du xviiiᵉ siècle· La Chambre de commerce de Normandie y apporta tous ses soins (1). Elle fit procéder à un balisage des parties navigables de la Seine, exerça une surveillance attentive sur les changements qui survenaient, quelquefois d'une journée à l'autre, dans la direction des courants et la profondeur des passes, assura le fonctionnement des stations de pilotes et établit en 1777 à Quillebeuf, ce « cimetière de navires » un magasin de sauvetage, le second, par sa date, dans la Haute-Normandie (2), qui rendit de grands services et prépara la renaissance de cette magnifique artère fluviale.

Mieux familiarisés avec les dangers qu'ils pouvaient courir et qu'une expérience plus mûrie leur permettait d'éviter, les pilotes et les capitaines de navire s'avisèrent que cette navigation était susceptible, en certains cas, de s'exonérer d'une partie des charges qui lui incombaient. Des négociants, dont le nombre ne tarda pas à s'élever, recommandèrent à leurs vendeurs ou à leurs commissionnaires dans les ports étrangers de charger de préférence sur des navires plats, d'un tirant d'eau de 8 à 9 pieds, assez faible pour trouver de l'eau

---

l'Amirauté de Rouen, déclarait que le chenal du fleuve entre la mer et Rouen était accessible à des navires de 300 tonneaux. Cette situation, si elle n'est pas flattée, dut en tout cas n'être qu'accidentelle. Un peu plus tard la flotte anglo-hollandaise, qui bombardait le Havre trouva un excellent embossage pour prendre la ville à revers dans une fosse profonde ignorée des ingénieurs des fortifications.

(1) Il est juste de reconnaître qu'elle y fût aidée par l'élite de la population rouennaise. Les *Mémoires* de l'Académie de Rouen (t. III, 1761-1770, p. 169) font mention d'un projet de Magin, ingénieur du Roi, tendant à rendre la Seine navigable jusqu'à Rouen pour des navires tirant 20 à 25 pieds d'eau. Les Sociétés littéraires et savantes de Rouen mirent plusieurs fois au concours la possibilité d'aménager le cours du fleuve.

(2) Le premier magasin de sauvetage avait été édifié en 1752 au Havre à l'aide de fonds recueillis par les négociants havrais, un peu en arrière de la jetée du Nord-Ouest. Entretenu à leurs frais et muni par leurs soins des apparaux de sauvetage et des annexes indispensables jusqu'à la création de la Chambre de commerce en 1802, il subsista jusqu'en 1833.

à peu près à toute marée dans leur remontée à Rouen. Quelques armateurs de cette dernière ville firent même construire des bâtiments exprès qui desservaient les ports de Bordeaux, de Bayonne, de Lisbonne, de Cadix, et même de la Méditerranée.

Il y montait aussi directement des navires venant des ports de la Hollande, des mers du Nord et de la Baltique, régions où les difficultés de la pratique des côtes, les vastes estuaires ensablés exigeaient des navires de faible tirant d'eau, à coques capables de supporter impunément les échouages, telles que les allèges et les heus de la navigation en Basse-Seine.

Toutefois, au XVIIIe siècle, les longs-courriers et la plupart des bâtiments affectés au cabotage international étaient de calaison et de dimensions trop grandes pour s'aventurer en Seine. Ils n'auraient pu, au surplus, trouver à s'assurer qu'à des taux prohibitifs. Comme par le passé la partie de leur chargement destinée pour Rouen et les au-delà était transbordée sur des heus.

Le trafic du port de Rouen ne laissait pas d'être important à cette époque. Bien que déchue de la place qu'elle occupait au XVIe siècle, la ville aux cent clochers était toujours l'un des plus grands centres industriels de la France ; les produits de ses manufactures s'exportaient dans toutes les parties du monde et trouvaient notamment des clients fidèles près des roitelets nègres de la côte d'Afrique, dans nos colonies antilliennes et en Espagne.

Suivant des renseignements fournis en 1810 à Sery, maire du Havre, par les courtiers de Rouen (1), il était arrivé dans ce port, en 1787, 1.043 navires français répartis ainsi qu'il suit : 972 du petit cabotage, d'un tonnage moyen de 84 ton-

---

(1) Arch. comm. F³ 27, liasse 1. Lettre du 24 janvier 1810. Guillaume-Antoine Sery, maire du Havre de 1800 à 1821 et Président de la Chambre de commerce, ancien armateur, fut un administrateur remarquable, d'une capacité de travail considérable. Très averti de ce qui concernait le trafic havrais et ses organes, il fut fréquemment consulté par les autorités supérieures. Ses rapports, que j'ai largement mis à contribution dans cette étude en ce qui concerne la fin du XVIIIe siècle, constituent une véritable revue de ce qu'étaient la navigation et le commerce du Havre à la fin de l'ancien régime.

neaux ; 70 navires au grand cabotage, de 180 tonneaux en moyenne, et un navire venant du Cap Français (Saint-Domingue). Année commune, il entrait à Rouen 180 à 200 navires étrangers, de tout pavillon, évalués l'un dans l'autre à 100 tonneaux.

En récapitulant ces données, on obtient ainsi un tonnage total de 113.398 tonneaux reçu par le port de Rouen en 1787.

Sery trouvait ce chiffre exagéré. Le tonnage moyen semble l'être en effet. En tous cas, qu'il soit exact ou enflé, il est indubitable que le nombre de 972 navires au petit cabotage s'applique en majorité, non à la navigation d'échange proprement dite, mais à l'approvisionnement de Rouen en denrées, en bois de chauffage, en matières de toutes sortes nécessaires à son industrie (1).

A titre de comparaison on peut citer le commerce havrais en 1776. Il était entré 328 navires faisant le cabotage international, 115 des colonies françaises et de Terre-Neuve, 241 du cabotage national, 72 pour Rouen et les autres ports de la Seine et 13 de provenance inconnue, ce qui donne en tout 769 bâtiments, non compris les petits caboteurs et les heus.

En appliquant à chacun de ces navires un tonnage moyen de 100 tonneaux, ce qui est probablement assez au-dessous de la réalité, on obtient un tonnage-entrée de 76.900 tonneaux (2).

Pour 1787 le nombre des navires entrés au Havre, venant des colonies, atteignait 110, jaugeant 25.446 tonneaux. Cette même année le Havre possédait 93 navires faisant les voyages des colonies américaines et 48 se livrant à la traite, d'un tonnage total de 34.305 tonneaux et moyen de 243 (3).

Malgré l'amélioration du régime du fleuve la presque totalité des importations rouennaises et parisiennes provenant des pays d'outre-mer se faisait par l'intermédiaire du Havre. A la veille de la Révolution il est intéressant de pénétrer un peu plus intimement dans le mécanisme de cette navigation,

---

(1) En 1824 Rouen reçut 3 longs-courriers et 189 navires au cabotage international. Le tonnage moyen de ces bâtiments ne s'élevait qu'à 84 tonneaux.

(2) Ph. Barrey. *Le commerce maritime du Havre, du traité de Paris à la rupture de la paix d'Amiens, 1763-1803.* Paris, 1906, in-8, p. 12.

(3) En 1839, le tonnage moyen des navires attachés au port du Havre, en majeure partie affectés aux navigations lointaines, n'était que de 312 tonneaux.

qui était, pour la main-d'œuvre locale, un important élément
de travail. Un mémoire très clair et fort détaillé de Sery donne
à cet égard les renseignements les plus circonstanciés et qu'il
serait aujourd'hui impossible de trouver aussi complets (1).

En 1789 et 1790, le port du Havre comptait plus de 50 bateaux se livrant à la navigation de la Seine. L'ancienne désignation des heus était tombée en désuétude ; elle était rem-
placée par celle d'allèges, qui, à son tour, fera place plus
tard à celles de chalands et de péniches.

Il y avait, en outre, venant charger au Havre, 20 à 25 allèges de Rouen et des autres ports du fleuve, tels que Diep-
pedalle, Caumont, Duclair, etc., et 10 à 12 de Honfleur.

Ces bateaux prenaient ordinairement leur cargaison au
Havre pour Rouen ; la plupart revenaient à vide ou peu chargés. Ils faisaient de cinq à six voyages par an, quand les
maîtres étaient actifs ou favorisés par les maisons de commerce qui étaient propriétaires de leurs bateaux ou intéressés pour une part.

Le tonnage s'était un peu accru depuis le xvi⁰ siècle, mais
légèrement, les exigences très particulières de cette navigation ne permettant que des écarts assez étroits ; il variait entre
60 et 120 tonneaux, rarement au-dessus.

Pour la même raison, leur construction était coûteuse.
Bâtis à plates varangues, bien grées, très solides, les proportions de leurs membrures égalaient celles d'un navire de
300 tonneaux, afin de résister aux risques des échouements
dans la Seine, ainsi qu'au choc des glaces lorsque la débâcle les y surprenait (2).

Les lignes de leur coque rappelaient tantôt le genre galiote,

---

(1) Arch. comm. F² carton 27, liasse 1. *Mémoire pour le ministre de l'Intérieur*, 14 décembre 1811.

(2) C'était chose grave que d'être pris par les glaces du fleuve en certains
hivers rigoureux. Une contemporaine, Mᶩᶫᵉ Le Masson Le Golft, rapporte qu'à
la fin de janvier 1776 le thermomètre était descendu à 15⁰ Réaumur et que
l'embouchure de la Seine entre la Hève et l'Orne et même jusqu'aux limites
de l'horizon, était couverte à ce point de glaçons qu'ils paraissaient ne faire
qu'une banquise et qu'à petite distance il ne se voyait aucun intervalle entre
les glaces. La navigation fut totalement interrompue pendant plusieurs jours.
En janvier 1789, d'après le même auteur, les communications entre le Havre
et Honfleur le furent également durant six jours à cause des glaces.

à côtés plats et ronds à l'avant ou à l'arrière, tantôt les smacks, sloops à formes massives et à beaupré mobile ; quelques allèges présentaient aussi l'apparence d'un sloop ordinaire. Tous étaient munis d'un assortiment complet de pièces de cordage, de câbles, grelins et amarres de halage.

Le prix de revient, variable suivant le tonnage, s'était considérablement élevé depuis deux siècles ; il atteignait alors entre 25.000 et 40.000 livres.

L'équipage se composait du maître, souvent un ancien maître d'équipage ou tout autre bon marin auquel ses armateurs étaient attachés et qui lui confiaient ce commandement pour le récompenser de ses services et augmenter sa pension de la marine, de deux ou trois matelots, d'un novice ou d'un mousse, suivant la grandeur du bateau.

Cette navigation se faisait, en général, au tiers franc, comme dans tout le cabotage, c'est-à-dire que le propriétaire du bateau, — le bourgeois autrefois, — avait le tiers du fret, les deux autres tiers revenant au maître pour le salaire de son équipage et le sien, la nourriture, les frais de navigation tels que pilotages du port et de la Seine, les droits de navigation, le menu entretien du navire et des agrès, les avaries ordinaires, etc. L'armateur n'était tenu qu'au radoub du bâtiment, à son grand entretien, au renouvellement des voiles, des cordages et des autres apparaux.

Pour régler le salaire du maître et de ses hommes on déduisait sur les deux tiers les frais restés à la charge du maître. De ce qui restait après ce prélèvement on faisait des parts ou lots que l'on répartissait ainsi : deux parts ou deux parts et demi pour le maître, une pour un matelot, trois quarts pour un novice et une demi-part pour un mousse.

Tant que le bateau était neuf il coûtait peu d'entretien pour les premiers voyages, surtout si le maître était un homme soigneux, habile et avait un peu de chance, mais par la suite, comme cette navigation était très dure et exposait les navires à beaucoup d'avaries, qu'il fallait les entretenir du mieux possible afin d'obtenir la préférence du fret, ces frais ne laissaient pas d'être assez dispendieux.

Année commune, il en coûtait aux propriétaires de 1.500 à

1.800 livres de grosses réparations ; ce chiffre tendait à s'élever avec l'âge des bateaux, qui ne duraient guère plus de quinze à vingt ans.

Sauf de très rares exceptions, la propriété des allèges était répartie entre un assez grand nombre d'intéressés, parmi lesquels presque toujours les constructeurs et les maîtres étaient compris, vieil usage qui s'était perpétué depuis le xvi⁰ siècle. De même que pour tous les autres armements havrais, il y entrait des personnes étrangères au commerce maritime, parfois pour des parts fort modiques. Dans le compte de construction de la galiote *Marie-Elisabeth*, bâtie sur le Perrey par les charpentiers Gouel et Deros, s'élevant à 28.054 livres, on trouve dix-sept associés, dont un seul pour le huitième de la valeur du bâtiment ; les autres, dont trois de Rouen, sont intéressés pour des seizièmes et des trente-deuxièmes (1).

Les allèges chargeaient pour Rouen et les au-delà, dans ce cas avec obligation de transbordement, non seulement les produits des pays exotiques, mais aussi, et l'on pourrait dire surtout, les marchandises encombrantes, provenant en majeure partie des pays baignés par la mer du Nord et la Baltique, tels que les suifs, les fers de Suède, les bois de sapin de Norvège, la cire, le miel, la soie de porc, les plumes de duvet et les plumes à écrire de Russie, les sels et les vins des côtes de l'Océan, des ardoises, des eaux-de-vie de la Rochelle, etc.

Le fret le plus important, presque le seul, était le fret d'aller. Une allège pouvait faire alors de 1.500 à 2.000 livres, mais en retour elle ne rapportait généralement que des objets de peu de valeur, d'un grand volume ou pesantes, cercles de barriques, faïence grossière de Rouen, plâtre, pierres des carrières riveraines de la Seine, à peu près exclusivement employées, depuis l'origine de la ville, pour la construction de ses édifices, de ses fortifications, de ses ouvrages maritimes, pavés, etc., chargement peu rémunérateur, ne donnant lieu qu'à un fret total d'à peine 300 livres avec

---

(1) Arch. comm. E E 82.

charge presque complète. Très souvent même elle revenait à vide ou avec seulement du bois de chauffage pris dans la forêt de Brotonne.

Le prix du transport, du Havre à Rouen, variait suivant les époques, le plus ou moins d'abondance des arrivages, leur composition et leur valeur. Ainsi qu'aujourd'hui les conditions étaient plus avantageuses pour un bateau entier ou une grosse partie que pour de petites expéditions ou des colis pris isolément.

Cependant ces oscillations se renfermaient dans des limites assez étroites. Dans les années qui précédèrent la Révolution, voici, d'après Sery, le prix commun du fret établi pour un certain nombre de marchandises :

Sucre.	7 livres 10 sols	du tonneau
Café	10 livres	—
Coton des colonies.	20 sols	le quintal (100 livres)
Coton de Smyrne	25 sols	— —
Laine.	25 sols	— —
Indigo	20 sols	— —
Huile, vins, eaux-de-vie	8 livres	du tonneau
Savon, soude, alun	7 livres	—
Sumac, réglisse, blé	7 livres	—
Figues, raisins, drogueries	10 livres	—
Plomb et fer.	4 livres	—
Etain	5 livres	—
Marbre (1).	8 livres	—

C'étaient là des prix relativement élevés qui ne s'expliquent, étant donnée la lenteur du trajet, que par les conditions spéciales où se pratiquait cette navigation. Non seulement elle était affectée fréquemment de retards considérables dus aux causes naturelles, mais encore fallait-il faire entrer en ligne de compte les frais onéreux d'exploitation qu'elle comportait, particulièrement pour le pilotage.

---

(1) Ces renseignements sont, pour quelques-unes de ces marchandises, corroborés par ceux donnés en 1779 par Mistral, ordonnateur de la marine. Pour Paris, le fret pour le sucre était de 14 livres le °/₀₀, pour le savon de 9 l. 10 s Lorsque les eaux étaient hautes, le fret était à un tiers meilleur marché.

Les pilotes de Quillebeuf prenaient les navires au Havre et les conduisaient jusqu'à Villequier ; là, d'autres les amenaient à La Mailleraye, où les maîtres avaient la faculté d'embarquer d'anciens marins appelés conducteurs, qui les montaient jusqu'à Rouen.

La navigation ne se faisait que le jour. L'article 27 du règlement du 7 juin 1808 défend encore aux pilotes de conduire aucun navire la nuit, de l'embouchure de la Seine à La Mailleraye, sous peine de quinze jours de prison.

Les navires s'aidaient peu de leur voilure, dont la manœuvre eut été périlleuse dans un fleuve aux courbes répétées, où le chenal était irrégulier et variable. L'estuaire dépassé ils attendaient l'impulsion de la marée, du flot montant, qui les entraînait en amont. L'équilibre entre les eaux de la mer et du fleuve rétabli, le courant descendant normal reprenait. Alors, pour ne pas refaire en sens inverse le chemin gagné, les navires s'ancraient et, dans un endroit abrité, dans les *posée* (tel était le terme employé), attendaient la poussée de la marée suivante.

Cette sujétion, dans les parties du fleuve situées immédiatement au-dessous de Rouen, là où l'action des marées se faisait moins sentir, pouvait être évitée en recourant au halage. Mais outre que les sentiers bordant le fleuve qui servaient à cet usage étaient en beaucoup de points mal entretenus et dangereux (1), il était dispendieux et par surcroît impraticable quand l'étiage du fleuve variait sensiblement.

A certaines époques, le trafic par allèges prenait plus d'intensité. Au cours des disettes si fréquentes au xviii° siècle, le Havre était véritablement pour les blés le port nourricier de la Normandie et de Paris. En 1788-1789, du 1ᵉʳ novembre au 20 juin suivant, le gouvernement fit venir, pour compenser l'insuffisance de la récolte, 495.963 quintaux de céréales et de farines, soit environ 24.000 tonnes. Quand la crise de

---

(1) Situation qui durait depuis longtemps. En 1665 le lieutenant de l'Amirauté de Rouen se plaignait que les chemins étaient très mauvais, gâtés en beaucoup d'endroits, ce qui donnait beaucoup de peine aux navires allant de La Mailleraye à Rouen. Esmonin. *Mémoire sur la généralité de Rouen* (1665), Paris, 1913, in-8, p. 10, note 4.

juillet éclata, les volontaires du Havre escortèrent, tant par terre que par eau, la majeure partie de ces approvisionnements, sauvant ainsi Paris d'une famine imminente.

Quelques années plus tard, de 1792 à 1794, le Havre fut également l'entrepôt des céréales achetées par le gouvernement. Plus de 20.000 tonnes de blé, de seigle et de farines (410.076 quintaux) arrivèrent au Havre, d'abord de l'Angleterre, de la Hollande et de Bordeaux, puis, après la déclaration de guerre, du Danemark, des Etats-Unis, de la Suède et de la Prusse (1). La plus grande partie servit à ravitailler les départements voisins, mais principalement Paris (2).

Les transports ne laissaient pas parfois d'être assez difficiles à mener à bien. Les populations riveraines du fleuve, qui voyaient ainsi défiler sous leurs yeux des convois entiers de bateaux chargés de grains, n'étaient pas sans jeter des regards de convoitise sur ces précieux chargements, et il fallait que les équipages se tinssent sur leurs gardes pour les conserver intacts. En septembre 1792 il était recommandé aux maîtres des allèges portant du blé à Rouen d'observer la plus grande circonspection afin d'éviter d'être abordés et pillés.

La Révolution, sauf cette exception, ralentit fortement la batellerie de la Basse-Seine. Alimentée par le Havre elle suivait les flux et reflux de son activité. Elle déclinait automatiquement quand le blocus interceptait les arrivages. A partir de 1798, lorsque les Etats-Unis, avec lesquels nous étions en délicatesse, cessèrent d'envoyer leurs navires au Havre, elle fut réduite aux échanges locaux et aux transports des bois et des matières nécessaires aux constructions entreprises par l'arsenal.

A cette époque se place une tentative qui n'eut pas il est vrai de suites positives immédiates, mais qui est cependant très intéressante à rappeler parce qu'elle fut le point de départ d'une extension de la navigation fluviale à laquelle beaucoup de gens avaient déjà dû songer sans qu'il eut

---

(1) Ph. Barrey. *Le Commerce maritime*, etc. p. 21-23.
(2) Arch. révol. F⁴ 6 à 32. Pour Paris, 26 à 30.

jusqu'alors été tenté rien de pratique pour la réaliser.

Beaucoup de marchandises remontant la Seine n'étaient pas destinées à Rouen. Elles s'y arrêtaient cependant car au delà la navigation vers Paris n'était possible qu'à l'aide de navires d'un moindre tonnage et surtout d'un tirant d'eau approprié à la profondeur d'eau très faible en certains points et aux embarras du fleuve qu'on rencontrait entre Rouen et la capitale, mais c'était au prix d'un transbordement nouveau, de frais de manutention supplémentaires, d'accidents possibles et d'une perte de temps inévitable. Il eût été désirable pour le commerce et avantageux pour le pays qu'une communication directe pût être établie, par batellerie, entre la mer et Paris, dût-on pour parvenir à cette amélioration modifier quelque peu le régime des ponts traversant la Seine et l'aménagement du fleuve.

En vendémiaire an III la Convention avait ordonné la construction au Havre d'un navire propre à tenir la mer et à remonter la Seine à la voile. Sans doute cette expérience se rattachait-elle au vaste plan d'enquête relatif au commerce prescrit par le décret du 24 vendémiaire et dont les événements ne permirent pas d'utiliser les suggestions.

Armé au printemps suivant, le lougre le *Saumon* mesurait 75 pieds de longueur, 18 de largeur et 8 de creux ; il pouvait porter 150 tonneaux en lourd avec un tirant d'eau de 7 pieds et demi.

Diverses circonstances retardèrent son départ ; il ne s'effectua qu'au début de l'été de l'an IV (1796).

Sa cargaison, de 1.400 quintaux de farine et autres marchandises, soit 70 tonneaux environ, lui donnait un tirant d'eau de 4 pieds 4 pouces (1 m. 40), très inférieur à celui des allèges. Ce faible enfoncement dans l'eau lui permettait d'être à l'aise dans toutes les passes navigables du fleuve, même pendant l'été. En effet, pendant toute la durée de son voyage, l'échelle du pont de la Révolution, à Paris, indiqua constamment 7 pieds 4 pouces.

La remontée de Rouen à Paris demanda onze jours, pendant lesquels il n'y eut réellement que sept heures environ par jour de navigation effective. Plus d'une fois, servi par

ses voiles, le *Saumon* franchit des points difficiles en entraînant les cordages, les chevaux et les hommes disposés pour
le hâler ; il atteignit souvent une vitesse à l'heure de
2.200 toises ou 4.277 mètres.

A son retour il apporta au Havre une cargaison de fers
et de munitions pour la marine.

Sganzin, ingénieur en chef des Ponts et Chaussées, et Forfait, ingénieur de la marine, avaient été chargés de faire les
observations nécessaires pour rechercher les obstacles qui
s'opposaient à la navigation de la Seine et déterminer les
formes les plus convenables et les gréements les mieux com-
binés à adopter pour les navires destinés à faire un service
entre la mer et Paris. Leur rapport fut entièrement favorable
à l'expérience. Ils concluaient en établissant que cette navigation, une fois réalisées les améliorations qu'ils proposaient,
abaisserait le taux du fret de 60 %.

Le gouvernement, ajoutaient-ils, gagnerait à l'adoption de
ces méthodes par l'économie sur l'entretien des routes, qui
ne seraient plus autant broyées par le roulage ; par le nombre des gens de mer, parce qu'au lieu de mariniers il aurait
des marins. Il donnerait à Paris une nouvelle branche d'industrie qui lui manque et dont il peut avoir besoin pour
réparer de grandes pertes ; il faciliterait le transport d'objets utiles aux fabriques et de médiocre valeur ; enfin il ferait
peut-être participer cette grande ville aux expéditions maritimes éloignées et surtout aux pêches, qui seront à la paix la
plus précieuse ressource de notre marine (1).

Tous ces avantages pouvaient être obtenus, au dire des
ingénieurs, moyennant une somme relativement modique,
5 millions, consacrée aux travaux d'amélioration du lit du
fleuve, particulièrement par l'ouverture de plusieurs canaux
coupant les boucles de la Seine (2).

---

(1) Sganzin et Forfait faisaient preuve vraiment d'un optimisme surpre-
nant. Si aujourd'hui aucune difficulté technique ne s'oppose à ce que des navires de haute mer puissent accéder jusqu'à Paris, après exécution des travaux
nécessaires, il n'en était pas ainsi alors. De même on voit mal des bateaux
de pêche apporter à la capitale du poisson pêché quelque quinze à vingt
jours auparavant.

(2) *Feuille Maritime. Havre-de-Grâce*, n° 485, 28 thermidor an IV (15 août

Cette tentative avait démontré qu'en des conditions normales et en prenant les précautions nécessaires il était possible de remonter du Havre à Paris sans rompre charge. Une voie à peine soupçonnée jusqu'alors s'ouvrait au commerce. Restait à la régulariser, à corriger par des travaux d'art les obstacles existant dans le cours du fleuve, en résumé à la rendre constamment praticable et d'un rendement avantageux. Il fallait surtout s'efforcer d'y intéresser l'esprit public, peu préparé, à cette époque où tous les événements extérieurs et la confusion de la politique intérieure accaparaient l'attention, à se préoccuper d'une question de ce genre.

Un Havrais, Lesueur, ancien greffier de l'Amirauté, entreprit de stimuler l'opinion et surtout, ce qui importait le plus, l'opinion de la capitale, bien placée pour agir sur les décisions gouvernementales. Dans ce but, « afin d'inoculer chez les Parisiens le goût du service maritime », il fit construire à Rouen 22 petits bâtiments, affréta une bélandre de 100 tonneaux, la *Parisienne*, et, avec cette flottille, arriva au pont du Pecq, à Saint-Germain-en-Laye, le 7 fructidor an VIII.

Le dessein de Lesueur était de montrer aux Parisiens la facilité avec laquelle ces bateaux pouvaient naviguer en Seine. Ils se livrèrent à de multiples évolutions devant Saint-Cloud, le 27 et le 30 fructidor, donnant même aux curieux qui bordaient les rives le spectacle d'un simulacre de combat naval. Malheureusement, desservi par ses subordonnés, aux prises avec de pénibles difficultés financières ; l'entreprise à peine commencée sombra sans que les pouvoirs publics aient songé à l'aider (1).

Cette entreprise, dont l'échec tenait à des causes person-

1796) Cette feuille d'informations, créée vers 1750, n'a cessé de paraître depuis lors sous divers titres. C'est aujourd'hui, et depuis le 16 juillet 1826, le *Journal du Havre*.

(1) Lesueur a retracé ses déboires dans une plaquette de 12 pages in-4°, publiée à Paris sous le titre *Lesueur, directeur de la flottille sur la Seine, à ses concitoyens*. Vendémiaire an IX.

En l'an VIII également le sous-marin *Unicorne*, lancé à Rouen le 24 juillet 1800 des chantiers Périer, conçu et commandé par Robert Fulton, descendit la Seine à la remorque de deux péniches et entra au Havre le 11 août afin de poursuivre ses expériences.

nelles et était tout à fait indépendant de la navigabilité de la Haute-Seine, venant après la réussite du voyage du *Saumon*, n'avait pas été sans éveiller l'attention des milieux commerciaux. On en trouve un témoignage dans les armements faits au Havre en ventôse et en germinal de l'an XI des dogres *Esturgeon* et *Espérance*, de la galiote *Seine*, tous trois construits au Havre cette même année pour le compte d'Etienne J. Féret, leur armateur, destinés pour Paris (1).

Il s'agissait là de navires de 79 à 98 tonneaux, d'un tirant d'eau en charge de 1 m. 62 à 1 m. 95 et de 81 à 114 centimètres à l'état lège, montés par un équipage de cinq hommes (2).

La rupture de la paix d'Amiens, la reprise à outrance des hostilités, amenèrent l'arrêt de ces essais de navigation (3). Les navires du Havre et des ports voisins, quel que fut leur tonnage, furent quelque temps affrétés par le gouvernement pour former la partie véritablement maritime de l'immense flotte que Bonaparte concentrait à Boulogne et dans les ports voisins pour l'invasion de l'Angleterre. Pendant deux ans la Seine, entre Paris et le Havre, fut surtout parcourue par les chaloupes-canonnières, les bateaux plats, les embarcations de toutes formes construits sur toutes les rivières navigables du bassin séquanien (4), à Paris notamment au chantier des Invalides et à l'île des Cygnes (5), et par les nombreux navires de charge portant les munitions

---

(1) En 1763 il y avait un bateau appartenant à un sieur Féré, qui partait tous les dimanches de Paris pour Rouen.

(2) Inscription maritime. Registre des rôles d'armement pour l'an XI.

(3) Il semble qu'il y ait eu sous la Restauration des tentatives de les reprendre. En 1819, les goélettes *Elégante* et *Coquette*, prenant 12 tonneaux de fret, chargeaient en droiture pour Paris. *Affiches, annonces et avis divers*, 4-5 avril 1819.

(4) Cent trente caïques, péniches, bateaux plats et chaloupes-canonnières construites tant à Paris qu'à Compiègne, descendent maintenant la Seine et l'Oise, 12 par 12 pour se rendre à Rouen où ces bâtiments achèveront d'être entièrement gréés et équipés. *Bulletin d'entrée et sortie*, nᵒˢ 3171-3172, 25-26 décembre 1803.

(5) Il y a maintenant à Paris 6 grandes chaloupes-canonnières en construction ; elles porteront des canons de 36 et de 24. *Bulletin d'entrée et sortie*, nᵒ 2988, 25 juin 1803.

et les approvisionnements des divisions de la flottille qui se formaient au Havre (1).

Le blocus du port anémia à l'extrême la batellerie, désorganisée au surplus par les levées d'hommes d'année en année plus épuisantes que l'Empereur jetait dans l'infernal creuset d'une guerre interminable. En 1811 il ne restait plus au Havre que quatre allèges. En y ajoutant celles de Rouen et des bords de la Seine on arrivait à une vingtaine à peine. Si faible que fut ce nombre il n'était pas possible de l'utiliser d'une façon lucrative. La plupart des allèges partaient généralement à vide pour aller chercher des bois de construction pour la marine ou du bois de chauffage (2).

La navigation sur le fleuve ne reprit un peu qu'avec l'extension du système des licences et des permis de simulation, atteintes officielles portées au système draconien du blocus continental (3).

Ce n'était qu'un palliatif, petit remède à un grand mal. La reprise de la navigation ne pouvait venir que de la paix. Le Havre, ruiné et déserté par ses habitants comme jamais il ne l'avait été, y aspirait de toutes ses forces. Et cela explique l'enthousiasme sincère qu'il manifesta au retour des Bourbons. Il allait retrouver, par le travail et dans la tranquillité, une prospérité dont il lui était impossible à ce moment de mesurer toute l'étendue.

*
* *

---

(1) Depuis douze jours il a été expédié de Paris pour le Havre 2.000.000 de livres de chanvre, 90 canons de 18 et de 24, 17.000 boulets, 2.000 piques, 2.000 haches d'abordage, 2.400 sabres. *Bulletin d'entrée et sortie*, nᵒˢ 3176, 3 décembre 1803.

(2) Arch. comm. F² carton 27, liasse 1. *Mémoire cité.*

(3) En théorie il restait toujours en vigueur et en 1810 on brûlait encore des marchandises anglaises saisies, mais comme la France avait besoin de beaucoup de choses que l'Angleterre seule ou à peu près pouvait fournir, on avait imaginé d'en tourner les prescriptions en autorisant les armateurs à y envoyer leurs navires en recourant à un subterfuge. Ces navires battaient pavillon neutre, danois ou norvégien, portaient des noms étrangers, leur destination ostensible était un port étranger. Les marins français étaient même portés sur les rôles sous des noms à consonance scandinave. On se relâcha pourtant de ces précautions. Quelques rôles d'armement mentionnent un port anglais, particulièrement en 1813, où beaucoup de navires sont indiqués comme se rendant à Londres.

Les premières années de la paix amenèrent un développement rapide de la batellerie. Les pertes nombreuses qu'elle avait essuyées sous l'Empire furent promptement réparées. Malgré les notables changements de marchés provoqués par les événements politiques une activité intense ne tarda pas à régner sur les quais trop exigus du Havre, qui se couvrirent de marchandises destinées en partie pour les régions d'amont.

Tant au Havre qu'à Honfleur et dans les ports de la Seine il y eut alors environ une centaine d'allèges. Un de ces bâtiments, de 60 à 80 tonneaux, revenait dans les 15.000 francs. L'équipage se composait d'un capitaine à 100 francs par mois, de 2 ou 3 matelots à 40 francs et d'un mousse à 12 ou 15 francs. La nourriture coûtait en outre 1 fr. 25 par homme et par jour, les frais de pilotage 60 à 70 francs par voyage d'aller et retour. L'assurance à l'année était de 6 à 7 °/₀, les droits de navigation, d'attache, d'octroi et de halage étaient estimés à 30 francs par voyage (1).

Ces bâtiments avaient un tirant d'eau de 2 à 3 mètres. Dans des circonstances exceptionnellement favorables ils pouvaient aller du Havre à Rouen en trois jours ; le plus souvent ils mettaient huit jours, quelquefois quinze à vingt, encore à condition de ne pas subir d'accidents.

La descente, naturellement moins longue, puisqu'on était entraîné par le courant, variait entre deux et dix jours (2).

Cette résurrection de la batellerie traditionnelle était cependant bien précaire et condamnée à assez brève échéance. L'application de la vapeur à la propulsion des navires allait provoquer une transformation radicale du matériel naval. Les allèges, gribannes, galiotes, d'une portée en lourd très insuffisante, exigeant un personnel relativement nombreux, lents et irréguliers dans leurs traversées, allaient être remplacées d'abord par des navires à vapeur puis par des cha-

---

(1) Bérigny. *Navigation du Havre à Paris*, Paris, 1826, in-8, p. 71.
(2) Frissard. *Navigation fluviale du Havre à Paris*. Le Havre, 1832, in-8, p. 21-23.

lands remorqués, d'une capacité beaucoup plus grande et d'un rendement économique (1) bien supérieur.

Le caractère maritime qu'avaient conservé les transports par eau disparut devant la concurrence des navires à vapeur et des chalands, vite recherchés pour la célérité et l'exactitude des arrivages malgré la différence de fret.

Ce n'est pas que ce brusque changement, qui heurtait tant de vieilles habitudes chez nos marins n'ait pas soulevé de méfiances, ne se soit pas heurté, ainsi qu'on le verra plus loin, à des résistances. Les unes disparurent devant le succès, les autres furent vite apaisées. La raison et l'intérêt eurent tôt fait de démontrer que la lutte était impossible. C'étaient moins de navires dont on avait besoin que de caisses flottantes.

Le premier navire à vapeur qui franchit les jetées du Havre — et qui fut aussi le premier à traverser la Manche — fut l'*Elize*, dont la machine n'avait que 10 chevaux de force. Entré le 18 mars 1816 il en repartit le 21 pour Paris où il arriva le 28, aux acclamations du public massé sur les quais, depuis la barrière de la Conférence jusqu'au quai Voltaire (2).

Ce navire, ancien *Margery*, mesurait 68 pieds anglais de longueur, 19 de largeur et 5 de tirant d'eau ; il était destiné à un service régulier sur la Seine et fit pendant quelque temps les voyages entre Rouen et Elbeuf. Il appartenait à la Compagnie Andriel et Pajol, dont les administrateurs prenaient le titre d'« entrepreneurs généraux de la navigation accélérée (3) ».

Malgré l'avantage du nouveau système de propulsion plus

---

(1) Un chaland de 200 tonneaux revenait à 15.000 francs. Il était monté de trois hommes seulement, dont le salaire total était de 600 francs par mois. *Rapport à la Chambre de commerce sur le projet du canal maritime de Rouen à Paris*. Le Havre, 1830, in-8, p. 18.

(2) Le 9 août 1803 Fulton avait déjà fait à Paris l'expérience d'un bateau marchant à la vapeur. Quelques jours après le citoyen Marguerie faisait évoluer sur la Seine deux bateaux mis en mouvement l'un par des rames qui plongeaient perpendiculairement de chaque côté du bateau, l'autre par des roues à pales mobiles.

(3) A titre de renseignement tout à fait personnel je dirai ici que ce fut l'arrière-grand-père de l'auteur qui eût l'honneur, comme pilote de la station du Havre, de conduire ce navire à Paris.

de quatre ans s'écoulèrent avant son application régulière à la navigation fluviale. Ce ne fut en effet que le 14 août 1820 que le *Triton*, de 126 tonneaux, arrivé au Havre le 11, sortit pour Rouen avec des passagers et des marchandises. Il effectua sa traversée en moins de dix heures.

Ce navire continua ses voyages pendant la belle saison, jusqu'en octobre, en prenant des voyageurs et du fret, faisant escale à Quillebeuf, Caudebec, Duclair, La Mailleraye et la Bouille. Le 9 novembre il inaugura le service à vapeur entre le Havre et Honfleur.

A cette occasion on eût la mesure de la puissance des préjugés qui entouraient la nouvelle invention. Au Havre, probablement comme partout ailleurs, elle avait été accueillie par des pronostics peu bienveillants, et peut-être quelque précurseur avança-t-il, approuvé par son auditoire, que le « pyroscaphe » ne serait jamais qu'un amusement pour les Havrais.

Si le mot ne fut pas prononcé textuellement il le fut d'une façon détournée. Le *Triton* appartenait au consul des Etats-Unis à Lorient, M. Church, qui s'était entendu avec son collègue du Havre, M. Beasley. Ce dernier, en entreprenant le service du Havre à Honfleur, avait eu l'heureuse pensée d'offrir une association à l'Hospice du Havre, propriétaire de bateaux faisant la traversée entre les deux ports ; le *Triton* les aurait remorqués, à des conditions à débattre ultérieurement.

La proposition fut repoussée. A l'aube de cette navigation, dont personne à la vérité ne pouvait entrevoir les formidables conséquences, la confiance manquait. Aussi le maire Sery, président de la Commission administrative, dans une lettre adressée à l'Hôpital de Honfleur, écrivait-il : « ... Il y a eu du monde pendant plusieurs jours mais ce n'était que l'effet de la curiosité et amour d'une nouveauté... Au surplus on ne croit point ici au succès de la navigation de ce bateau, dont le moindre inconvénient peut totalement dégoûter (1). »

La *vox populi* une fois de plus se trompa. La chose est

---

(1) Arch. comm. D'. Copie de lettres, 16 novembre 1820.

de tous les temps. En dépit de cette universelle méfiance le *Triton* continua son service sans accidents, pratiquant de temps en temps le remorquage, et, en 1823, effectuant des traversées sur Southampton (1).

En novembre 1820 également, le bateau à vapeur les *Deux-Frères*, venu de Rouen le 7, entreprit les voyages de cette ville au Havre. Le fret était de 20 francs par tonneau et le poids des colis ne devait pas excéder 300 kilos.

Un incident survenu au cours d'une de ses traversées démontra les avantages de ce bateau. Sorti du Havre le 29 décembre 1820 à destination de Rouen, chargé de coton et de diverses marchandises, il avait été forcé devant la grande quantité de glaces descendant le fleuve de mouiller sous la côte de Villerville, en soulageant l'effort de ses câbles par l'action de sa machine. Au retour du flot il put entrer à Honfleur, en pénétrant à travers les glaces, sans avoir éprouvé d'avaries apparentes.

L'impulsion dès lors était donnée. A ces deux navires s'adjoignit en février 1821 la *Duchesse-de-Berry*, qui fit le plus souvent les voyages de Rouen, mais aussi ceux de Honfleur et, en avril 1822, inaugura le service sur Caen.

En 1823 ce fut le tour de l'*Aaron-Manby*, le pionnier des bateaux en fer. Il avait été construit en 1820, à Horsby, par Manby et Napier. Sa réussite engagea le premier de ces constructeurs à bâtir d'autres bâtiments en fer dans une usine ondée par lui à Charenton. A la même époque Cavé commença la construction de bateaux à vapeur destinés à la navigation de la Seine (2).

Entré pour la première fois au Havre, venant de Paris, le 25 février 1823, chargé de laine, vin, etc., l'*Aaron-Manby* fut, je crois, le premier navire à vapeur ayant fait un service régulier entre les deux villes. Il fut doublé bientôt par le *Commerce-de-Paris*, vapeur en fer appartenant à la même compagnie.

---

(1) Le *Triton* se perdit en s'échouant sur la plage, devant le Perrey, dans la nuit du 25 octobre 1835 ; il fut démoli par la tempête le surlendemain.

(2) E. Lisbonne. *La Navigation maritime*. Paris, s. d., in-8, p. 104. L'*Aaron-Manby* fut réduit plus tard au rôle modeste de chaland.

Les avantageux résultats obtenus par la mise en service de ces navires encouragèrent les capitalistes à entrer dans cette voie. Cette même année 1823 la compagnie Frossard et Margeridon activait la construction d'un bâtiment, la *Ville-du-Havre*, d'une force de 50 chevaux, pouvant porter 190 tonneaux en lourd tout en ne calant que 5 pieds d'eau. Il devait être suivi à bref délai du *Colbert* et de la *Seine* (1).

Le transport direct des marchandises par les navires à vapeur ne tarda pas à démontrer son insuffisance, en raison de l'intensité du trafic à desservir. Les armateurs firent construire des chalands destinés à être remorqués. Leur prix de revient relativement bas, leur capacité, la rapidité de leurs traversées permirent un abaissement sensible du fret eu égard à la durée du trajet.

Les chalands, comme les péniches actuelles, étaient construits à fond plat, avec formes de l'avant très renflées. Ils avaient un port pouvant atteindre 500 tonneaux, une longueur de 37 m. 35, une largeur de 8 m. 80 et un tirant d'eau maximum de 3 mètres (2).

Les chalands de la compagnie Bertin, qui disposait du plus grand nombre de ces bâtiments, étaient chargés au Havre en droiture pour Paris. Ils étaient remorqués jusqu'à Rouen, et de là à Paris ils se servaient du halage par chevaux, avec faculté de *trémater*, c'est-à-dire de dépasser les autres bateaux d'un plus fort tonnage et d'une marche plus lente.

Le fret sur chalands variait de 36 à 50 francs ; il était en moyenne de 40 à 42 francs pour la remontée et de 20 francs à la descente. La durée de la traversée était en moyenne de quinze à dix-huit jours pour l'aller et de quinze pour le retour (3).

---

(1) D'après Stéphane Flachat ce serait à partir de 1822 qu'aurait commencé le service de bateaux à vapeur entre Rouen et Paris. Ils auraient effectué 12 voyages cette année, 35 l'année suivante, 66 en 1824, 58 en 1825 et 48 en 1826. En 1827 et 1828 cette navigation serait tombée presque à rien. S. Flachat. *Canal maritime du Havre à Paris*. Paris, décembre 1829, in-8, II, p. 100.

(2) Frissard, *ibid.*, p. 24. D'après cet auteur 15 bateaux à vapeur, 8 chalands de 400 à 500 tonneaux et 24 de 160 à 200 auraient été attachés au port du Havre à l'époque où il rédigeait son ouvrage.

(3) S. Flachat, *ibid.*, p. 102.

Il serait fastidieux de continuer l'énumération des progrès successivement accomplis par cette navigation. Ils furent très rapides. Quinze ans après ses débuts la batellerie à vapeur est maîtresse de la Seine pour les transports de marchandises de valeur et elle le restera jusqu'au moment où le chemin de fer lui fera une concurrence qui coïncidera avec l'approfondissement du fleuve et sa plus facile remontée par les navires de mer. Seules les marchandises lourdes, encombrantes et de peu de prix, auront encore recours aux bâtiments à voiles.

On peut se rendre compte de son extension en examinant ce qu'elle était devenue en 1836.

Le Havre comptait alors pour le service tant de Rouen que de Paris, les Compagnies suivantes :

Compagnie Bertin, 3 remorqueurs en bois, numérotés de 1 à 3 et 23 chalands ;

Compagnie Lecoq, 2 remorqueurs en bois, le *Neptune* et le *Vésuve*, et 5 chalands ;

Compagnie Maillet du Boulay, le remorqueur *Heva*, et 5 chalands ;

Compagnie Jordan, 4 bateaux en fer, le *Commerce-de-Paris*, le *Casimir*, la *Seine* et l'*Hirondelle*, et 5 chalands en bois et 1 en fer (l'*Aaron-Manby* de 119 tonneaux) (1).

Il n'est pas aisé d'apprécier exactement l'importance du trafic desservi grâce à ce matériel. Toutefois on en a une impression approximative par les renseignements que voici. De 1829 à 1835, soit en sept ans, les 3 remorqueurs de la Compagnie Bertin avaient fait 840 voyages avec des chalands chargés, le *Neptune* et le *Vésuve*, 448 voyages, la *Heva*, 175 voyages, et les 4 bateaux de la Compagnie Jordan, 350 voyages (2).

En 1832 Frissard estimait à 240.000 tonneaux le poids des marchandises transportées, année moyenne, entre le Havre et Rouen, dont 100.000 par les bateaux à vapeur. Le fret

---

(1) Almanach du Havre pour 1837. D'autres compagnies se formèrent les années suivantes. En 1847, la Compagnie l'Union, réunissant la Compagnie Bertin et quatre autres, disposait de 6 remorqueurs et de 43 chalands.

(2) Arch. comm. F² carton 26, liasse 8. Lettre du 23 mars 1836.

était de **12** francs du tonneau par ces derniers, et l'assurance de **1/4** °/° ; de **8 à 10** francs par les bâtiments à voiles avec une assurance de 1/2 °/°.

Ces chiffres diffèrent sensiblement de ceux fournis deux ans auparavant par la Chambre de commerce du Havre. Le fret aurait été par allèges de **10 à 14** francs en été et de **16 à 22** francs en hiver. En 1829, il était entré au Havre à destination de Rouen **242** navires jaugeant ensemble **34.274** tonneaux, mais sans y comprendre les marchandises qui devaient être expédiées pour Paris.

L'accroissement considérable de la batellerie à vapeur avait nécessité des dispositions nouvelles dans l'affectation des quais. Les deux grands bassins du Commerce et de la Barre étant réservés à la navigation long-courrière, constamment à l'étroit malgré les incessants travaux entrepris toujours avec des retards considérables et sans vue claire de l'avenir du port, au point que les navires ne trouvaient pas toujours de place en quatrième rang (1), le bassin du Roi avait été affecté au stationnement des navires à vapeur desservant Paris. C'était le long du quai Videcoq, élargi depuis la démolition du mur de l'arsenal et de la prison de la marine, que se faisaient toutes leurs opérations de chargement et de déchargement tandis que les chalands s'insinuant dans les bassins, glissant entre les navires pesamment chargés, recevaient leurs cargaisons dans leurs flancs rebondis (2).

Il ne semble pas que cette substitution presque brutale de la vapeur à la voile ait soulevé de mécontentement violent parmi le personnel marin. En tout cas je n'en connais pas de manifestation. Il est vrai que celui-ci conserva longtemps une partie de sa clientèle pour les expéditions auxquelles la rapidité du transport importait moins que son prix. Au reste,

---

(1) Au 30 mai 1829 il se trouvait 96 navires dans le bassin de la Barre et 95 dans celui d'Ingouville. Parfois quand les vents d'Ouest permettaient aux navires retenus dans la Manche d'entrer au port après avoir plus ou moins longtemps louvoyé en mer, c'était un défilé ininterrompu entre les jetées. En deux marées, les 16 et 17 juin 1829, 85 navires entrèrent au Havre, parmi lesquels 23 au long cours et 3 venant de la pêche à la baleine.

(2) Arch. comm. F¹ carton 29, liasse 4.

l'énorme accroissement du mouvement maritime donnait aux matelots autant de facilités de gagner leur vie sur l'eau salée que sur l'eau douce.

Il n'en fut pas de même partout. A Rouen, dans la soirée du 23 septembre 1831, une légère émotion populaire prenant pour prétexte le tort causé par les bateaux à vapeur et les chalands qui se rendaient directement à Paris et frustraient ainsi la classe ouvrière du bénéfice qu'elle obtenait précédemment par le transbordement à Rouen, fut promptement canalisée grâce aux mesures prises à temps (1).

Il n'en avait pas été de même quelques jours auparavant à Honfleur. Là, les choses avaient failli se gâter. Le 10 septembre l'arrivée d'un chaland de la Compagnie Maillet du Boulay, venu pour prendre le chargement d'un briek américain, avait ameuté une partie de la population. Le pilote du chaland fut maltraité en voulant porter des amarres à terre, et le capitaine de port, menacé, se vit contraint de faire usage de ses armes.

Le chaland, devant la résistance des émeutiers, n'avait pu être entré dans le bassin. Des précautions furent prises pour la nuit. Cent cinquante hommes de la garde nationale, la gendarmerie furent rassemblés. Ces forces furent insuffisantes et il fallut faire appel à la douane. Sous les pierres que faisaient pleuvoir les plus exaltés, et les femmes n'étaient pas les dernières à se signaler, la force armée refoula la foule dans les rues avoisinantes. La situation devint même un moment tragique quand le maire et les autorités qui l'accompagnaient se virent dans l'obligation de faire faire les trois sommations légales pour dissiper un rassemblement plus opiniâtre que les autres.

Le lendemain au matin le rappel fut battu. Les gardes nationaux se rendirent à leurs postes, sans heureusement avoir besoin d'intervenir. La nuit avait porté conseil et un piquet de douze hommes suffit à maintenir l'ordre et à assurer le chargement du chaland qu'on était parvenu à entrer dans le bassin (2).

---

(1) *Journal du Havre*, 25-26 septembre 1831.
(2) *Journal du Havre*, 11-12 septembre 1831.

Quelle était au juste la cause de ces échauffourées ? Au Havre, en cette même année, des menaces d'incendie avaient été proférées contre la machine à vapeur servant aux dragages du port. Il n'y a peut-être pas là un rapprochement fortuit. Evidemment, comme toute profonde transformation, la généralisation de la vapeur lésait des intérêts. Mais quand on réfléchit à l'agitation des esprits à cette époque, on est conduit à se demander si ces manifestations d'apparence économique n'étaient pas en réalité dues à des causes d'un autre genre.

II

Les Transports par terre.

A l'encontre de ce qui s'est observé bien avant l'origine du Havre pour le transport par le fleuve des marchandises apportées dans les ports de l'estuaire, la voie de terre a longtemps joué un rôle secondaire.

Cet effacement tient à des causes tout à fait indépendantes les unes des autres bien que leur résultat en soit identique. Tout d'abord la concurrence de la Seine a relégué à l'arrière-plan l'utilité du roulage ; ensuite le Havre est très mal placé au point de vue routier. Ce n'est pas comme Rouen, un gué primitif, un marché principal, peut-être jadis un centre de pèlerinage, un carrefour de routes rayonnant à tous les points de l'horizon ; pas davantage il n'est, ainsi que Paris, le point convergent d'un grand bassin géologique où descendent presque d'instinct les groupements humains : c'est un aboutissant situé à l'extrémité d'une péninsule ; la terre ne s'offre à lui que sur un secteur peu étendu : son véritable domaine, c'est la mer.

Cette position l'a maintenu à cet égard dans une infériorité manifeste ; aujourd'hui encore il en souffre et par ricochet la vaste région qu'il alimente en produits d'outre-mer en pâtit également. Les réclamations qu'il élève constamment n'ont pu réussir à ébranler l'inertie de nos administrations. En 1919 tout comme en 1517 une seule voie utilisable le relie par Rouen et par Paris avec les départements de l'Est.

Quant à une voie directe perpendiculaire à celle-ci, communiquant avec le Sud-Ouest et le Centre de la France, les Havrais, toutes proportions gardées, sont moins favorisés que ne l'étaient, il y a dix-huit siècles, les citoyens de Juliobona.

Jusque sous Louis XV le Havre n'a possédé comme débouché terrestre qu'un chemin dont l'origine est bien antérieure au xvi° siècle, remontant probablement à l'époque où les premiers abris de bateaux furent formés à l'orée du fleuve. Cette route, c'est la voie antique, à peine modifiée au cours des âges, qui, venant de Troyes, passait par Mantes, Rouen, Caudebec, coupait à Lillebonne la route venant du sud, par Aizier, arrivait à Harfleur et se continuait à l'ouest, à même les premiers talus d'éboulis de la falaise, jusqu'au port blotti sous la protection de l'admirable guette maritime du blanc promontoire du Caput Caleti, le Chef de Caux.

A la création du Havre, placé dans les marécages de formation relativement récente compris entre cette route et la mer, un tronçon de chemin fut construit pour y conduire. Tracé dans sa plus grande longueur au milieu des criques, il se trouvait ainsi en contre-bas du niveau des hautes mers, sujet à être inondé et coupé quand la mer, soulevée par les tempêtes, refluait dans les méandres de la plaine havraise et venait en ronger les bords.

Ce tronçon prit le nom de Chaussée, qui traduit bien son origine ; il l'a d'ailleurs conservé jusqu'en 1878, année où une décision municipale supprima une désignation employée depuis plus de trois siècles et réunit sous le même nom une avenue de quarante mètres de largeur à une rue qui n'en avait que vingt.

L'entretien de la Chaussée, son exhaussement, sa protection, son élargissement furent une préoccupation perpétuelle des échevins. Elle apparaît fréquemment dans les comptes de travaux (1). Leurs soins finirent par en faire une voie de

---

(1) Association entre Daniel Petit, voyeur pourvu par le roi au Havre, et les deux maîtres maçons, entrepreneurs du « pavement de la Chaussée de la ville », avec deux maîtres de métiers. Marchés pour la fourniture de caillou de la falaise et de pierre du Val de Leu. Tabell., 22 juin, 21 et 25 juillet 1611.

120 pieds de largeur, bordée d'une double rangée d'arbres, qui fut longtemps la promenade favorite des habitants.

L'extrémité nord de la Chaussée aboutissait à la grande route et par là au terrain solide. Une étroite sente coudée formait ce raccord. Il devint assez vite l'amorce d'une agglomération urbaine, le bourg d'Ingouville, passage étroit, difficile, dangereux, que la ville fut obligée d'élargir deux fois à ses frais, sans que pour cela il devint beaucoup plus praticable, mais passage inévitable puisqu'il resta jusque vers 1830 l'unique voie de communication terrestre entre le Havre et la France.

Si l'on excepte cette Chaussée et le bourg qui lui faisait suite le reste de la route « de la grande route royale du Havre à Rouen par Caudebec, » c'est-à-dire le principal, resta dans un état qui justifiait la répugnance qu'éprouvaient les marchands à y envoyer leurs marchandises. Son tracé, pas plus que son entretien, ne répondaient aux exigences d'un commerce actif et d'une circulation intense.

En Normandie la voirie, au xvi° siècle, en était restée à ce qu'elle était au moyen âge et se trouvait sans nul doute inférieure à ce qu'elle fut à l'époque où la puissance romaine en faisait un des principaux instruments de sa domination.

Les guerres de religion accélèrent la dégradation des routes. Constamment parcourues par des bandes de partisans et par les troupes, négligées par les paysans qui non seulement se soustrayaient aux corvées, unique moyen usité alors pour leur entretien, mais de plus en fuyaient le voisinage pour chercher dans les endroits isolés et dans des refuges souterrains (1) un abri contre les violences, elles retournaient peu à peu à l'état de sentes envahies par la végétation.

Henri IV et Sully eurent la pensée d'améliorer les chemins. Il eut fallu un plan d'ensemble, du temps, de l'argent, un peu aussi de bonne volonté de la part des riverains et des représentants des provinces.

---

(1) Annulation d'un marché pour la livraison de pierre au trésor de l'église de Notre-Dame « attendu que les carrières sont occupées des gens de campagne qui y ont mis leurs biens ». Tabell., 31 janvier 1592, en marge d'un marché passé le 22 novembre 1591.

Tel ne fut pas le cas en Normandie et sans doute ailleurs. Les paysans, satisfaits des sentes qui desservaient leurs fermes et leurs villages, ne voyaient dans un aménagement nouveau du réseau routier qu'une source supplémentaire de désagréments et de dépenses. « Les propriétaires et les fermiers des maisons, masures et héritages aboutissant aux chemins royaux et de traverse en mauvais état seront tenus de les réparer ou de les faire réparer, en y employant la quantité de caillou nécessaire (1). » On conçoit qu'ils aient été peu ardents, avec la perspective de telles charges, à accueillir des projets dont l'exécution devait accroître le poids déjà bien lourd des corvées qu'ils supportaient.

Il y eut pourtant dans la région havraise quelques travaux entrepris par ordre du grand voyeur de France, mais ils n'eurent aucune influence sur l'état des chemins principaux (2).

Le Havre continua à être aussi mal desservi que précédemment, aussi bien sous les premiers Bourbons que sous les Valois. Les lourdes voitures de roulage ne s'y hasardaient guère. Seules les voitures de poste, celles transportant les voyageurs, les cavaliers avaient chance d'y circuler sans trop d'encombre.

La généralité de Rouen, l'une des plus productives pour le Trésor royal, était encore traitée en parente pauvre. Le Havre, situé au terminus d'une grande voie, était plus négligé peut-être. Si son entrée par la Chaussée, bordée de talus, de moulins, plantée d'arbres, présentait un aspect presque grandiose qui s'harmonisait heureusement avec les lignes imposantes de la porte Richelieu et des remparts de brique rouge rehaussée de cordons de pierre, cette vue, popularisée souvent par la gravure, ne pouvait faire oublier aux arrivants l'état sordide de la route qui les y avait amenés.

La route primitive avait été doublée, à son entrée sur Ingouville, d'un chemin un peu en contre-bas de la première,

---

(1) En 1688. Arch. de la Seine-Inférieure. C 1177.

(2) Association entre Daniel Petit, voyeur pourvu par le roi au Havre, et des maîtres maçons pour la fabrication d'un pont sur le ruisseau descendant de Colmoulins et d'une chaussée allant au pont de Colleville, à lui adjugée le 13 mai 1609 par Morant, trésorier général de France en la généralité de Rouen et lieutenant général de Sully. Tabell., 19 août 1609.

sur un plan plus horizontal. L'un et l'autre fort irréguliers dans leur alignement, remplis l'hiver de fondrières et de boue où les véhicules entraient jusqu'au moyeu, disparaissant l'été sous les flots de poussière que les chevaux et les voitures soulevaient, étaient aussi mal préparés que possible pour une circulation commerciale.

Le Havre ne constituait d'ailleurs pas une exception. La riche et industrieuse capitale de la Normandie n'avait pas des abords moins repoussants. « A part un tronçon de route, qui ne dépassait pas le pied de la côte Sainte-Catherine, tous les chemins par lesquels on accédait à Rouen annonçaient plutôt une chétive bourgade qu'une des premières cités du royaume (1). »

Cette situation déplorable, et d'ailleurs générale dans la Haute-Normandie, soulevait des plaintes continuelles. En 1665, quinze perches du grand chemin du Roi près de Caudebec s'étaient éboulées et étaient tombées dans la Seine. On reconnaissait l'urgence de le réparer : « C'est un chemin tout à fait nécessaire, n'y en ayant d'autre pour aller de Rouen au Havre (2). »

De Dieppe à Rouen la situation n'était pas plus brillante. En 1725 la maîtresse de poste, en même temps fermière des carrosses et messageries faisant le service entre les deux villes, se lamentait au sujet du mauvais état des routes. « Les voitures qui d'ordinaire arrivent en un jour de Dieppe à Rouen y peuvent maintenant arriver à peine en deux, et encore les chevaux crèvent-ils après être arrivés (3). »

L'unique moyen dont on disposât pour l'entretien des routes était la corvée. Devenue depuis 1737 un droit régalien, elle pesait d'une façon écrasante sur les habitants des campagnes. De plus nos procédés d'expropriation pour cause d'utilité publique étaient inconnus. Pour ouvrir ou pour élargir un chemin on prenait du terrain mais on ne le payait pas.

---

(1) Ch. de Beaurepaire. *Les Ponts et Chaussées dans la généralité de Rouen avant 1789*, dans le *Précis analytique des travaux de l'Académie de Rouen*, 1883, p. 327.
(2) Arch. de la Seine-Inférieure. C 1167.
(3) Arch. de la Seine-Inférieure. C 1509.

Plus tard on en vint à des dépossessions moins brutales. D'abord on n'accorda d'indemnités que pour les maisons, les prairies et les bois, puis, sous la menace d'innombrables récriminations, on étendit cette équitable mesure à toutes les parcelles nécessaires aux routes. Il est vrai que l'insuffisance des fonds alloués pour ces paiements était cause que les propriétaires les attendaient quelquefois de dix à vingt ans (1).

La corvée restait et elle devenait plus dure. L'effort des intendants de la généralité tendit à la rendre moins vexatoire et d'un rendement mieux compris. Ils engagèrent les paroisses à mettre leurs corvées en adjudication en les confiant à un entrepreneur responsable, au moyen d'un marché passé devant le subdélégué dont ressortissaient les paroisses (2).

Ce système, poursuivi avec autant de ténacité que de douceur, révéla promptement ses avantages. Lorsque parut le célèbre édit de Turgot, en 1776, portant suppression de la corvée, les deux tiers des paroisses de la généralité l'avaient adopté (3).

On sait que devant les protestations des privilégiés frappés à la bourse, et notamment des chats-fourrés des Parlements, cet édit fut supprimé et la corvée rétablie par une déclaration du 11 avril 1776, qui laissait toutefois aux paroisses la faculté de la faire en nature ou par adjudication.

Dans la généralité de Rouen l'heureuse politique des intendants porta ses fruits. De moins en moins la corvée en nature fut préférée. En 1781, sur 1.781 communautés 181 seulement la conservaient ; en 1786 ce nombre était réduit à 70 sur 1.832 (4).

L'extension des grandes routes royales en Normandie date des règnes de Louis XV et de Louis XVI. Déjà un arrêt du

---

(1) Ch. de Beaurepaire, *ibid.*

(2) Arch. comm., DD 37. *Instruction de M. de Crosne pour les paroisses qui voudront faire leurs corvées à prix d'argent.* Rouen, 1774, in-4 de 8 pages.

(3) Arch. de la Seine-Inférieure. C 901. Lettre de M. de Crosne à M. de Clugny, 1776.

(4) Arch. de la Seine-Inférieure. C 2272 et 2274.

Conseil du 12 décembre 1711 avait prescrit que les routes allant de province à province devaient avoir une largeur de 60 pieds, marquée par des fossés. Cette largeur, maintenue par l'arrêt du 3 mai 1720, fut abaissée comme étant nuisible, par ses dimensions, à l'agriculture et réduite à 42 pieds par un autre arrêt du 6 février 1776.

C'est sous Louis XV que fut construite la route du Havre à Rouen par les plateaux. Elle fut achevée vers 1765. Si elle donna à Yvetot et au pays de Caux une spacieuse voie de communication elle fut par contre-coup une cause de ruine pour les localités qui vivaient de la circulation sur l'ancienne route. « Il ne se fait point de commerce à Caudebec, constatait-on en 1772, où il n'y a aucune manufacture. La route ancienne de Rouen au Havre étant abandonnée, les auberges de ladite ville sont désertes, les marchés le sont également (1). »

La nouvelle route large et bien entretenue, au moins sous l'ancien régime, aboutissait toujours à l'étroit passage du bourg d'Ingouville. Mais c'était là un mal qui paraissait inévitable et qui ne fut corrigé que bien plus tard, quand l'utilité des grandes routes fut devenue moins impérieuse pour les transports (2).

L'insuffisance de la grande route, jusqu'à l'époque de sa réfection, fut constamment un obstacle difficilement surmontable pour l'organisation de transports réguliers et pesants. Elle était utilisée évidemment, mais on préférait de beaucoup recourir à la batellerie.

Toutefois, si mauvaise que soit une route elle sert toujours. Les troupes et leurs convois, les voyageurs, soit à cheval, soit en voiture, les courriers, l'empruntaient, la parcouraient

---

(1) Arch. de la Seine-Inférieure. C 895.

(2) En 1878 seulement. Déjà, en 1752 et 1753, M. de La Bourdonnaye, intendant de la généralité, avait proposé de substituer à la traverse d'Ingouville un chemin caillouté passant derrière les maisons du bourg, de manière à raccorder directement la Chaussée à la grande route. C'est d'ailleurs un tracé peu différent qui a été adopté par la suite. Mais il fallait que la ville consentisse un sacrifice d'argent et comme elle avait peu de moyens pour s'en procurer et autant que Panurge pour en dépenser, la suggestion de l'intendant resta sans écho.

constamment. En outre, avant le développement du roulage il existait des messagers privilégiés ayant la charge de transporter, sous des conditions déterminées, les marchandises peu encombrantes, les paquets, les lettres et les envois d'argent.

Laissant de côté le transport des voyageurs, qui doit rester en dehors de cette étude, comme il était indépendant des attributions des messagers, il n'est pas inutile de rechercher, à l'aide principalement des documents des archives municipales et du tabellionage, de quelle manière celles-ci étaient exercées.

* *

Dès les premiers temps de la ville, l'administration échevinale possédait le droit de donner l'investiture à un messager chargé d'établir des relations directes entre le Havre et Rouen. Se l'était-elle arrogé, avec le consentement de ses gouverneurs, dont l'autorité était fort étendue, avait-il fait l'objet d'une concession royale ? c'est ce qu'on ne peut dire. La disparition des registres des délibérations jusqu'en 1627 est la cause de bien des obscurités dans l'histoire locale. Pourtant il est assez probable que les échevins, devant l'intérêt que présentait pour les habitants le choix judicieux des messagers, s'inspirèrent seulement de leurs devoirs envers la communauté et s'attribuèrent le privilège de leur nomination et de leur surveillance. En cette matière comme en d'autres possession valait titre.

Afin d'être autorisés les messagers adressaient une requête d'admission au corps de ville. Celui-ci, après avoir pris l'avis des membres présents à la séance, acceptaient ou n'acceptaient pas le postulant. Plus tard les gouverneurs leur délivrèrent des commissions scellées de leurs armes.

Les messagers, au nombre de quatre, s'intitulaient messagers voituriers ordinaires. Ils avaient la charge, et semble-t-il le monopole, de porter les lettres et les paquets moyennant une redevance fixée par l'administration échevinale. Malheureusement les archives communales sont muettes, jusqu'en 1669, sur le taux de ses rémunérations.

En certaines circonstances, par exemple lorsqu'il s'agissait d'envoyer au Havre les grosses sommes d'argent destinées aux armements exceptionnels, le Trésor royal en assumait lui-même le transport. Des précautions spéciales étaient prises pour les garantir contre les rencontres fâcheuses. Les trésoriers des finances recouraient alors à des voituriers bien armés.

Ce procédé dut au surplus se généraliser à certaines époques plus particulièrement mouvementées. Ne voit-on pas en 1617 les receveurs des tailles de la généralité de Rouen réclamer des escortes « attendu le péril qu'il y a sur les chemins à cause des troubles et des remuements qui ont maintenant cours en ce royaume et qu'ils ne sauraient faire voiture des deniers en leur charge sans danger de leur vie et perte desdits deniers (1) ».

Il y avait longtemps alors qu'on transportait de l'argent au Havre sans qu'il paraisse que ces envois aient nécessité une protection extraordinaire. En 1573 Bourdon, voiturier par terre, recevait du trésorier général de la marine du Ponant 45 livres pour avoir transporté de Paris à Rouen et 50 livres de Rouen au Havre deux barriques pleines de deniers, « pour la dépense du passage des gens de guerre au royaume de Poulonne (2) ». En 1583 Jacques Morant, voiturier ordinaire par terre, demeurant à Rouen, apporte en plusieurs voyages 22.500 écus pour les dépenses de l'expédition de renforts aux Açores, à raison de 40 sols par cheval et par jour (3). Trois ans après, à l'occasion de l'armement entrepris afin de secourir Brouage, deux autres voituriers de Rouen, accompagnés de deux serviteurs et de neuf chevaux, conduisent au Havre 10.800 écus en monnaie blanche, moyennant un écu par cheval et par jour (4).

L'obligation pour les messagers de disposer d'une cavalerie de remplacement les portait naturellement à l'utiliser en louant des chevaux aux voyageurs. Mais ils se heurtaient

(1) Arch. de la Seine-Inférieure. C 1130.
(2) Tabell., 30 juillet 1573.
(3) Tabell., quittances des 7 février, 11 et 24 mars, 1er et 12 avril 1583.
(4) Tabell., 20 août 1586.

alors à l'opposition des maîtres de postes, titulaires d'un monopole qu'ils défendaient jalousement.

Ceux-ci étaient de véritables fonctionnaires. Au xvi° siècle ils recevaient des gages annuels de 50 livres, qui semblent avoir été prélevés sur la recette du taillon et frais communs perçue en Normandie (1), ce qui ne les empêchait pas, ainsi d'ailleurs qu'on l'observe plus tard, de joindre à cet office l'exercice d'une autre profession (2).

Les messagers avaient obtenu du Parlement, le 11 mars 1614, un arrêt portant règlement de leurs attributions. S'appuyant sur cette décision d'une Cour soûveraine, ils créèrent aux maîtres de poste une concurrence d'autant plus gênante que libres de leurs tarifs et supportant des frais moins élevés ils pouvaient à leur gré consentir des conditions plus avantageuses aux voyageurs qui recouraient à leurs services.

Les maîtres de poste parvinrent pourtant à limiter cette rivalité par un compromis. Un accord conclu en 1629 entre ceux du Havre et de Saint-Romain, agissant tant pour eux que pour leurs associés du Havre et de Rouen, et les messagers voituriers et loueurs de chevaux au Havre, stipulait que ces derniers s'interdisaient de louer des chevaux pour courir la poste jusqu'à Rouen, sinon ceux qui leur étaient fournis par les maîtres de poste. Néanmoins les loueurs conservaient la faculté de prêter leurs chevaux à la journée ou quittes à Rouen, et de prêter un homme de pied afin de guider les étrangers (3).

En vue d'assurer leur sécurité dans leurs voyages les messagers pouvaient porter des armes, après s'être pourvus d'une autorisation (4).

---

(1) Quittance de gages par Jean Le Prevost, tenant la poste à Saint-Romain, sur le chemin du Havre, et par Jean Durand, titulaire de la poste pour le roi au Havre. Tabell., 12 juillet 1573.

(2) Les maîtres de poste changèrent très souvent de locaux. En 1666 Claude Foullain, maître de la poste du Havre à Rouen, était installé dans le petit logis du Roi, rue des Remparts, construit de 1595 à 1599 pour servir de logement au lieutenant du gouverneur. La location lui en avait été consentie pour trois ans par M. de La Vaissière, lieutenant du Roi, moyennant 500 livres par an. Arch. comm. DD 60.

(3) Tabell., accords du 29 août 1629.

(4) Autorisation donnée à Jean Brides, en 1629, l'un des quatre messagers ordinaires du Havre à Rouen, par le duc de Villars, gouverneur de Norman-

Comme pour tous les monopoles, qui suppriment l'émulation et étouffent l'initiative, il fallait de la part des échevins une vigilance perpétuelle pour éviter dans le service des messagers un relâchement préjudiciable au public.

Un règlement édicté en 1653, à la suite d'abus ayant motivé des plaintes, obligeait les messagers à effectuer leurs voyages eux-mêmes et leur défendait de se faire remplacer par des valets sans excuses raisonnables. Ils étaient astreints à partir du Havre et de Rouen, de Pâques à Saint-Michel, à 3 heures de l'après-midi pour arriver à 8 heures, et le reste de l'année à partir à 2 heures et à arriver à 9. Les infractions étaient punies de 10 livres d'amende la première fois, de 20 livres la seconde et de privation de leurs charges la troisième (1).

Cette durée de cinq à sept heures prévue pour franchir la distance entre les deux villes démontre bien qu'il ne pouvait être question d'un transport par voitures mais d'un voyage à franc-étrier, ce qui suppose un volume très restreint de paquets à porter.

Ce règlement contient une indication intéressante au sujet de la remise des lettres à leurs destinataires. Au Havre comme à Rouen les messagers étaient tenus d'avoir un bureau où ils remettaient les lettres aux distributeurs ; il leur était fait défense d'y laisser entrer d'autres personnes que ces derniers. Ceux-ci devaient délivrer les lettres par une fente afin que les marchands ou autres ne puissent reconnaître les lettres lors de la distribution par les rues ou par les maisons.

En 1660 les obligations des messagers furent précisées et les marchandises soumises à un tarif officiel pour leur transport. Entre le Havre, Rouen et Dieppe, ils ne pouvaient prendre plus de 12 deniers (un sol) par livre pesant jusqu'à 60 livres, 9 deniers de 60 à 120 livres et 6 deniers par livre au-dessus de 120 livres. Les envois d'argent acquittaient 1/4 % de leur valeur. De plus, en vue d'assurer la régula-

---

die, de porter des pistolets, « pour se défendre contre les voleurs et les vagabonds qui aguettent les passants ». Elle ne fut homologuée par les échevins qu'en 1649, pendant la Fronde. Arch. comm. BB 120.

(1) Arch. comm., BB 6, 28 juin 1653 ; FF 1 *bis*, 21 juin 1653.

rité du service et de garantir les expéditeurs, ils étaient tenus d'inscrire les paquets et les marchandises qui leur étaient confiés sur un registre signé des échevins et du procureur-syndic (1).

Ce même règlement limitait les droits des loueurs de chevaux, « qui exigent ce que bon leur semble suivant le besoin qu'ils croient qu'on a d'eux ». Il leur était interdit de réclamer plus de 5 livres aux voyageurs qui laissaient leurs chevaux à Rouen, et plus de 18 sols à ceux qui les louaient à la journée.

Ces prix varièrent d'ailleurs dans d'assez larges porportions plus tard, en fonction de l'abondance ou de la rareté de l'avoine et des fourrages. A d'assez courts intervalles quelquefois les échevins modifiaient le taux de la location des chevaux (2).

Les heures de départ des messagers furent modifiés à une date inconnue, postérieurement à 1653. En 1673, on ne sait pour quelle raison, un messager s'étant refusé à charger des marchandises destinées à une mercière du Havre, il fut ordonné aux messagers de partir de Rouen et du Havre entre 9 et 10 heures ou 11 heures et midi suivant la saison (3).

A cette époque, les prérogatives communales étaient vivement attaquées par le pouvoir. Les vestiges d'indépendance et de libre gouvernement que les villes avaient jusque-là, le plus souvent grâce à des sacrifices financiers, pu conserver gênaient les tendances grandissantes à la centralisation. En outre l'influence des traitants tendait à substituer aux entreprises locales de vastes monopoles étendant comme des pieuvres leurs tentacules sur le royaume entier.

En 1655 les échevins redoutaient la mise d'une taxe sur les messagers. Ils décidèrent de proposer un accommodement aux fermiers qui en avaient obtenu la concession et arrêtèrent qu'à l'avenir les messageries seraient offertes à bail au profit de la ville, « n'étant pas juste qu'elle paye les taxes

---

(1) Arch. comm., FF 2, 18 juin 1669.

(2) En 1565, la journée de cheval était de 7 sols ; elle était montée à 30 sols en 1594. Arch. comm., CC 159 et 111.

(3) Arch. comm., BB 7, 19 mars 1673.

qui pourraient être imposées quand elle quitte gratis les messageries à ceux qui en jouissent (1) ».

L'adjudication qui en fut tentée ne donna pas de résultat. Devant cet insuccès les échevins n'insistèrent pas et laissèrent les messagers en possession de leurs charges sous l'obligation de continuer à fidèlement servir les marchands.

Jusqu'ici il semble que la fonction des messagers ait consisté à faire le transport des lettres, valeurs et menus paquets entre le Havre et Rouen, aussi avec Dieppe, le contact avec les messageries des autres villes s'établissant à Rouen. Il n'y a peut-être là qu'une apparence due à la rareté des documents. En effet, s'il faut en croire une délibération échevinale du 4 janvier 1683, il y aurait eu des messagers allant directement du Havre à Paris et vice versa. A la suite de réclamations élevées par des marchands de Paris et du Havre au sujet de l'interruption du service entre les deux villes existant paraît-il « depuis l'origine de la ville », interruption provoquée par un changement de bail, il fut ordonné à Jean Deshays et à Jean Lefebvre, les seuls messagers commis à ce trajet, « de partir toutes les semaines aux jours ordinaires pour aller en droiture à Paris et au Havre porter et rapporter les marchandises, à charge d'indemniser les fermiers généraux des postes et messageries de la vraie valeur de cette messagerie (2) ».

Après cette date on ne trouve plus mention des messagers privilégiés ou plutôt commissionnés. Les monopoles concédés à des institutions, à de hauts personnages ou à des compagnies financières se substituaient à ce mode un peu suranné. Pourtant, bien que ce ne fut qu'une survivance des temps où la ville et ses gouverneurs jouissaient de pouvoirs presque régaliens et disposaient suivant leurs propres règlements des charges et des fonctions, n'offrait-il pas l'avantage d'être dans la main des communes, les premières intéressées à réprimer les abus et à favoriser les transactions, alors que les fermiers des entreprises s'étendant à la plus grande

---

(1) Arch. comm., BB 6, 12 août 1655.
(2) Arch. comm., BB 11, FF 7.

partie du royaume n'avaient en vue que de leur faire rendre le maximum de bénéfices au détriment trop souvent de l'intérêt public.

Il resta cependant un vestige de l'antique organisation communale. Le gouverneur du Havre avait conservé ou obtenu l'exploitation d'un fourgon ou charrette pour le transport entre le Havre et Rouen des marchandises de détail. En 1730 il l'affermait 2.100 livres (1).

Cette voiture mettait trente-deux heures pour accomplir le trajet. Elle partait du Havre le mardi, arrivait à Rouen le lendemain, et en repartait le vendredi pour être de retour le samedi.

Malgré sa lenteur et sans doute aussi son manque de confortable elle prenait également des voyageurs.

Le bureau du fourgon se tint longtemps rue de la Corderie (aujourd'hui rue Emile-Renouf), dans une maison démolie pour le prolongement de la rue de la Halle. C'est dans cet immeuble que naquit, le 19 janvier 1737, Bernardin de Saint-Pierre, dont le père était directeur de ce qu'on appelait « la messagerie du Havre ».

Le roulage proprement dit restait libre. Au commencement du xviii⁰ siècle il ne présentait encore que peu d'importance, la plupart des marchandises empruntant la voie fluviale. A peine venait-il quatre à cinq voitures par mois.

L'établissement de la manufacture des tabacs, vers 1727, par la Compagnie des Indes, à laquelle se substitua peu après la Ferme générale, détermina une augmentation du roulage. Puis, à mesure que le trafic avec les Antilles se développpait, que les marchandises chères affluaient dans les entrepôts havrais, que les objets manufacturés et de valeur trouvaient un placement avantageux chez les planteurs américains, et qu'aussi l'état des grandes routes s'améliorait, les lourdes voitures des rouliers devenaient chaque année plus nombreuses.

Mlle Le Masson Le Golft estimait, en 1778, à cinq cents environ les voitures arrivant annuellement au Havre. Après

---

(1) Sicard. Documents historiques des ports.

la conclusion de la paix de 1783 ce chiffre s'éleva rapidement. D'après Sery il entrait journellement quatre ou cinq voitures, dont la moitié venait à vide pour prendre charge.

La plupart des chargements se faisaient par l'entremise de maisons de roulage. Avant 1766 un seul commissionnaire existait au Havre. L'accroissement du commerce amena la création d'une seconde entreprise. Ces deux maisons, en agrandissant leurs établissements, suffirent aux besoins jusqu'à la Révolution (1).

Les relations principales de ces maisons s'effectuaient avec Rouen et Paris, mais il existait également des relations directes et considérables avec le nord du royaume, les Flandres autrichiennes, la Suisse, l'Allemagne, qui achetaient surtout les denrées coloniales, dont les Antilles françaises, et en particulier Saint-Domingue, étaient des productrices alors sans rivales.

On chargeait au Havre pour tous les pays, soit par voiture complète ou en cueillette. Dans ce dernier cas, si les objets recueillis en cours de route ne faisaient pas la totalité du chargement, les voitures étaient déchargées à Rouen, à Paris ou dans d'autres villes chez des correspondants du commissionnaire et les marchandises étaient acheminées ensuite pour leur destination. Il en était de même pour les arrivages.

En dehors des denrées coloniales les marchandises confiées au roulage consistaient en savons, en huiles, en produits de teinture du Levant, en importations d'Espagne et de Portugal, en eaux-de-vie d'Espagne, de Bordeaux ou de la Rochelle et, d'une manière générale en objets dont la valeur intrinsèque permettait l'expédition par terre.

Par la même voie parvenaient les vins de Champagne et de Bourgogne ; les manufactures de Paris, de Rouen, d'Amiens, de Laval, de Cholet, de Lyon, de Carcassonne, de Nîmes, etc., envoyaient de pleines voitures d'objets fabriqués. Chargés à bord des navires havrais ceux-ci les portaient aux côtes

---

(1) L'une de ces maisons, tenue en 1796 par J.-B. Carpentier, était située rue Percanville, n° 51. Sur son emplacement une salle d'asile a été édifiée en 1865.

d'Afrique, où la traite des noirs se faisait par troc, aux Antilles, à Cadix, à Lisbonne, aux ports du nord de l'Europe. Par la suite ils formèrent un élément important des cargaisons de retour des navires des Etats-Unis.

Au début de la Révolution il arriva même que les dépouilles des monastères supprimés allèrent enrichir les habitations d'Outre-Atlantique. C'est ainsi qu'en 1790 les ornements précieux provenant du couvent de Montivilliers furent envoyés comme pacotille dans une colonie espagnole (1).

Parfois aussi parmi les chargements il se trouvait des objets susceptibles de causer quelques désagréments aux capitaines qui les transportaient. On était très chatouilleux en Espagne sur la représentation des sujets religieux. En 1818, au moment de la grande réaction cléricale qui suivit le rétablissement de Ferdinand VII, des chaises dont les dossiers portaient des médaillons représentant l'histoire de saint François de Paul, furent saisies à San-Lucas de Barameda par le tribunal de l'Inquisition (2).

La prime des commissionnaires de roulage était très légère et se prélevait seulement sur les marchandises chargées au Havre. Pendant la paix d'Amiens elle était de 2 à 3 sols du mille pesant, sans distinction des lieux et des distances.

Les négociants traitaient soit avec les commissionnaires, qui leur indiquaient s'il y avait des voitures pour telle et telle destination, soit avec le voiturier lui-même, et dans ce cas les prix étaient fixés d'un commun accord.

Ces prix suivaient habituellement, sauf l'augmentation résultant de la distance, ceux de Paris et de Rouen. Il y avait une cote officieuse dont les commissionnaires étaient informés presque tous les jours. En temps ordinaire et avec une activité normale du commerce ces cours variaient peu, excepté pendant la saison du hareng, qui durait un mois ou deux, par suite de l'importance des expéditions de cette pêche.

---

(1) Arch. comm. R². Lettre de M. Bailliard, 18 novembre 1885.
(2) *Feuille d'annonces...*, 25-26 octobre 1818.

L'importance croissante des transactions et la facilité qui en découlait pour les voituriers de trouver à peu près à coup sûr des chargements complets au Havre en retour des marchandises qu'ils apportaient avaient amené une diminution des tarifs de transport. On possède à cet égard des données précises qu'il est intéressant de connaître. Elles se réfèrent aux années 1761, 1779 et 1780, comme l'indique le tableau suivant. Toutefois, en ce qui concerne les prix de 1779 et de 1780, il convient de faire observer que la guerre maritime sévissait, beaucoup moins préjudiciable il est vrai qu'elle l'avait été précédemment et qu'elle le fut sous la Révolution et l'Empire, et qu'au dire de Sery la raréfaction des arrivages, conséquence naturelle des hostilités, amenait un abaissement des prix de transport (1).

	1761 (2)	1779 (3)	1780 (3)	Délais de transport (3) en 1779-1780
Rouen	45 s. à 3 l.	25 à 30 s.	25 sols	3 à 6 jours
Paris	5, 6 et 7 l.	3 à 4 l.	4 l.	10 jours
Dieppe	—	—	40 à 45 s.	6 jours
Amiens	4 à 5 l.	3 l. 10 s. à 4 l.	—	8 à 10 j.
Abbeville	—	4 l.	—	10 jours
St-Quentin	10 l.	—	—	—
Lille	—	—	6 l.	16 jours
Versailles	—	—	4 l.	8 jours
Reims	10 à 12 l.	—	—	—
Troyes	—	4 l. à 4 l. 10 s.	4 l. 10 sols	16 jours
Nancy	—	—	7 l. 10 s. à 8 l. 15 s.	10 à 12 j.
Bar-le-Duc	—	7 l.	6 l. 10 s. à 7 l.	20 à 24 j.
Dijon	8 à 10 l.	5 l. 5 s. à 6 l.	—	20 jours.
Auxonne	—	6 l. 10 s. à 7 l.	—	24 à 30 j.
Bâle	—	9 l. à 9 l. 10 s.	8 l. 15 s. à 9 l. 15 s.	30 jours
Lyon	15 à 18 l.	—	6 l. 5 s.	20 jours
Laval	7 à 8 l.	—	—	—
Orléans	8 à 10 l.	—	—	—
Brest	10 à 12 l.	—	—	—
La Rochelle	12 à 14 l.	—	—	—
Bayonne	18 à 20 l.	—	—	—

(1) Les prix s'entendent au quintal de 100 livres.
(2) Arch. de la Seine-Inférieure. Amirauté du Havre.
(3) Arch. de la Chambre de commerce.

Toutes les voitures destinées pour Bâle et les autres villes de la Suisse déchargeaient à Dijon où chacune des pièces du chargement, ou plusieurs quand leur poids et leur volume n'étaient pas trop élevés, étaient transportées sur de petites voitures attelées d'un seul cheval, robustes et assez légères pour franchir les montagnes. Ce transbordement ne modifiait en rien les prix fixés par les lettres de voiture.

Les tarifs du roulage diminuaient d'un seizième ou d'un huitième l'été à cause de la plus longue durée des jours, du meilleur état des chemins et de la moins grande activité des importations. Alors comme aujourd'hui la belle saison était au Havre la morte-saison.

En revanche, les différences saisonnières apportaient peu de variation dans les délais de livraison, exception faite pour les destinations vers l'Est, comme Besançon, Bâle et le reste de la Suisse.

Le prix d'une voiture complète pour un endroit éloigné, surtout si ce point offrait quelques ressources pour y trouver des marchandises de retour, était moindre que pour les fractions de charge, les voituriers étant dans ce cas obligés de stationner en route pour recueillir le complément de leur chargement.

En dehors de leurs frais de roulage, les voituriers supportaient les salaires des hommes chargeant et arrimant les marchandises.

Les rouliers étaient pour la plupart originaires du Calvados, de l'Orne et des environs de Paris. Il y avait aussi un certain nombre de Lorrains, de Bourguignons, de Champenois et même de Provençaux. La Haute-Normandie n'en fournissait qu'un assez faible contingent (1).

D'une façon générale le transport par roulage n'était assujetti en France à aucune formalité particulière, même en ce qui concernait les importations soumises à des droits d'entrée. Il n'en était plus de même quand elles ne faisaient

---

(1) La plupart de ces renseignements sur le roulage à la fin de l'ancien régime sont extraits du *Mémoire pour le ministre de l'Intérieur*, de Sery, en date du 14 décembre 1811. Arch. comm. F² carton 27, liasse 1.

que transiter puisqu'il s'agissait de sauvegarder les intérêts du Trésor et d'éviter la fraude.

Turgot, en réunissant toutes les entreprises privées de messageries pour former, sous la direction de l'Etat, la Régie générale des Messageries royales avait créé un monopole nouveau qui, en se développant, faillit porter un coup funeste à la navigation havraise et par contre-coup au commerce français.

Un arrêt du 9 août 1781 avait attribué à cette entreprise le transport des denrées coloniales. C'était écarter la concurrence et soumettre ces marchandises à des tarifs qui pouvaient aisément devenir prohibitifs.

Déjà le commerce avait beaucoup souffert des entraves que la Ferme générale avait mises au choix des routes que devaient suivre les marchandises transitant pour l'étranger. Il s'en était suivi une élévation dans le tarif des transports pour la Suisse et l'ouest de l'Allemagne.

Les conseilleurs ne sont pas les payeurs, dit un dicton populaire. En cette circonstance comme en bien d'autres, hier et aujourd'hui, les inspirateurs de cette mesure s'étaient uniquement préoccupés du côté fiscal ; ils n'avaient pas aperçu les inévitables conséquences qu'elle devait entraîner au préjudice du commerce national, au bénéfice de nos rivaux.

Les négociants havrais protestèrent avec vivacité. Ils n'eurent pas de peine à démontrer que les frais supplémentaires qui leur étaient imposés n'étaient rien moins qu'un privilège accordé à la Hollande, les clients continentaux des marchés français devant naturellement chercher à s'en exonérer en faisant venir leurs marchandises par la voie du Rhin (1).

La sortie de ces produits devait s'opérer par des bureaux déterminés ; le Havre n'était pas favorisé à ce point de vue. Pour entrer en Suisse ils devaient redescendre toute la Franche-Comté jusqu'au Bugey, passer par les bureaux de Seyssel et de Longeray et de là remonter jusqu'à Genève.

Les réclamations havraises ne restèrent pas sans résultat. Necker autorisa les expéditeurs à présenter leurs marchan_

---

(1) Arch. comm. HH 65.

dises au bureau d'Auxonne (Côte-d'Or), d'où elles pouvaient être dirigées directement sur la Suisse (1). C'était implicitement la suppression du monopole du transport des denrées coloniales que les messageries royales avaient prétendu s'arroger.

Le prospérité du roulage ne pouvait que souffrir de la Révolution. Les premières années, jusqu'à la crise aiguë qui se déclare en 1792, furent relativement normales, les importations coloniales continuant à se faire librement. Ce n'est qu'au moment où éclate l'insurrection de Saint-Domingue qu'un fléchissement considérable se produit. Les armements maritimes se raréfient et enfin quand, en 1793, la guerre est déclarée à l'Angleterre, ils cessent complètement. La navigation est restreinte aux neutres, dont les entrées, principalement à partir de 1798, deviennent de plus en plus rares.

En même temps les modifications dans l'organisation des Ponts et Chaussées, la suppression de la corvée, mesure évidemment des plus justifiées mais qu'il eût fallu compenser par l'attribution de crédits suffisants, le relâchement, surtout sous le Directoire, de tous les organismes administratifs, joints à l'intense circulation de troupes et de matériel qui se produisit en certaines périodes, se traduisirent par un délabrement lamentable des grandes routes. Vainement le gouvernement, par des lois successives, institua-t-il des taxes d'entretien perçues au passage de barrières disposées de distance en distance (2), dont le produit devait être employé aux réparations de voirie (3), les fonds furent dé-

---

(1) Arch. de la Chambre de commerce.

(2) Le tarif des taxes d'entretien des routes fut arrêté par le département le 17 germinal an VI. On avait eu d'abord l'intention de placer la barrière du Havre à Graville, au hameau du Nouveau-Monde, en face l'auberge de la Barrière-d'Or. La facilité de prendre des chemins de traverse fit abandonner ce projet et la barrière fut mise à Harfleur, à l'intersection des deux routes nationales. Cependant, par une étrange inconséquence, la gestion et la surveillance en furent laissées, malgré ses observations, à la municipalité du Havre. Arch. révol. G 76.

(3) La loi du 14 brumaire an VII prescrivait la mise en adjudication du droit à percevoir par chaque barrière ; il l'avait été jusqu'alors en régie. Le fermier devait être assujetti à la réparation de la partie de route pour l'étendue de laquelle il avait soumissionné.

tournés de leur affectation et les chemins restèrent toujours détestables.

L'Empire fera peu de chose à cet égard et encore en 1817 Sery pourra écrire au préfet : « Les deux routes de cet arrondissement sont très négligées. Il y a des parties qui sont dans l'état le plus pitoyable et où les voitures demeurent (1). »

En 1797, un an avant leur suppression (2), les Messageries nationales informaient la population qu'elles avaient nouvellement établi un fourgon desservant Rouen et Paris et qu'elles étaient disposées, sous l'assurance d'y trouver à charger, à prolonger ce service jusqu'au Havre.

Ce fourgon aurait accompli le trajet du Havre à Rouen en deux jours et en trois de cette dernière ville à Paris. Le prix du transport était arrêté à 2 l. 10 s. le 100 (livres ?) du Havre à Rouen et à 3 l. 10 s. de Rouen à Paris (3).

Cet avis fut suivi d'un autre quelques jours après, où il n'est question du transport des effets et marchandises que d'une façon secondaire. Ce fourgon paraissait être affecté surtout aux voyageurs. Il partait de Paris le 6 de chaque décade et arrivait au Havre le 10, d'où il repartait le 3 de la décade suivante (4).

Sous le Consulat, doit-on y voir l'effet du mauvais entretien des routes, les délais de livraison des marchandises avaient augmenté. Voici les chiffres cités par Sery (5).

Rouen, 3 à 4 jours.

Paris et Amiens, 10 jours.

Orléans, 12 à 13 jours.

Lille, 15 à 16 jours.

Anvers et Bruxelles, 25 à 30 jours.

Troyes, 18 jours.

Dijon, 28 à 30 jours.

---

(1) Arch. comm. F³ carton 27, liasse 1, 26 décembre 1817.

(2) Par la loi du 9 vendémiaire an VI. Les entreprises particulières furent autorisées, après approbation du gouvernement, sous la condition de payer au Trésor 10 % du prix des places.

(3) *Port du Havre. Bulletin d'entrée et de sortie*, n° 786, 25 prairial an V.

(4) *Port du Havre, ibid.*, n° 811, 8 juillet 1797.

(5) Sery. *Mémoire cité*, 14 décembre 1811.

Besançon et Strasbourg, 35 jours.

Bâle, 35 à 40 jours.

La période pacifique du Consulat passée, le roulage cessa à peu près d'exister puisqu'aucun aliment ne pouvait l'entretenir. Il ne devait reprendre qu'après les événements de 1815.

Cette reprise d'ailleurs fut très rapide. En 1818 le roulage accéléré Durand, de Paris, mettait trois jours à faire le trajet entre le Havre et la capitale (1). Son représentant local faisait partir tous les deux jours des voitures pour Rouen. C'était également un délai de trois jours qu'annonçait l'établissement Auffant et Lecoq pour ses voitures de Paris.

Le nombre des commissionnaires de roulage avait suivi l'augmentation du commerce. En 1825 il atteignait le nombre de onze. Par la suite il diminua ; en 1846 il n'était plus que de huit, mais les délais de route avaient été fortement réduits. La maison Roger et Cie expédiait tous les jours quatre voitures accélérées qui ne mettaient que trente-six heures à arriver à Paris, une pour Rouen, Bordeaux, Marseille, Lyon, Strasbourg, Besançon et Mulhouse ; Varnier frères faisaient partir journellement cinq voitures pour Rouen, Paris, l'Alsace et la Suisse, sans compter les voitures chargées spécialement par roulage ordinaire.

Malheureusement, à partir de cette époque, les renseignements deviennent très rares. On y peut suppléer dans une certaine mesure par un intéressant tableau inséré dans une publication récente (2). Il est vrai qu'il est relatif à Fécamp, distant du Havre par la route nationale d'un peu plus de 42 kilomètres, mais les renseignements qu'on en peut tirer

---

(1) En 1822, il mettait quatre jours et partait tous les deux jours. Les communications devenaient d'ailleurs beaucoup plus rapides que par le passé. Un avis inséré le 20 juin 1820 dans la feuille locale faisait connaître que de Paris et de Mulhouse il partait tous les deux jours des charrettes qui ne mettaient que six jours à franchir la distance entre les deux villes (390 km. environ à vol d'oiseau).

(2) Daniel Banse. *Fécamp au temps des diligences*. Fécamp,1919, in-8, p. 63. L'auteur ne donne pas la date de ce tableau; d'après sa place dans l'ouvrage on peut le situer à la fin de l'Empire ou au commencement de la Restauration.

ne doivent pas sensiblement s'écarter de ceux en usage au Havre, sauf pour les trois dernières villes de cette liste.

	Prix payés par 100 kilos	Jours de route exigés
Paris.	9 fr.	8
Bordeaux	20 »	30
Bayonne.	34 »	40
Lyon.	30 »	25
Lille	12 »	14
Morlaix	23 »	20
Toulouse	32 »	35
Mézières.	21 »	20
Bruxelles	18 »	18
Fécamp (1).	3 »	2
Rouen	4 »	3
Nancy	22 »	18
Metz.	22 »	18
Strasbourg.	30 »	25
Dieppe.	4,50	3
Amiens.	9 »	8
Abbeville	6,50	6

Le roulage, grâce à la concurrence et au meilleur aménagement des routes, était parvenu dans le second quart du xixe siècle à toute la perfection qu'il était susceptible d'atteindre. Des relais largement pourvus de cavalerie, des auberges achalandées et accueillantes jalonnaient les grandes routes. Charrons et maréchaux-ferrants offraient dans les villages le secours de leur industrie. Une organisation minutieuse de correspondants et de commissionnaires permettait la remise rapide des marchandises expédiées sur tous les points de la France et à l'étranger. Une nombreuse population d'ouvriers et de petits patrons, d'industriels et de commerçants, vivait du roulage ; les campagnes elles-mêmes lui devaient une animation, une intensité de vie qu'elles n'avaient jamais connues. De décade en décade ses progrès se développaient, la rapidité des transports s'accélérait, raccour-

---

(1) J'ai remplacé Fécamp par le Havre.

cissant virtuellement les distances séparant les centres commerciaux, répandant partout les produits apportés dans nos ports.

Pourquoi faut-il que l'apogée d'une institution soit également l'indice de sa prochaine décadence ? Lentement, depuis l'affermissement de la centralisation royale qui avait fait des routes un de ses moyens les plus sûrs d'administration, le roulage s'était perfectionné, suivant l'augmentation du commerce. Malgré la concurrence de la navigation fluviale il avait étendu, surtout pour les points éloignés et pour les marchandises chères, l'importance de sa clientèle et créé des relations fructueuses avec les pays étrangers. C'est alors que naît, grandit, s'affirme une puissance qui presque du jour au lendemain va se substituer au roulage et imprimer aux transactions commerciales une ampleur qui devait dépasser toutes les espérances.

Avant 1838 déjà une grosse question s'était imposée à l'attention des représentants du Havre : la construction d'une ligne ferrée traversant la France de l'ouest à l'est, mettant en communication le Havre avec Strasbourg, l'Alsace, les régions manufacturières des Vosges, en passant par Paris.

Sans s'arrêter aux nombreuses et parfois très vives controverses qui s'élevèrent au sujet de la fixation du tracé du chemin de fer entre Paris et le Havre, il suffit de savoir que cette ligne fut exécutée en deux tronçons ; l'un de Paris à Rouen, fut inauguré le 4 mai 1843 ; l'autre, de Rouen au Havre, fut livré au public le 22 mars 1847. Un convoi, qui amenait les membres du conseil d'administration de la compagnie, des littérateurs en renom, diverses notabilités, avait, le 20 mars, ouvert officiellement la ligne mettant en communication directe le grand entrepôt de la France du nord-ouest avec la capitale. Les wagons portaient, inscrite sur leurs panneaux, la devise *Sic Lutetia portus*. Paris devenu port de mer, même par ce mode indirect, c'était bien la mort du roulage.

Ph. Barrey.

LES

RELATIONS MARITIMES DU HAVRE

AVEC LES

ILES DE L'OCEAN ATLANTIQUE ORIENTAL

DE 1572 A 1610

Plus d'un siècle avant la fondation du Havre, à l'apogée du commerce de Harfleur, un gentilhomme cauchois, Jean de Béthencourt, seigneur de Grainville-la-Teinturière, avait occupé l'archipel des Canaries, dont le roi Henri III de Castille lui avait conféré la vice-royauté. Les relations incessantes existant à cette époque entre la Normandie et l'Espagne chrétienne avaient facilité la naissance d'un courant commercial soutenu avec les Iles Fortunées ; il empruntait surtout la voie de Harfleur et de Rouen. Interrompu à partir de 1415 par les désastres de l'invasion anglaise, il dut reprendre à la libération du territoire, quand le commerce de la Basse-Seine, et particulièrement celui de Harfleur, retrouva pendant un moment bien fugitif sa prospérité médiévale.

Il s'accuse très actif dans les premiers documents du tabellionage havrais, et, une fois de plus, il n'est pas superflu de souligner que, dès 1572, il atteint une intensité qui témoigne en faveur de son ancienneté et de sa continuité.

On en pouvait douter jusqu'ici et se demander si cette navigation avait pu se relever des malheurs de la dernière période de la guerre de Cent ans. Les documents consultés par Gosselin (1) n'en donnent pas l'impression. Il ne cite, antérieurement à 1580, que deux navires armés pour les Canaries, l'un en 1536, le *Saint-Jacques*, de 65 tonneaux, l'autre en 1546, la *Marguerite*, de 200 tonneaux, tous deux indiqués comme devant faire leur retour à Rouen.

En ce qui concerne Honfleur, dont le rôle dans la navigation long-courrière fut si important pendant tout le xvi° siècle, il ne semble pas, au moins d'après les textes venus à la connaissance de Bréard (2), qu'il ait armé pour les Canaries.

De même que pour les autres branches de la navigation havraise, le tabellionage fournit à cet égard les renseignements les plus circonstanciés, tant au point de vue des voyages entrepris qu'en ce qui a trait aux marchandises importées. Il contient également (et je les comprends dans cette étude en raison de leur petit nombre et de l'analogie de leur trafic), les navires destinés pour Madère et pour les Açores.

Un remarquable parallélisme apparaît entre ce commerce et la navigation marocaine. Le maximum se présente pour les deux en 1573 ; un autre, secondaire, s'observe en 1587. Les années qui suivent celle-ci sont également très pauvres. De 1572 à 1588 on trouve 81 navires pour les Canaries, Madère ou les Açores tandis qu'il n'y en a que 22 de cette date jusqu'en 1610.

Dans le tableau suivant on saisira mieux d'ailleurs les variations vraiment singulières du nombre des armements annuels. Je dois toutefois signaler qu'en raison de la participation de divers ports, accusée par les navires non armés au Havre et qui y venaient cependant opérer leur déchargement, il est très possible que ces chiffres soient au-dessous de la vérité et que certains navires n'y figurent pas parce qu'il n'en est pas fait mention au tabellionage.

---

(1) *Documents authentiques et inédits pour servir à l'histoire de la marine et du commerce rouennais pendant les XVI° et XVII° siècles.* Rouen, 1876, in-8.

(2) *Documents pour servir à l'histoire de la marine normande*, Rouen, 1887, in-8.

Répartition annuelle des navires armés
pour les Canaries, Madère ou les Açores.

	Avec contrat d'affrètement	Sans contrat d'affrètement	Total
1572	2	3	5
1573	8	6	14
1574	6	2	8
1575	2	2	4
1576	1	—	1
1577	1	—	1
1578	3	—	3
1579	3	—	3
1580	4	—	4
1581	2	3	5
1582	1	—	1
1583	1	3	4
1584	3	1	4
1585	3	1	4
1586	5	2	7
1587	5	5	10
1588	2	1	3
1589	1	1	2
1592	1	—	1
1600	3	1	4
1601	5	—	5
1603	2	1	3
1605	—	1	1
1606	—	2	2
1609	—	3	3
1610	—	1	1
	64	39	103

Ces 103 navires se répartissent ainsi d'après leurs destinations : 79 pour les Canaries, 6 pour les Canaries et Madère, 11 pour Madère et 6 pour les Açores.

Les ports les plus fréquemment visités étaient ceux de Ténériffe, de Palma et de la Grande-Canarie. Les îles de Fer, Gomera, Lancerote sont rarement citées. Mais on ne peut faire état, d'une façon absolue, de ces désignations, car la mention générale assez souvent employée de « Canaries », surtout pour les navires dont l'affrètement n'était pas passé au Havre, laisse place à une large interprétation.

Dans l'archipel de Madère, le port de Funchal, capitale de l'île principale, était seul fréquenté. Quant aux Açores, c'était surtout vers les îles de San-Miguel et de la Terceire que se dirigeaient les navires ; il n'est fait mention qu'une fois de l'île Flores.

Dans ces ports, particulièrement dans ceux des Canaries, se trouvaient des aménagements destinés à faciliter les opérations de chargement et de déchargement. Le contrat de la *Charité*, en 1574, stipule que ce navire devra poser à la Palme, à l'endroit des engins des sucres.

De même il y existait un personnel plus spécialement chargé de la mise à bord des marchandises. En 1587, les pipes de vin de la cargaison du *Dragon* ayant éprouvé du coulage pendant une tempête, cet accident fut attribué à ce fait qu'à Ténériffe le capitaine n'avait pas voulu accepter les services de l'arrimeur envoyé de terre.

Ce trafic, à l'encontre de ceux précédemment étudiés, n'était pas à peu près exclusivement concentré au Havre, ou plutôt les navires qui s'y adonnaient n'y faisaient pas exclusivement leur retour. C'est bien toujours le Havre qui vient en première ligne, et de beaucoup, mais les contrats prévoient aussi que les navires opéreront leur déchargement dans d'autres ports. Rouen est ainsi cité quatorze fois, Calais douze, Dunkerque huit, Anvers et Middelbourg sept, Dutrarque (Dunkerque ?), Londres et Saint-Malo chacun deux fois (1).

La désignation du port d'attache des navires, en majeure partie le Havre, comporte cependant d'autres localités, telles que Fécamp (dix-sept fois), Dieppe, Roscoff, Saint-Valéry-en-Caux, Cherbourg, Quillebeuf, Saint-Malo, etc. Comme il s'agissait d'une navigation irrégulière, les affréteurs, direc-

____

(1) Par exception, la *Marie-Marthe*, en 1609, devait, après avoir déchargé aux Canaries, aller faire la pêche de sarde (sardine ?) et ensuite en vendre le produit aux Canaries ou en Espagne.

tement ou par l'intermédiaire de leurs commissionnaires,
s'adressaient aux endroits où ils trouvaient des conditions
plus avantageuses.

Ainsi, plus que dans les autres navigations au long cours,
apparaît le rôle du Havre comme port de transit et de répartition. Les navires nolisés ailleurs y apportaient leurs cargaisons ; celles-ci étaient transbordées sur des allèges ou
heus et transportées ensuite par la Seine à Rouen et pour
les régions en amont, où elles étaient assurées d'y trouver un
placement avantageux, ou dirigées sur les Flandres et les
pays du Nord.

De même que pour la navigation avec le Maroc, les marchands de Rouen détiennent la place la plus importante.
Dans l'une comme dans l'autre on retrouve les mêmes noms,
Pierre Lubin, Eustache Trévache, Jacques et Laurent Hallé,
Guy et Antoine Damiens, Nicolas et Barthélemy Cullyer,
puis ceux des marchands appartenant à la puissante colonie
espagnole et flamande fixée depuis longtemps à Rouen, François de Quintanadoyne, sieur de Brétigny, Jérôme Vandalle,
frère de Paul Vandalle, d'Anvers, Michel Vendamme, Fernando de Rebolledo, Sylvestre Raap, Corneille Vandebogaert,
Christophen Thibault.

Il n'est pas aisé de distinguer si ces marchands agissaient
exclusivement pour leur compte personnel ou servaient seulement de commissionnaires, surtout en ce qui concerne les
navires devant faire leur retour ailleurs qu'au Havre ou à
Rouen. Un d'eux, dont on rencontre le nom plusieurs fois,
Mathias Dugua ou Dougua, d'abord fixé à Bruges puis à
Calais, avait fréquemment recours pour ses affrètements à
Sylvestre Raap, qui, lui-même, passait des contrats pour son
compte. Cet usage, pratiqué communément, rend difficile la
détermination de la part exacte qui revenait à chaque marchand.

La contribution des marchands du Havre, en dehors des
prêts aux aventures ordinaires (1) et du louage de leurs navires,
se limitait à l'office d'intermédiaires. Directement leur par-

---

(1) En 1574 le taux en est de 35 à 37 1/2 °/₀ ; en 1600 de 32 1/2 °/₀.

ticipation est insignifiante. Elle ne s'exerce que dans l'armement d'une barque de 45 tonneaux, la *Petite-Salamandre*, en 1592, pour Madère et la Grande-Canarie, affrétée par Pierre Thirel, sieur de La Videcoquière, Pierre Baillehastre, Guillaume Morel, sieur de Rumare, et Guillaume Le Masurier, et dans celui de la *Bonne-Fortune*, de 70 tonneaux, en 1603. Dans tous les autres cas, leur rôle se borne à celui de correspondants ou de propriétaires des bâtiments.

Les marchands affréteurs entretenaient dans les îles des représentants ou facteurs chargés de leurs intérêts. Ce n'est qu'exceptionnellement qu'il en est fait mention bien qu'on puisse avancer que leur institution, répondant à un besoin constant, devait être généralement suivie. On voit, par exemple, en 1584, Paul Regnauld, de Rouen (1) ; en 1587, Louis Godin, pour le compte des frères Cullyer ; en 1585, Péfosé et Aubry, facteurs au port des Islettes (Grande-Canarie), et en 1586 Pierre Sosse, tous trois pour Fernando de Rebolledo.

Parfois aussi, à défaut de représentants à demeure dans les ports où le navire devait faire escale, le marchand y embarquait un commis chargé de surveiller les tractations d'échange. Dans ce cas le contrat d'affrètement stipulait toujours le passage aller et retour gratuit (2), rarement pour le capitaine l'obligation de le nourrir. Sa rémunération n'est jamais mentionnée, car on ne peut considérer comme telle l'avantage accordé de passer un tonneau de fret sans payer (3).

Les documents du tabellionage, là comme pour les autres navigations, donnent des renseignements bien plus complets sur les marchandises importées que sur celles exportées. On peut néanmoins classer ces dernières en deux catégories bien distinctes : d'une part, les produits manufacturés provenant en la plus grande partie de l'industrie rouennaise et d'autre part, les céréales.

Pour ces dernières l'exportation remontait très loin ; les

---

(1) Gosselin, *ibid.*, p. 167.

(2) Sur le *Griffon* en 1574, le *Cerf-Volant* en 1587, la *Perle* en 1586 et 1588, la *Petite-Salamandre* en 1592, le *Rubis* et l'*Olivier-Florissant* en 1603.

(3) Dans la *Perle* en 1586.

clients n'en avaient pas changé depuis deux siècles. L'Espagne, le Portugal et leurs colonies de l'Atlantique oriental avaient toujours demandé à la Normandie l'excédent de sa production agricole pendant les bonnes années de récolte, excédent dont la sortie était facile et lucrative par mer (1).

On est beaucoup moins bien informé en ce qui concerne les exportations d'objets fabriqués. En 1573, sur le *Beau-Couldrey*, il est embarqué 13 ballots de toile blanche de Rouen, une balle d'ascot, une caisse de futaine. En 1608, des marchands rouennais envoient aux Canaries un navire avec de la quincaillerie, des drogues, des toiles et des tapis de table, le tout manufacturé à Rouen (2). Enfin, en 1622, sur la *Bonne-Aventure*, capitaine Nourry, de Nantes, il est chargé au Havre, à destination de Madère et des Canaries, pour le compte de Christophe de Nouilher, Michel Fauveau et Antoine Le Jeune et Cie, marchands ayant des maisons de commerce à Rouen et au Havre, 5 ballots de toile blanche, 4 paquets et 3 caissons de mercerie, 2 barils de bouteilles de verre, un baril de chandeliers de cuivre, 5 barils de clouterie, 4 milliers de cordage, 1.400 bûches de bois de gobillart propre à faire du douvain, 1 millier de planches de sapin, 2 milliers de douvain, 110 pipes démontées et 102 paquets de bois en feuillet pour boîtes (3).

Les importations se composaient surtout de vin et de sucre, en pain, en panelle, en cassonade ou en mélasse (4), de miel, de sel (5) et de plantes tinctoriales dont les manufactures de toiles et d'étoffes de Rouen utilisaient de grandes quantités.

---

(1) La Bretagne en fournissait également, de même que les pays du Nord de l'Europe. En 1587, le *Dragon*, navire danois, avait chargé du blé à Dantzig pour porter à Madère. A son retour il avait embarqué à Ténériffe 228 pipes de vin.

(2) Gosselin, *ibid.*, p. 111.

(3) Tabell., 4 et 12 octobre 1622.

(4) Deux pipes de vin, 4 quarts ou barriques, 4 ponsons ou tiers par tonneau ; 3 ou 4 caisses de sucre suivant la quantité embarquée, le tonneau de sucre équivalant à 1.000 livres en poids net, 3 caisses de cassonade, 2 pipes ou 4 barriques de mélasse. Une seule fois, dans l'*Isabeau*, en 1584, le tonneau est évalué à 40 arrobes de sucre ou 80 arrobes de confitures ou cassonade.

(5) A charger à Lancerote par la *Charité* en 1575, à raison de 60 livres de fret par muid.

Le plus souvent mentionné des produits destinés à la teinture était l'orseille ou lichen de roche, quelquefois désignée sous le nom de pastel, qui donnait une couleur d'un beau gris de lin tirant sur le violet amaranthe, que l'on pouvait aviver par les acides ou fixer en bleu par le jus de citron. On l'employait aussi à froid pour colorer le marbre et l'albâtre blancs (1).

Le bois ou la graine de laurier provenaient aussi des Canaries. Ils servaient alors à obtenir une couleur violette. A l'encontre de l'orseille l'usage en fut vite abandonné (2).

De Madère venaient également du sucre, des confitures sèches, du bois de campêche et du sumac (3), celui-ci encore employé en teinture, et des Açores du pastel.

Il est certain qu'en dehors de ces produits courants il devait s'en trouver d'autres, de faible encombrement, qui ne sont pas énumérés dans les contrats.

En 1574 Jean Desmons, maître de la *Madeleine*, avait acheté pour son compte 8 pipes de vin, 300 livres de sucre, 12 peaux de maroquin, 300 serins et plusieurs autres portages (4). Les oiseaux, notamment, constituaient un des principaux éléments des portages des matelots.

De même que dans les autres modes de la navigation à fret il était parfois attribué un poids déterminé de portage à l'équipage. Il est assez rare pourtant d'en voir figurer la clause dans les contrats (5). En outre, quand la charge du navire comprenait du vin, il en était attribué pour les besoins

---

(1) Valmont de Bomare. *Dictionnaire d'histoire naturelle.* Lyon, 1800, in-8, t. IX, au mot. Le tonneau de fret de l'orseille variait entre 1.500 livres et 22 quintaux 1/2 poids d'Espagne.

(2) 2.000 livres ou 22 quintaux 1/2 poids d'Espagne, par tonneau.

(3) En 1605 la *Nativité* apporte, entre autres marchandises, 1.647 boises (bûches) de campêche, 272 balles et sacs de sumac, 44 caisses de cassonade, 42 de sucre en pain et 21 de confitures sèches. En 1586 la *Marguerite* avait chargé 112 pipes de vin, 700 quintaux de pastel, 5 barriques de panelles, 9 caisses et 5 caissots de sucre.

(4) En 1614 Louis XIII, à son passage à Rouen, y acheta 250 serins. Gosselin, *ibid*, p. 111.

(5) Deux tonneaux en barils et demi-barils au maître du *Sézarin* en 1582; un demi-tonneau dans la *Petite-Salamandre* en 1592, en en payant le fret ; un tonneau dans la *Bonne-Aventure* en 1601.

de l'équipage soit une pipe, soit une barrique, suivant la quantité embarquée (1).

La plupart des affrètements concernant cette navigation étaient conclus au moyen de contrats, ainsi que pour le commerce marocain, et ne découlaient pas de l'exécution de chartes-parties. Le fret était généralement payable au tonneau, d'après la quantité des marchandises rapportées, rarement au travers, c'est-à-dire suivant une somme globale convenue d'avance au moment de la signature.

Les prix suivis pour le fret avaient subi une très forte augmentation depuis 1536. Le *Saint-Jacques*, en partance cette année pour la Grande-Canarie, avec retour à Rouen, est affrété pour 10 livres le tonneau (2).

La transformation économique qui s'accomplit au xvi° siècle sous l'influence de l'afflux des métaux précieux venant de l'Amérique, réduisit considérablement la valeur de l'argent.

Aussi, de 1572 jusqu'à 1585, le fret pour les Canaries est-il stabilisé entre 26 et 30 livres le tonneau. Une hausse subite due aux conditions précaires de la navigation, le porte dès l'année suivante à 40 livres. Jusqu'en 1601 il variera de 40 à 48 livres.

Une hausse équivalente s'observe dans le fret des autres ports de retour. Pour Dunkerque, le fret est de 29 livres en 1573 et de 47 livres 10 s. en 1588; pour Calais, de 31 livres en 1582 et de 49 en 1587 ; pour Middelbourg, de 31 livres en 1582 et de 45 en 1589. Quant à Rouen, le fret était habituellement supérieur à celui du Havre de 1 à 4 livres, par suite des dangers de la navigation en Seine.

L'échelle des frets pour Madère oscille entre 24 livres en 1572 et 44 livres en 1587. En ce qui concerne les Açores, pour lesquelles les renseignements sont moins nombreux, le fret est le même, entre 1573 et 1575, que pour les deux autres archipels.

Le pot-de-vin habituel attribué aux capitaines s'augmentait, pour certains, d'allocations en nature ; 8 livres pour avoir

---

(1) Dans le *Rubis* en 1600, dans l'*Ange* en 1603.
(2) Gosselin, *ibid.*, p. 165.

des pavillons pour la *Perle* en 1588; un pavillon ou enseigne
de la valeur de 30 livres pour le *Rubis* en 1600 ; 25 livres
de poudre à arquebuse, 60 de suif pour suiffer le navire, et
un pavillon à la *Bonne-Aventure* l'année suivante ; le suif et
un pavillon à l'*Ange* en 1603.

Les séjours prévus dans les ports des îles étaient toujours
très longs, ordinairement de cinquante à soixante-dix jours,
non compris le temps employé à aller d'une île à l'autre.
Afin de permettre aux navires d'y compléter leur chargement, il était souvent convenu que le capitaine pourrait être
tenu d'y séjourner plus longtemps moyennant une surestarie
dont la quotité était très variable : 6 livres par jour pour le
Saint-Jacques en 1578, 20 livres en 1600 pour le *Rubis*.

Ces navires, pour la plupart d'assez faible tonnage, étaient
toujours armés, — 8 canons, 8 arquebuses, 2 arbalètes sur la
Charité en 1574, avec 16 hommes d'équipage. — Ainsi que j'ai
déjà eu l'occasion de le faire remarquer, cette défense était
généralement inefficace, l'équipage étant toujours trop réduit pour servir sérieusement l'artillerie. Les rôdeurs des
mers s'en souciaient peu et il paraît bien que les hommes de
bord, peu désireux de soutenir une lutte inégale, ne demandaient autre chose que de se sauver, vie et grègues nettes.
L'exemple suivant, qui concerne précisément le navire ci-
dessus, en témoigne éloquemment et donne la mesure de
l'audace de ces corsaires qui abordaient leur proie jusque-
dans les eaux littorales.

« Jean Lye, maître de la *Charité*, du Havre, de 65 tonneaux,
Jean Gosselin, contremaître, Nicolas Lye, fils d'autre Jean
Lye, Pierre Petit, charpentier, tous du Havre et de l'équipage de la *Charité*, Hans Vandetren, d'Anves (Anvers ?), déclarent qu'en octobre dernier ils étaient partis du Havre pour
aller droit aux Canaries et, étant arrivés, après avoir délivré
à Jérôme Vandalle et Léonard Gense, marchands flamands,
les marchandises chargées au Havre, avaient rechargé des
marchandises pour les vendre au Havre ou ailleurs. Gense
aurait chargé pour son compte 15 pipes de vin de la Palme,
2 caisses de sucre blanc et 5 ponsons de panelles.

« Faisant leur route pour revenir au Havre, ils avaient été

abordés lundi dernier, 21 février, viron 10 heures du matin, étant à 15 lieues d'aval du Chef-de-Caux, presque le travers de Port-en-Bessin, par un navire pillard nageant 30 avirons, le temps étant alors calme, équipé en guerre de viron 50 hommes et munitionné de grosse artillerie de breteuil, dont le capitaine était nommé Mado, de Dieppe, lequel pillard aurait forcé, pris et ravi la *Charité*, marchandises et autres choses y étant, retenu et saisi toutes les lettres, paquets, chartes-parties, connaissements et autres écritures, avec les coffres, ustensiles et hardes que Gense avait dans le navire où il était. Les pillards avaient emmené le navire avec quatre hommes de l'équipage, Pierre Drouet, pilote, Jean Raoul, François Hastinguays et Lepage, sans que les attestants aient su dire dans quelle intention ni le lieu où ils peuvent avoir le tout mené. Et précipitant et forçant plusieurs avec grande violence iceux attestants et reste de l'équipage de sortir hors de la *Charité*, leur auraient iceux pillards baillé le bateau de la *Charité*, pour eux sauver où bon leur semblerait, étant lors viron six lieues de terre, où par après ils étaient parvenus la prochaine nuit suivante avec grande difficulté proche le port de Grandcamp, première terre trouvée (1). »

Les accidents de mer essuyés pendant les traversées ne sortent pas de la banalité ordinaire de cette navigation. Ils resteront les mêmes jusqu'au moment où la vapeur remplacera le vent comme moteur. Une mention particulière est due néanmoins à un navire vraiment malchanceux, la *Madeleine,* qui faillit deux fois couler bas en 1573. On en peut juger par les résumés suivants des deux dépositions où sont relatées les vicissitudes qui marquèrent son voyage.

---

(1) Tabell. Registre 20, 26 février 1575. Cet acte n'est transcrit littéralement que dans ses parties essentielles. Il serait monotone de reproduire les autres dépositions de captures de navires venant de Canaries ; elles sont au surplus peu nombreuses. C'est le *Beau-Couldre*, pillé en mer en 1573 par trois navires du prince d'Orange ; la *Madeleine*, prise en 1574 par un corsaire de Flessingue, capitaine Louis Sohier ; la *Bonne-Fortune*, amenée à Rotterdam par des navires flamands équipés en guerre par « le seigneur prince de Portugal ». (Caution du 30 juin 1606.)

La *Madeleine*, de 60 tonneaux, maître Jean Desmondz,
était partie de Palma le 8 décembre. Le 13, étant hors de la
vue de l'île, le navire avait été assailli par la tempête qui
n'avait pas cessé jusqu'à son entrée en Manche où « illec
étant aurait été pris de temps si serain et amarys qu'il n'aurait aucunement pu porter voille, de sorte qu'il serait tombé
en la côte de Barfleur et aurait été obligé de relâcher en la
rade de Cherbourg, de terrer l'île Pelley pour attendre temps
pour aller à Dunkerque, lieu de son retour ».

Etant ainsi en rade de Cherbourg « était survenu une telle
impétuosité de temps et grand vent que le navire à l'ancre
aurait touché par dix à douze fois à raison des ancres qui
cachaient et ne pouvaient résister à la tourmente. Quoi
voyant, le maître et gens de son équipage, pour éviter à la
totale perdition tant dudit navire et marchandises que gens
dudit équipage, auraient fait couper et abattre les mâtereaux
d'hunes dudit navire et les jeter à la mer avec autres ustensiles et menus cordages et tirer trois coups de canon afin
d'avertir les gens de la terre de donner secours. Et parce
qu'il n'en était venu aucun à leur secours, le maître avait
fait jeter et défoncer toutes les boissons et mettre le bateau
hors pour essayer de leur sauver en terre, comme étant en
opinion par trois ou quatre fois et abandonner le navire,
cuydant qu'il se rompit en ladite rade, comme à la vérité
avait été grandement endommagé et dérompu. Et par après
était venu à eux une barque de terre pour leur donner secours et essayer à aider à sauver ledit navire, voyant aussi
son péril et naufrage proche. Laquelle barque, à l'aide du
bateau du navire, aurait toué la *Madeleine* afin de le faire
mettre vers l'eau pour lui donner moyen d'appareiller à
leur sauver. Et par après auraient fait voile au gré du vent
et des flots de la mer et contraint de venir en rade du Havre,
n'ayant moyen d'aller à autre port plus commode pour sauver le navire, marchandises et équipage. Et y étant, voyant
la disposition du temps mal préparé et le navire étant dérompu, désagréé et lâchant grande eau, le maître, par l'expresse conseil tant de son équipage que des lamaneurs qui
étaient sortis pour leur donner secours, l'aurait fait entrer

au port, ne pouvant continuer sur Dunkerque que le navire n'ait été remis en ordre, radoubé et ustensilé (1) ».

La *Madeleine* pourtant n'était pas au terme de ses tribulations. Ragréée et prête à mettre à la voile, le capitaine avait engagé un pilote pour la conduire à sa destination. A peine avait-il pris la mer que surpris de nouveau par la tempête, en pleine nuit, il avait été contraint d'entrer à Calais.

Mais là « le navire avait été tellement agité de mauvais temps que ses ancres lui avaient failli, par raison de quoi avait été jeté en côte contre les jetées de bois du havre de Calais. » L'eau l'avait alors rempli, si bien qu'il avait fallu employer quarante à cinquante hommes pour le vider et que, finalement, force avait été de le décharger à Calais (2).

Ces mésaventures allaient être couronnées par une plus fâcheuse encore à son voyage suivant. Revenant des Canaries, il fut capturé par des navires de Flessingue, qui le considérèrent comme de bonne prise parce qu'il avait trafiqué avec un port espagnol.

Dans le but d'écarter les périls de ce genre, les affréteurs usaient parfois d'un subterfuge ; ils prenaient le soin de faire rédiger des contrats en double, où les ports de retour étaient différents. Cette précaution était à deux fins. Les Espagnols faisaient une chasse impitoyable à leurs anciens sujets des Pays-Bas et confisquaient les navires soupçonnés de trafiquer avec les ports hollandais ; de leur côté les gueux de la mer, rendant avec usure le mal qu'on leur faisait, enlevaient tous les navires portant des marchandises espagnoles. Une sage prévoyance amenait les armateurs à supprimer dans un des contrats toute mention d'un port révolté et à l'y mentionner dans l'autre, même quand les navires ne devaient pas y toucher.

De même que pour la navigation marocaine l'année 1610 marque le terme du trafic avec les Canaries en ce qui con-

---

(1) Tabell. Registre 11, 5 janvier 1574.
(2) Tabell. Registre 16, 20 mars 1874. Le navire était chargé pour le compte de Mathias Dague, marchand flamand.

cerne le Havre. Il prend désormais d'autres directions, ce qui se percevait déjà depuis 1588 par la diminution progressive de cette partie du commerce havrais et ce n'est plus qu'exceptionnellement, au moins d'après les documents du tabellionage, que les navires pour les Canaries prennent charge au Havre.

Inconsciemment les marchands havrais facilitaient le jeu des concurrents qui allaient bientôt leur être si redoutables. Par contrat du 13 février 1601 Nicolas Desmontiers, du Havre, s'obligeait envers Jean Hesse et Christophen Thébault, de Rouen, à engager un équipage de 20 hommes pour Rotterdam et dans ce port à s'embarquer sur le *Saint-Jean*, de 200 tonneaux pour conduire le navire aux Canaries. Par surcroît, le 21 mars suivant, Robert Désert le jeune, Jean Patille et Jean Barbe, ces deux derniers marchands d'origine espagnole, passaient un contrat d'achat du *Saint-Jean* « par simulation et pour éviter aux arrêts qui pourraient être faits aux Canaries sur ledit navire, étant de présent à Middelbourg (1) ».

APPENDICE

Ainsi que je l'ai fait précédemment pour les navigations marocaine et américaine (2) je résume ci-après les indications recueillies sur chacun des navires ayant trafiqué de 1572 à 1610 soit avec les Canaries, soit avec Madère ou les Açores. Ce sont là de brèves notes qui paraîtraient superflues s'il s'agissait d'époques plus rapprochées de nous. Mais, on ne l'ignore pas, la navigation au cours du xvi⁰ siècle est encore si incomplètement connue, même en cette Normandie qui fut de tout temps une inépuisable pépinière de hardis marins et d'armateurs audacieux, qu'une énumération de cette nature, toute monotone qu'elle paraisse et qu'elle soit en effet, est susceptible de présenter quelques avantages. Elle servira,

---

(1) Tabell. Déclarations du 29 mars 1601.
(2) *Mémoires et documents pour servir à l'histoire du commerce et de l'industrie en France* (5⁰ série). Paris, 1917, in-8, p. 34-44, 163-209.

en quelque sorte, de référence à cette courte étude et contribuera à montrer, s'il en était besoin, à quel degré d'activité commerciale le Havre tout jeune et Rouen à l'apogée de sa prospérité étaient parvenus en ce xvi⁰ siècle finissant.

1572

La *Françoise*, de 70 tonneaux, de retour au 23 juin, ayant chargé aux Canaries 30 tonneaux de vin, 31 barriques de mélasse, 81 ballots de graine de laurier, 15 sacs d'orseille, un cabas de cannefisture et une gerre de miel.

Le *Nicolas* *, de 50 tonneaux, maître Jean Le Jeune (1).

Pour Madère et Funchal. Retour au Havre.

Affrété par Abernago Vaultier, au nom de Pierre Lubin, tous deux de Rouen.

Le *Nicolas*, maître Jean Vaillant, de Bretagne.

Affrété par Helman de Managre (2), d'Anvers, pour porter du blé aux Canaries.

La *Marie-Conception*, de 80 tonneaux, de Marseille, maître Jean Boutart, de Jumièges.

Affrété pour les Canaries.

La *Madeleine* *, de 60 tonneaux, maître Jean Desmons.

Pour l'île de la Palme. Retour au Havre.

Affrété par Charles Panyot, de Rouen.

1573

La *Patience* *, de 90 tonneaux, maître Robert Bonamy.

Pour Lisbonne et Ténériffe. Retour au Havre.

Affrété par Pierre Lubin.

Le *Petit-Lion* *, de 55 tonneaux, maître Jean de Gruchy, de Fécamp.

Pour l'île de la Palme. Retour au Havre (3).

Affrété par Charles Panyot.

Le *Beau-Couldrey*, de 70 tonneaux, maître Nicolas le Maryé.

Probablement affrété par Charles Panyot. Destiné pour les Ca-

---

(1) L'astérisque placé après le nom du navire indique que le contrat d'affrètement se trouve dans les registres du tabellionage.

(2) Les noms propres sont transcrits tels qu'ils sont orthographiés dans les actes. Il s'en faut que le même nom, le soit toujours de la même façon.

(3) Etait de retour au 17 août. L'affrètement est du 8 avril.

naries avec retour au Havre, à Calais ou dans les Flandres (1).

La *Bienheureuse* *, de 40 tonneaux, maître Guillaume Duval.

Pour la Grande-Canarie, la Palme ou Ténériffe. Retour au Havre, à Dunkerque ou à Anvers.

Affrété à Gracye Paix, du Havre, au nom de Fernand de Quintanadoine, sieur de Brétigny, de Rouen.

La *Madeleine*, de 60 tonneaux, maître Jean Desmons.

En partance pour les Canaries au 17 août. Retour au Havre ou à Dunkerque.

La *Nuée* *, de 100 tonneaux, maître Jean Boudet.

Pour Lisbonne, puis à Madère et à Ténériffe, et revenir à Madère et enfin au Havre.

Affrété à Pierre Lubin.

Le *Jacques*, de 55 tonneaux, maître Raoulin Maze, de Fécamp.

Pour les Canaries. Retour au Havre ou à Dunkerque.

L'*Espérance*, de 60 tonneaux, maître Etienne Mennessyer, de Fécamp.

Pour l'île de la Palme. Retour au Havre.

Le *Pélican* *, de 120 tonneaux, maître Nicolas Hardy.

Pour les îles San-Miguel et Flores, aux Açores, Retour à Calais.

Affrété par Thomas Cossart, sieur de Francqueville, de Rouen.

La *Marie*, de 45 tonneaux, maître Jean Acher, de Fécamp.

Pour la Grande-Canarie. Retour à Calais.

Le *Petit-Lion* *, de 55 tonneaux, maître Jean de Gruchy, de Fécamp.

Pour Sainte-Croix de la Palme et Tassecorte. Retour à Anvers ou à Dunkerque (2).

Affrété par Jéronyme Vandalle, de Rouen.

Le *Don-de-Dieu* *, de 60 tonneaux, maître François Durant.

Pour Ténériffe et la Grande-Canarie. Retour au Havre.

Affrété par Michel Fauveau et Guillaume Druel, de Rouen.

Le *Jacques* *, de 100 tonneaux, capitaine Guillaume Legrand, de Fécamp.

Pour la Grande-Canarie et la Palme et revenir à Ténériffe. Retour au Havre.

Affrété par Michel Fauveau et Guillaume Druel.

Le *Beau-Couldre*, de 70 tonneaux, maître Nicolas Le Marye.

---

(1) Encore au Havre le 25 mai était de retour au 29 octobre.

(2) « Au cas où il y ait guerre ou troubles qui empêchent d'aller décharger à Anvers, ce dont le maître prendra avis à Calais, il fera son retour à Dutrarque (Dunkerque?). »

1574

Le *Griffon* *, de 60 tonneaux, maître Robert Hastingoys.

Pour Sainte-Croix de la Palme et Tassecorte. Retour au Havre ou à Dunkerque.

Affrété par Charles Panyot [1].

Le *Nicolas*, maître Nicolas Dargent.

Pour les Canaries. Retour au Havre ou à Calais.

La *Laurette* *, de 55 tonneaux, maître Jean Ruette, de Fécamp.

Pour les Açores, les îles Terceire et San-Miguel. Retour à Londres.

Affrété par Thomas Cossart, sieur de Francqueville.

Le *Jacques* * de 53 tonneaux, maître Raoulin Maze, de Fécamp.

Pour les îles de la Palme, Ténériffe ou Gomère. Retour à Dunkerque ou à Anvers, « si le passage était ouvert au retour et qu'il y eut moyen de passer par Flessingue ».

Affrété par Pierre Cavelet, au nom de Mathias Dougua, de Bruges.

Le *Lévrier* * de 60 tonneaux, maître Clément Le Clerc, de Fécamp.

Pour Sainte-Croix de Ténériffe, la Palme et Gomère. Retour à Dunkerque ou à Anvers, si le passage est ouvert.

Affrété par Pierre Cavelet, au nom de Mathias Dougua.

La *Charité* *, de 60 tonneaux, maître Jean Lye.

Pour Sainte-Croix de la Palme ou à la rade de Tassecorte. Retour au Havre ou à Dunkerque.

Affrété à Paul Vandalle, sieur de Lillor, d'Anvers.

La *Bonne-Aventure* *, de 100 tonneaux, capitaine Guillaume Gougeas.

Pour Madère et Sainte-Croix de Ténériffe. Retour au Havre.

Affrété par Pierre Lubin.

La *Madeleine*, de 70 tonneaux, maître Jean Desmons.

Prise à son retour des Canaries.

1575

La *Lévriére*, de 35 tonneaux, maître Jean Bertier, de Fécamp.

Pour les Canaries. Retour à Saint-Malo.

Le *Petit-Goblin*, de 70 tonneaux, maître Guillaume Assire le jeune, de Fécamp.

---

(1) Le 6 juillet 1574 Jean Porcher, capitaine de navire, passe procuration afin d'aller à la Rochelle recouvrer le *Tigre*, capitaine Robert Hastingoys, pris sur mer en faisant son retour de la Palme. Il semble bien qu'il doit s'agir du même navire.

Pour les Canaries. Retour au Havre ou à Saint-Malo.

La *Bonne-Aventure**, de 70 tonneaux, maître Guillaume Lenfant, de Fécamp.

Pour les Açores, îles de Saint-Michel et de Terceire. Retour au Havre.

Affrété par Thomas Cossart, sieur de Francheville.

La *Charité**, de 65 tonneaux, maître Jean Lye.

Pour Funchal (Madère) et l'île de Lancerote (Canaries). Retour au Havre.

1576

La *Bonne-Aventure**, de 100 tonneaux, maître Guillaume Gougeas,
Pour Madère. Retour au Havre.
Affrété par Pierre Lubin.

1577

L'*Espérance**, de 60 tonneaux, maître Nicolas Gougeas.
Pour Sainte-Croix de Ténériffe. Retour au Havre ou à Anvers (1).
Affrété par Pierre Lubin.

1578

Le *Jacques**, de 50 tonneaux, maître Michel Beuzebosc.

Pour l'île de la Palme et le port de Garachico (2), dans l'île de Ténériffe. Retour au Havre.

Affrété par Jean Baudouin, de Rouen.

L'*Esprit**, de 40 tonneaux, maître Jacques Buisson.

Pour l'île de la Grande-Canarie et Sainte-Croix de Ténériffe Retour à Rouen.

Affrété par Pierre Lubin.

L'*Espérance**, de 110 tonneaux, maître Mathieu Haistre (3).

Pour San-Lucas de Barameda, Ténériffe, les îles de la Grande-Canarie ou de la Palme. Retour au Havre.

Affrété à Eustache Trévache, de Rouen.

---

(1) L'affrètement est du 10 septembre. Le navire était de retour au 8 avril suivant.

(2) Le port et la ville de Garachico furent détruits vers 1706 par deux coulées de lave descendues du volcan de Ténériffe.

(3) Ce contrat est du 28 août. La veille Mathieu Haistre en avait passé un premier avec Trévache par lequel il s'engageait à aller à San-Lucas, à Safi et au cap de Guay. Ces doubles destinations parurent probablement suspectes aux Espagnols à son escale à San-Lucas.

1579

Le *Jacques* *, de 35 tonneaux, maître Gilles Hervyeu.
Pour les îles des Grandes-Canaries. Retour à Rouen.
Affrété par Nicolas Morant, de Rouen.
L'*Isabeau* *, de 70 tonneaux, maître Jacques Le Jeune le jeune.
Pour Lisbonne, Cadix et Funchal (Madère). Retour au Havre.
Affrété par Laurent Hallé, de Rouen.
L'*Espérance* *, de 50 tonneaux, maître François Deneuvylle.
Pour les îles de la Grande-Canarie, Ténériffe et de la Palme.
Retour au Havre ou à Rouen.
Affrété à Elisée Regnauld et Pierre Alongne, de Rouen.

1580

L'*Espérance**, de 120 tonneaux, maître posé Jean Bernier en l'absence de Mathieu Haistre, resté prisonnier en Espagne au cours du voyage effectué en 1578.
Pour Safi (Maroc), Sainte-Croix de Ténériffe, les îles de la Grande-Canarie et de la Palme. Retour au Havre.
Expédié par Eustache Trévache, propriétaire du navire.
La *Trinité* *, de 60 tonneaux, maître Antoine Hervieu.
Pour le port des Islettes (Grande-Canarie) et Sainte-Croix de Ténériffe. Retour au Havre.
Affrété à Daniel Vendosme, Jacques Bader et Barthélemy Pelletier, d'Anvers.
L'*Isabeau* *, de 70 tonneaux, maître Jacques Le Jeune puîné.
Pour Funchal. Retour au Havre.
Affrété à Laurent Hallé.
Le *Bon-Vouloir* *, de 80 tonneaux, capitaine Jean Boudet.
Pour les Canaries, Safi et Larache. Retour au Havre.
Affrété à Eustache Trévache.

1581

La *Nanette* *, de 60 tonneaux, capitaine Michel de La Mare, de Dieppe.
Pour Ténériffe et autres îles des Canaries. Retour au Havre.
Affrété à Eustache Trévache.
Le *Signe*, de 60 tonneaux, capitaine Nicolas Buisson.
La *Conception-de-Notre-Dame*, de 140 tonneaux, maître Filipe Dorio, de la Biscaye espagnole.
Pour San-Miguel (Açores). Retour à Londres ou à Anvers.

L'*Espérance* *, de 120 tonneaux, maître posé Cardin Haistre.

Pour Safi, le Cap de Guay, Sainte-Croix de Ténériffe, les îles de la Grande-Canarie et de la Palme. Retour au Havre.

Affrété par Eustache Trévache.

Le *Barbotyer*, de 32 tonneaux, maître Jacques Bonheur, de Dieppe. Pour les Canaries.

Affrété par Nicolas Cullyer, de Rouen.

1582

Le *Sézarin* *, de 50 tonneaux, maître Manuel Ménart.

Pour Ténériffe et aux ports de Ardèche (?) et Garachico. Retour au Havre ou à Calais, à Anvers et à Middelbourg.

Affrété à Pierre Dondemare, de Rouen.

1583

La *Nanette* *, de 60 tonneaux, capitaine Michel de Lamare, de Dieppe.

Pour Funchal. Retour au Havre.

Affrété à Pierre Lubin.

Le *Jean*, de 60 tonneaux, maître Etienne Lepage, de Saint-Malo. De retour des Canaries le 3 juin.

Affrété par un marchand de Saint-Malo.

La *Françoise*, de 45 tonneaux, maître Thomas Bérenger, de Caumont, près la Bouille.

Pour les Canaries. Retour à Rouen.

Le *Dauphin*, de 80 tonneaux, capitaine Michel Jean.

Venu de l'île de la Palme.

Affrété par Pierre Thomas, de Saint-Malo.

1584

L'*Espérance* *, de 35 tonneaux, maître Robert Scot.

Pour Lisbonne et Funchal. Retour au Havre.

Affrété par Nicolas et Barthélemy Cullyer frères, de Rouen.

La *Lévrière* *, de 50 tonneaux, maître Jean Rocquereul, de Fécamp.

Pour Madère, Ténériffe, au port d'Adèche (?), et même à l'île de la Palme. Retour à Rouen ou à Middelbourg (1).

Affrété par Nicolas Morant, Jean Périer et Odo de Breteville, de Rouen.

---

(1) Fit son retour au Havre, où la *Lévrière* se trouvait au 2 janvier 1585.

L'*Isabeau* *, de 70 tonneaux, maître Jacques Le Jeune le jeune.
Pour Funchal. Retour au Havre.
Affrété à Guy Damiens.
Le *Neptune* *, de 70 tonneaux, maître Adrien Pitreson, d'Anvers.
Pour les Canaries. Retour au Havre ou à Rouen.

1585

La *Marguerite* *, de 40 tonneaux, maître Jean Cahière.
Pour la Grande-Canarie, au port des Islettes.
Affrété à Fernando de Rebolledo, de Rouen.
La *Michelle* *, maître Noël Haryen, de Brest.
De retour des Canaries, ayant été affrété par Yves Dernay, de
Morlaix.
La *Marguerite* *, de 35 tonneaux, maître Jean Cayère.
Pour la Grande-Canarie, au port des Islettes.
Affrété à Fernando de Rebolledo (1).
L'*Isabeau* *, de 70 tonneaux, maître Jacques Le Jeune le jeune.
Pour Funchal. Retour au Havre.

1586

La *Marguerite* *, de 100 tonneaux, capitaine Nicolas Vasse.
Pour Ténériffe et la Palme. Retour au Havre (2).
Affrété au compte de Mathias Dugua, de Calais.
Le *Griffon*, maître Jean Marchant, de Roscoff.
Pour les Canaries.
Affrété par Mariage, de Rouen.
Le *Bon-Vouloir*, de 100 tonneaux, maître Jean Merel.
Venu des Canaries, pour compte de Fernando de Rebolledo.
La *Perle* *, de 70 tonneaux, capitaine Robert Loisel.
Pour Sainte-Croix de Ténériffe, les îles de la Palme ou de Fer.
Retour au Havre.
La *Salamandre* *, de 70 tonneaux, maître Jean Normand.
Pour le port des Islettes, à la Grande-Canarie, Ténériffe et Lan-
cerote. Retour au Havre.
Affrété par Fernando de Rebolledo.
La *Marguerite* *, de 50 tonneaux, maître Jean Jacques, de Fé-
camp.
Pour l'île de la Palme, au port de Sainte-Croix. Retour à Mid-

---

(1) Le premier affrètement est du 1er mars, le second du 9 juillet.
(2) Etait de retour au 16 septembre.

delbourg pour délivrer la cargaison à Mathys Christolin, marchand écossais (1).

Affrété par Silvestre Raap.

Le *Sauveur* *, de 80 tonneaux, maître Nicolas Cauchel, de Saint-Valéry-en-Caux.

Pour Sainte-Croix, aux Canaries. Retour à Middelbourg (2).

Affrété par Silvestre Raap.

1587

Le *Dragon*, de 120 tonneaux, maître Simon Broult, de Danemark.

Venu de Ténériffe, chargé pour le Havre ou Hambourg.

Le *Griffon*, maître Jean Marchant, de Roscoff.

Pour les Canaries. Retour au Havre (3).

La *Louise*, de 120 tonneaux, maître Pierre Morylleau, des Sables-d'Olonne.

Pour les Canaries. Retour au Havre.

Affrété à Michel Mariage, de Rouen.

L'*Espérance* *, de 80 tonneaux, maître François Doynart, de Cherbourg.

Pour Sainte-Croix de Ténériffe, les îles de la Palme ou de Fer. Retour à Calais.

Affrété à Antoine Pierres, du Havre, au nom de Silvestre Raap, de Rouen, agissant pour le compte de Mathias Dagoua, de Calais (4).

La *Baleine*, flibot de 50 tonneaux, maître Guillaume Herment, de Copenhague.

Retour de Lisbonne et des Canaries au 13 avril.

La *Fleur-de-Lis* *, de 65 tonneaux, maître Jean Hurel, de Graville.

Pour Sainte-Croix de Ténériffe. Retour au Havre (5).

---

(1) Une note à la suite du contrat d'affrètement fait connaître qu'il doit être considéré comme nul, n'étant fait que pour éviter les pirates et gens de guerre tenant la mer, un autre ayant été passé en novembre à Rouen.

(2) Même remarque que pour la *Marguerite*, un contrat ayant déjà été signé à Rouen en octobre. L'affréteur véritable doit être Mathieu Dagoua (?), de Calais.

(3) Etait dans le port le 2 mars et de retour au 29 septembre.

(4) Cet affrètement est du 8 mars. Un autre est passé le 14 avril avec Raap pour Sainte-Croix de Ténériffe et retour à Middelbourg.

(5) Affrètement du 3 août. Etait de retour au 13 février 1588.

Affrété à Silvestre Raap, au nom de Mathias Dagua, de Calais.

La *Marguerite* *, de 120 tonneaux, maître Jacques Vincent.

Pour la Grande-Canarie, la Palme ou le port de Garachico.

Affrété à Nicolas et Barthélemy Cullyer.

Le *Jacques* *, de 65 tonneaux, maître Robert Forestyer, de Fécamp.

Pour Funchal. Retour au Havre.

Affrété à Guy et Antoine Damyens frères.

Le *Cerf-Volant* *, de 70 tonneaux, maître Nicolas Moullin.

Pour le port de Garachico, à Ténériffe, et à l'île de la Palme. Retour au Havre ou à Calais.

Affrété à Mathieu Dagoua, de Calais, et à Michel Vendame, de Rouen.

Le *Sauveur*, de 80 tonneaux, maître Nicolas Caucher, de Saint-Valéry-en-Caux.

Pour les Canaries. Retour au Havre.

1588

Le *Griffon*, maître Vincent Pitreson.

Venu des Canaries.

La *Perle* *. de 70 tonneaux, maître Robert Loisel.

Pour Ténériffe et l'île de la Palme. Retour à Dunkerque (1).

Affrété par Silvestre Raap.

La *Trinité* *, de 70 tonneaux, maître Pierre Durescu.

Pour Funchal. Retour au Havre (2).

Affrété à Jacques Hallé, de Rouen.

1589

Le navire de Richard Le Carpentier, de Cherbourg, de retour à Rouen au 8 avril, venant des Canaries.

Le *Saint-Pierre* *, de 60 tonneaux, maître Louis Maro.

Pour Sainte-Croix de Ténériffe, la Grande-Canarie, le port de Garachico et l'île de la Palme. Retour au Havre ou à Dunkerque (3).

Affrété à Michel Vendamme, de Rouen.

---

(1) Affrètement du 5 août. Un second, passé le 23, stipule que le navire se rendra aux ports de Sainte-Croix et de Tasccourt de la Palme.

(2) 8 août. Etait de retour au 11 mai 1589.

(3) Un autre affrètement est conclu le même jour, avec retour à Middelbourg. Les signataires déclarent que ces deux contrats sont nuls le seul valable ayant été passé devant les tabellions de Rouen le 14 juin.

1592

La *Petite-Salamandre* *, barque de 45 tonneaux, maître Louis Thuillier.

Pour Madère et la Grande-Canarie. Retour au Havre (1).

1600

Le *Lévrier* *, de 55 tonneaux, maître Charles Gossey, de Quillebeuf.

Pour le port de Garachico, à Ténériffe. Retour à Rouen ou à Calais.

Affrété par Jacques de Beaulieu, au nom de Henry Picquier, de Rouen.

L'*Olivier-Florissant*, maître Olivier Dumesnil, de Dieppe.

Affrété par Christophe Thibault, de Rouen.

Le *Rubis* *, de 120 tonneaux, maître Jean Couppery.

Pour la Grande-Canarie, la Palme, Sainte-Croix de Ténériffe et le port de Garachico. Le maître pourrait être tenu d'aller faire sa charge à Ramble ou à Ortane en lui étant baillé un bon pilote. Retour à Rouen ou à Calais.

Affrété par Jacques de Beaulieu, du Havre, pour compte de David de Beaulieu, son frère, de Rouen.

La *Poste* *, de 80 tonneaux, maître Jacques Hamel, de Quillebeuf.

Pour Sainte-Croix de Ténériffe et la Grande-Canarie. Retour au Havre, à Rouen, à Calais ou à Middelbourg.

Affrété à Henry Picquier.

1601

Le *Saint-Jean* *, de 200 tonneaux, capitaine Nicolas Desmontiers.
Pour aller de Middelbourg aux Canaries.

L'*Arbre-Doré* *, de 80 tonneaux, maître Jean Le Grin.

Pour la Grande-Canarie, port de Garachico et la Palme. Retour au Havre ou à Rouen.

Affrété par Jean Hesse et Christophen Thébault, de Rouen.

Le *Saint-François* *, de 320 tonneaux, maître Jean Le Grin.
Pour la Palme.

Affrété par Francisque Dyas.

La *Bonne-Aventure* *, de 60 tonneaux, maître Robert Duppuys.

---

(1) 5 décembre. Etait de retour au 7 avril 1593

Pour Garachico, la Palme, Tassecorte et la Grande-Canarie. Retour au Havre, à Calais ou à Middelbourg (1).

Affrété à Jean Hesse et à Christophen Thébault.

Le *Roctren* *, de 80 tonneaux, maître Corneilles Barensson, d'Estralezen, en Allemagne.

Pour Garachico ou deux autres îles des Canaries. Retour au Havre ou à Rouen.

Affrété à Nicolas Guif, de Rouen.

1603

La *Bonne-Fortune*, barque de 70 tonneaux, maître Jean Le Grin. Pour les Canaries. Retour au Havre (2).

L'*Olivier-Florissant* *, de 100 tonneaux, maître Jacques Lagrue.

Pour la Palme, Tassecorte, Ténériffe et ports de la Grande-Canarie. Retour au Havre ou à Calais (3).

Affrété à Ezéchiel De Caen et Corneille Vandebogaert, de Rouen.

L'*Ange* *, de 60 tonneaux, maître Pierre Assire, de Fécamp.

Pour la Palme, Tassecorte, Garachico, la Grande-Canarie et Ténériffe.

Affrété à Ezéchiel De Caen et Corneille Vandebogaert.

1605

La *Nativité*, de 90 tonneaux, maître Jean Chauvin, de Dieppe. Venu de Madère.

1606

Le navire de Jean Varin, ayant fait voyage à la Terceire.

L'*Ange*, de 70 tonneaux, capitaine Jean Aubery (3).

1609

La *Levrette*, maître Pierre Gardelasne, de Honfleur. Pour les Canaries. Retour au Havre ou à Rouen.

La *Marie-Marthe*, de 60 tonneaux, maître Jean Gougeas.

---

(1) Un autre affrètement est signé le même jour, avec retour au Havre, à Rouen ou à Calais pour éviter aux inconvénients qui pourraient survenir aux Canaries à cause de la mention de retour à Middelbourg.

(2) Pris en mer par des navires des Etats, suivant déclaration du 22 mars 1606, par deux navires de guerre flamands équipés pour le compte du roi de Portugal, d'après déclarations des 24 avril et 29 juin de la même année.

(3) Affrètement du 25 août. Parti en septembre le navire était de retour en rade le 9 février 1604.

(3) Naufragé à San-Miguel (Açores) en novembre 1606. Déclaration du 23 octobre 1607.

Pour les Canaries, de là faire pêche de « sarde » et en faire vente en quelque lieu de la côte des Canaries ou d'Espagne. Retour au Havre.

La barque de Jean Delalieue, maître posé Varin.

Retour des Canaries.

1610

Le *Saint-Martin*, barque de 50 tonneaux, maître Jean Plainpel. Pour les Canaries. Retour au Havre ou à Rouen.

Pʜ. Barrey,
Archiviste de la ville du Havre.

MÉMOIRE SUR L'ALSACE

Par Jacques de La Grange

Intendant (1697)

INTRODUCTION

L'Alsace et le Rhin.

Dès les premières lignes du mémoire de J. de La Grange, l'importance historique et économique du Rhin est signalée, du Rhin qui roule de l'or, « or très fin et dont les orfèvres se servent pour dorer leur vermeil », du Rhin mystérieux et grandiose dont l'éminent écrivain J.-J Weiss disait : « Sans le Rhin, pas de France. »

Telle est aussi l'opinion d'Émile Hayem, superbement exprimée et exposée dans ses deux ouvrages si remplis de souffle et de clairvoyance patriotiques : *La Garde au Rhin* et *Au Rhin Gaulois !*

« Le Rhin, dit cet auteur dans ses conclusions, est la frontière normale de la Gaule et de la Germanie et, par conséquent, de leurs zones immédiates d'action.

« Vouloir empêcher le rayonnement de la France jusqu'au Rhin est impossible... Nous l'affirmons et le répétons, l'histoire de la France, c'est l'histoire du Rhin. Quand la France détache son regard du fleuve, la valeur de son armée diminue. Montre-t-elle le Rhin, elle lève aussitôt des armées inépuisables, exaltées, valeureuses dont la source ne tarira qu'avec la race.

« C'est qu'aux grandes heures de l'Histoire, l'esprit de famille parle haut et chante clair dans les cœurs gaulois, car pour tous les Celtes il est un mot de ralliement qui les met debout et les fond en un instant en un peuple formidable : « La frontière du Rhin ».

Il est impossible de lire et de méditer le mémoire de La Grange sans être pénétré du rôle important qu'a joué l'Alsace dans l'économie commerciale et industrielle de la France, sans être frappé de l'affection intime et inébranlable qui a toujours uni les provinces d'Alsace à notre pays.

Cette terre, constamment bouleversée par le passage et l'occupation des troupes, mise au pillage pour la nourriture des hommes d'armes et des chevaux, accablée d'impôts et de redevances, n'a jamais désespéré et ne s'est jamais détachée de la mère-patrie ; grâce à la fertilité de son sol, à l'activité et à l'industrie de ses habitants, elle a su toujours et rapidement réparer ses désastres, faire face à toutes ses charges, quelque écrasantes qu'elles fussent et assurer, en même temps, son indépendance et son développement matériel et moral.

A toute époque, il aurait été souhaitable qu'on instituât le plébiscite que les Allemands, vaincus en 1918, ont eu la prétention de réclamer. Les résultats d'un pareil plébiscite n'auraient jamais été douteux, à aucun moment de son histoire si agitée, et où cependant ses sentiments de fidélité à la vraie patrie se sont toujours si admirablement affirmés.

Combien de fois l'Alsace a-t-elle réclamé son retour à la France ! Et avec quelle joie unanime et patriotique elle a célébré, dès novembre 1918, sa réintégration si longtemps et si impatiemment attendue !

Voilà la vérité historique qui se dégage incontestablement du mémoire de l'Intendant de La Grange. Qu'on en rapproche la protestation douloureuse et conçue en termes lapidaires des députés de l'Alsace à l'Assemblée Nationale de **1871** (1ᵉʳ mars) :

Les représentants de l'Alsace et de la Lorraine ont déposé, avant toute négociation de paix, sur le bureau de l'Assemblée Nationale, une déclaration affirmant de la manière la plus formelle, au nom de ces deux provinces, leur volonté et leur droit de rester françaises.

Livrés, au mépris de toute justice et par un odieux abus de la force, à la domination de l'étranger, nous avons un dernier devoir à remplir.

Nous déclarons encore une fois nul et non avenu un pacte qui dispose de nous sans notre consentement.

La revendication de nos droits reste à jamais ouverte à tous et à chacun dans la forme et dans la mesure que notre conscience nous dictera.

Au moment de quitter cette enceinte où notre dignité ne nous permet plus de siéger, et malgré l'amertume de notre douleur, la pensée suprême que nous trouvons au fond de nos cœurs est une pensée de reconnaissance pour ceux qui, pendant six mois, n'ont pas cessé de nous défendre, et d'inaltérable attachement à la patrie dont nous sommes violemment arrachés.

Nous vous suivrons de nos vœux et nous attendrons, avec une confiance entière dans l'avenir, que la France régénérée reprenne le cours de sa grande destinée.

Vos frères d'Alsace et de Lorraine, séparés en ce moment de la famille commune, conserveront à la France, absente de leurs foyers, une affection filiale, jusqu'au jour où elle viendra y reprendre sa place.

Un pareil document se passe de tout commentaire et témoigne avec la plus expressive éloquence que nos frères d'Alsace n'ont jamais pu être séparés de nous que par la fortune aveugle mais éphémère d'envahisseurs barbares, que par l'odieux abus de la force, et qu'ils n'ont jamais cessé d'être parmi les plus braves, les plus laborieux, les plus épris de grandeur et de beauté ; en un mot, les meilleurs de tous les Français.

C'est sur notre chère terre d'Alsace, qu'on ne l'oublie jamais, que sont nés quelques-uns de nos plus vaillants officiers, de nos héros les plus illustres, ce sont eux qui nous ont vengés de nos humiliations et de nos désastres de 1870 et qui ont transporté la France victorieuse sur les rives du Rhin, désormais et pour toujours, fleuve français et frontière infranchissable et indestructible de notre glorieuse nation !

J. H.

PRÉFACE

En 1639 le « magistrat » de Strasbourg adressait à Louis XIII un appel désespéré qui se résume dans cette phrase : « Les insolences et incommodités que nous souffrons des gens de guerre des deux partis depuis que cette sanglante tragédie se joue sur le théâtre de notre pauvre patrie, sont parvenues à un tel point d'excès qu'il ne nous reste plus de mots pour les exprimer, ni de patience pour les endurer (1). »

Et cependant les malheureux Alsaciens, victimes de la rivalité plusieurs fois séculaire des Gaulois et des Germains, des Français et des Impériaux, n'étaient pas encore au bout de leurs peines. Les fameux traités de Munster et Osnabrück, en Westphalie, qui mirent fin en 1648 à la terrible guerre de Trente Ans, ne furent qu'une étape vers la pacification effective de l'Alsace ; pourtant ils avaient fait faire un grand pas à la question de possession du territoire envisagée au point de vue politique. En effet, moyennant une indemnité de 3 millions de livres en faveur des fils de l'archiduc Léopold, la France obtenait les possessions autrichiennes d'Alsace, landgraviat de Haute et Basse-Alsace, le Sundgau, la ville de Brisach, le droit de garnison dans Philippsbourg. En ce qui concerne les dix villes de Strasbourg, Haguenau, Colmar, Schlestadt, Wissembourg, Landau, Kaysersberg, Obernai, Rossheim, Munster et Turckheim, elles demeuraient « villes libres » et nominalement vassales de l'empereur : le roi de France obtenait sur elles un droit d' « avouerie », sorte de protectorat assez mal défini.

La guerre s'étant rallumée en 1672, l'Alsace devint à nouveau un champ de bataille où s'illustrèrent Condé, puis Turenne. Les villes libres, qui avaient conservé leurs remparts et leurs milices observèrent une attitude plutôt hostile aux Français dans les débuts. Mais une invasion des troupes impériales, mal disciplinées et pillardes, suivie d'une éclatante victoire de nos maréchaux, changea complètement les idées des bourgeois alsaciens, qui, en 1680, acceptèrent sans protestation de prêter à Louis XIV le serment de fidélité exigé par les arrêts des « Chambres de réunion ». On sait que ces Chambres prononcèrent en pleine paix la réunion

---

(1) Cité par Reuss, *Histoire d'Alsace*, 6e-8e édit., Paris, 1912, in-8°, p. 109.

à la couronne de tous les territoires alsaciens encore incomplètement inféodés, attendu qu'ils dépendaient de la préfecture d'Haguenau ou de la prévôté de Wissembourg.

Au lendemain des traités de Westphalie le soin de représenter le roi de France en Alsace avait été confié à Henri de Lorraine, comte d'Harcourt, avec le titre de lieutenant général. En 1654 fut nommé un premier intendant, Colbert de Croissy, le frère du grand ministre. Charles Colbert lui succéda en 1662, puis en 1670 Poncet de La Rivière, en 1674 Jacques de La Grange, enfin Le Pelletier de La Houssaye en 1700.

C'est en 1697, c'est-à-dire sous le gouvernement de La Grange, que les intendants reçurent l'ordre d'ouvrir une enquête approfondie sur l'état physique, judiciaire, ecclésiastique, militaire et économique de leurs généralités respectives. Une enquête analogue avait été ordonnée par Colbert en 1663. Celle de 1697 semble due à l'initiative du duc de Beauvillier, ministre d'État, chef du Conseil royal des Finances et gouverneur du duc de Bourgogne : elle a officiellement pour but de servir à l'instruction de ce jeune prince. En réalité les mémoires qu'elle a provoqués, bien qu'ils aient rarement été rédigés par les intendants eux-mêmes, constituent une source précieuse pour notre histoire. Des instructions très détaillées (1) avaient été envoyées aux fonctionnaires chargés de les établir : elles ont été suivies et parfois même dépassées.

Malheureusement la plupart de ces documents sont encore inédits. L'intendant de Languedoc, Basville, a édité, il est vrai, en 1724 son propre mémoire. De nos jours, en 1881, M. de Boislisle a publié celui qui intéresse la généralité de Paris, dans la *Collection des Documents Inédits* : on a publié par la suite ceux qui concernent les Flandres et la généralité de Lyon.

Celui de La Grange pour l'Alsace n'a fait l'objet que d'une publication très incomplète de M. Ernest Lehr dans sa *Description du département du Bas-Rhin* (2). Il ne faut point le confondre avec un autre manuscrit intitulé *Mémoires sur l'Alsace* qui a été composé vers 1701 par l'intendant La Houssaye, successeur de Jacques de La Grange. Ce dernier, qui est très différent, a été résumé par le comte de Boulainvilliers dans son *État de la France* (3)

---

(1) Ces instructions ont été reproduites par Boulainvilliers en tête de son *État de la France* : elles n'occupent pas moins de 40 pages de l'édition in-8° de cet ouvrage (Nouvelle édition, Londres, 1752, tome Iᵉʳ, pages i-xl).

(2) Tome Iᵉʳ, Strasbourg, 1858, pp. 519 sqq.

(3) Édition citée, tome IV, p. 332-487.

et intégralement publié par le Dr H. Weisgerber dans la *Revue d'Alsace* (1).

Le manuscrit original du mémoire de La Grange, qu'on peut dater de 1697, fut conservé jusqu'à la guerre de 1870 à la bibliothèque de Strasbourg, où il a été anéanti par le feu. Par bonheur il en existait des copies, dont une excellente à la Bibliothèque Publique de la ville de Toulouse où elle est parvenue nous ne savons à la faveur de quelles circonstances. Cette copie, d'une belle écriture du début du xviiie siècle, occupe un volume de 266 feuillets de papier haut de 32 centimètres, relié en veau et coté 584. Ayant eu la bonne fortune de la découvrir, nous avons cru utile d'en reproduire une grande partie, laissant seulement de côté quelques passages très spéciaux relatifs au clergé, à la noblesse ou à l'histoire ancienne de la province, et dont le détail ne pouvait convenir à cette Revue, qu'intéresse au contraire, à cause de son caractère économique nettement marqué, la plus grande partie de l'œuvre.

Il est impossible de savoir quelle a été la part personnelle de l'intendant dans la rédaction du mémoire, qui d'ailleurs, on s'en rendra compte rapidement, n'a pas la moindre prétention littéraire. Il est probable que ce travail est une juxtaposition de rapports émanant des fonctionnaires les plus divers : il nous paraît par conséquent inutile d'insister sur la personnalité de Jacques de La Grange. Indiquons pourtant que, de 1674 à 1698, c'est-à-dire pendant vingt-quatre ans, il administra l'Alsace avec intelligence et bienveillance. Il était détesté des gens de robe qui l'accusaient d'être « riche de plusieurs millions et le plus grand voleur de tout le royaume (2) ». Mais M. Reuss estime qu'il fut « l'habile et intelligent instrument de la *francisation* de l'Alsace (3) » et si l'on peut dire, « le véritable *conquérant civil* (4) ».

Le titre du mémoire est ainsi libellé :

Description de la province d'Alsace dressée par M. de La Grange, intendant, par ordre du roy, pour l'instruction de Mgr le duc de Bourgogne.

(M. le prêteur royal de la ville de Strasbourg a fourny la matière de ces mémoires pour ce qui concerne surtout la

---

(1) 1897-1898.
(2) Lettre de 1698 citée par REUSS : *L'Alsace au XVIIe siècle*, t. I, p. 274.
(3) *Histoire d'Alsace*, p. 133.
(4) *L'Alsace au XVIIe siècle*, t. I, p. 273.

Basse-Alsace. Elles ont esté augmentées de plusieurs apostilles et adjonctions l'an 1718.)

On trouve ensuite une table des matières occupant quatre pages et enfin le *folio* 1 commençant ainsi :

Mémoire sur l'Alsace

La province d'Alsace est située entre le Brisgau, la Lorraine, le duché des Deux-Ponts, la Suisse, et particulièrement l'evesché de Basle, le canton de Zoleure, le Montbeillard et comté de Bourgogne, la Sarre, le Palatinat et evesché de Spire ; elle a la Suisse et le comté de Bourgogne au midi, le Palatinat et evesché de Spire au nord, le Rhin au levant et la Lorraine au couchant.

Le Rhin, qui est un des plus grands fleuves de l'Europe, prend sa source dans les montagnes des Grisons, passe le long de toute l'Alsace et la sépare d'avec le Brisgau et l'Ortenau qui sont des terres appartenantes à l'empereur et à des princes de l'Empire, elles règnent le long des Montagnes Noires depuis Rhinfeldt et les villes forestières jusqu'à Etlingen et Fortzheim, qui est une ville qui sépare les limites du marquisat de Dourlach dans le Wurtemberg. Le roy ne possède dans ledit pays que Brisack et Fribourg, qui ont esté cèdez à Sa Majesté par les traités de paix de Munster et de Nimègue, et Philisbourg qui ont esté reconquis par Monseigneur en l'année 1688.

Ce fleuve, qui est navigable, sert comme de rempart à l'Alsace contre l'insulte de ses voisins en temps de guerre et seroit d'une très grande utilité pour le commerce s'il n'estoit point si rapide, ce qui le rend difficile à remonter les batteaux et particulièrement en esté dans le temps de la fonde des neiges des montagnes de la Suisse et des pluies qui le fond deborder et l'enfler de six à sept pieds en deux fois vingt-quatre heures, et quoiqu'il ne soit pas plus de temps à rabaisser, l'inondation qu'il cause dans les terres adjacentes les couvre d'un sable qui les rend stériles surtout dans la Haute-Alsace du costé de la forest de La Hart, il emporte les rivages et change souvent de lict, ce qui cause de grosses depences que le roy est obligé de faire tous les ans pour l'entretient des épis et la conservation des fortifications des places que Sa Majesté a sur ce fleuve. Il est rempli d'isles couvertes de bois et beaucoup plus depuis Basles qui est aux Suisses jusqu'à Philisbourg qu'au-dessous, et plus ou moins suivant la diminution de la rapidité de son cours qui se ralentit à mezure qu'il descend et qu'il s'éloigne de sa source ; il est fort poissonneux et a la propriété de rouler de l'or dans son sable de sorte qu'après ses inondations les habitants qui sont sur son rivage s'occupent à le chercher, et en tirent un proffit peu considérable qui ne laisse pas de faire subsister beaucoup de pauvres gens habitués dans lesdittes isles et sur le bord de ce fleuve, quoique les seigneurs souverains et limitrophes leur afferment le droit de la pesche ; l'or qu'ils ramassent est très fin et les orphèvres s'en servent pour dorer leur vermeil.

Après le Rhin, la rivière la plus considérable est celle d'Ille, de laquelle, suivant l'aveu de plusieurs anciens, l'Alsace originairement a tiré son nom, comme voulant dire Ilsace. Elle prend sa source dans le comté de Ferrette, qui est dans les confins de cette province du costé de la Suisse et passe par les villes d'Altkirch, Mülhousen, Ensisheim, Colmar, où elle commence à estre navigable, mais non pas en tout temps, Sélestat, Benfelden, Erstein, et ensuitte elle entre à Strasbourg, et après avoir reçu plusieurs petites rivières venantes des montagnes du costé de Lorraine, elle se jette dans le Rhin prez de Lauentzenau qui est à deux lieues au-dessous de la ville de Strasbourg. Elle est fort utile pour la province au regard particulièrement du commerce des vins, eaux-de-vie et vinaigre qui se voiturent depuis Colmar jusqu'en Holande, et est fort abondante en toutes sortes de nature de poissons et particulièrement en saumonneaux, carpes, brochets et lottes.

Les autres principales rivières sont la Largue, qui a sa source dans le village de ce nom situé à une demie-lieue dudit Ferrette, prenant son cours en forme d'arc et entre dans l'Isle à une lieue au dessus d'Altkirck au village appelé Illfourth.

La Roller, qui sort des montagnes qui séparent l'Alsace de la Lorraine, passe par Moissevaux ou Masmunster et se jette dans l'Ille à Ilzack à une lieue au-dessous de Mülhousen.

La Thour, qui sort aussi des mesmes montagnes, environ cinq lieues au-dessous de Thann, arrose le Bourg et la vallée de Saint-Amarrin, traverse laditte ville de Thann en Haute-Alsace, au sortir de laquelle passant par Serney ou Senheim, va se jetter une partie dans l'Ille et l'autre dans la rivière de la Lauch.

La Lauch, qui prend sa source dans les mesmes montagnes de Lorraine derrière l'abbaye de Mourbach, passe par les villes de Guelviller, Isenheim, Rouslack et Zerlesheim et ensuite va se jetter dans l'Isle.

La Fecht prend aussi sa source des mesmes montagnes de Lorraine, traverse la ville et vallée de Munster ou Gregorienthal, la ville de Turkheim, d'où une partie coule par un canal dans la ville de Colmar où elle entre dans la Lauch et l'autre partie va se jetter dans l'Isle à Guemar. Toutes ces rivières ne portent point batteaux.

La Brusche, qui prend sa source dans les mesmes montagnes à environ dix lieues au-dessus de Moutziq et de Moltzheim, petite ville au pied des montagnes à quatre lieues de Strasbourg où elle se jette dans l'Isle un peu au-dessus de la ville.

Il y a sur cette rivière le canal de la Brusche que le roy a fait construire depuis Soultz prez Molsheim jusqu'à Strasbourg pour servir au transport des matériaux nécessaires pour les fortifications de cette place ; l'estenduë de ce canal est de quatre lieues, sa largeur vingt-quatre pieds et sa profondeur huit ; plusieurs belles écluses et backs que le roy y a fait construire, soutiennent les eaux de distance en distance en abbaissant la ponte (sic) qui est de vingt-quatre pieds depuis son commencement jusqu'à la rivière d'Isle, et par ce moyen on la mit on estat de porter des batteaux chargez de pierres et autres matériaux de la pezanteur de vingt à trente milliers depuis Molsheim jusque dans la ville de Strasbourg dont la distance est de quatre lieues.

La Sarre, qui prend sa source dans les montagnes à trois

lieues au-dessus de Saverne où elle passe pour aller se jetter dans le Rhin à Drusenheim par Brumpt et Wiersheim à trois lieues au-dessous de Strasbourg ; elle est forte et on la pourroit rendre navigable avec quelques depences.

La Moutter prend sa source vers les montagnes de Vosges du costé de Bouxviller, passe par Plaffenhoffen, par l'abbaye de Neubourg, par la ville d'Haguenau et porte batteaux dudit lieu jusqu'à Drusenheim ou elle entre dans le Rhin à cinq lieues au-dessous de Strasbourg. Les Hollandois qui viennent en temps de paix acheter leurs bois dans la forest d'Haguenau s'en servent pour le faire flotter.

La Saur qui prend sa source dans les mesmes montagnes passe par Werdt et traverse la forest d'Haguenau, va se jetter dans le Rhin à Benheim à une lieue au-dessous du Fort Louis. Elle n'est pas navigable.

La Seltzbach prend sa source dans lesdittes montagnes, passe par le village de Röderen, de là va se jetter dans le Rhin prez de la ville de Seltz deux lieues plus bas que Benheim.

La Loutter, qui prend son nom de la source d'une fontaine nommée la Loutter située dans les montagnes de Vosges prez de Rotable, traverse une partie desdittes montagnes et passe par Weissembourg à travers de plusieurs prairies et bois et va se jetter dans le Rhin à une demie-lieue au dessous de Lautrebourg.

La Queiche, qui est la dernière, prend sa source dans les vallées de la petite ville d'Anweisler ; elle passe dans la ville et de là à Landau et se rend au Rhin à Guermersheim.

Le long de touttes ces rivières il y a beaucoup de prairies qui servent pour la nourriture des bestiaux des habitants ; celle de la Queiche est assez forte pour porter batteaux si l'on y vouloit faire de la dépence pour la rendre navigable, mais il n'y a aucune nécessité parce qu'elle ne vient pas d'assez loin pour servir au commerce du pays.

Le roy a fait construire un canal sur cette dernière depuis Albersviller une lieue au-dessous d'Anweiller jusqu'à Landau pour le transport des matériaux nécessaires pour les for-

tiffications de cette place. Il a cinq quarts de lieue d'estendue ; les écluses qui sont sur ce canal pour soutenir les eaux
sont de la mesme construction que celles de la Brusche,
dont l'on se sert pour les batteaux de Strasbourg. Ce canal
subsiste encore et est entretenu aux dépens de Sa Majesté.

Division de l'Alsace. — On divise ordinairement cette province en Haute et Basse-Alsace. La Haute, dont le Srintgau
fait partie, s'estend depuis Giromagny, du costé de Montbeillard, jusqu'au petit ruisseau appellé Eggenbach à une lieue
au-dessus de Selestat, qui fait la séparation de l'évesché de
Basle d'avec celui de Strasbourg, et un peu en approchant
laditte ville de Selestat, il y a un grand fossé qui prend de
la montagne jusqu'à la rivière d'Isle, que l'on nomme Landgraben, qui fait la séparation des deux landgraviats de la
Haute et Basse-Alsace. Elle est aussi séparée de la Lorrainne
par une chaisne de montagnes et depuis la rivière appelée
la Bitche qui prend sa source dans les terres appartenantes
pour le temporel et le spirituel à l'évesché de Basle, qui se
jette dans le Rhin à une demie-lieue au-dessus de laditte
ville de Basle, laquelle par consequent se trouve située en sa
plus grande partie dans l'estendue de la Haute-Alsace le
long du Rhin jusqu'à Markeltzheim prez Brisack, et en largeur depuis lesdittes montagnes de Lorraine jusqu'au Rhin.
La Basse-Alsace s'étend depuis ledit ruisseau d'Eggenbach et ledit Landgraben jusqu'à la rivière de la Queiche,
qui passe dans la ville de Landau, et quoiqu'il y ait des au-
theurs qui parlent diversement de ses limites, l'on ne peut
pas disconvenir qu'elle ne s'estende jusqu'à laditte rivière
de la Queiche et au dela ; cela a passé mesme pour une
chose establie, et l'on s'en est expliqué par le traité de paix
de Munster, qui dit que l'empereur et l'empire cèdent au
roy les dix villes de la préfecture d'Haguenau situées en
Alsace, et celle de Landau y est nommément exprimée.
L'empereur Maximilien et ceux qui lui ont succédez n'ont
jamais mis le dessus de leurs lettres qu'en ces termes : A
nos amez et feaux les bourguemaistres et conseillers de la
ville de Landau située en Basse-Alsace. Elle est aussi sépa-

rée de la Lorrainne, de la Vosge et du duché des Deux-Ponts par une chaisne de montagnes, et depuis Marckeltzheim prez de Brisack, en suivant le Rhin jusqu'à Philisbourg et en largeur depuis lesdittes montagnes de Lorraine jusqu'au Rhin. La longueur de la province entière s'estend depuis Belfort jusqu'à Landau et est de quarante-six lieues, et depuis Huningue à Guermersheim il y a à peu prez la mesme estendue et sa largeur peut estre de quatre ou cinq lieues au plus.

Dans la Haute-Alsace, il y a la ville de Mulhouse et le village d'Ilzack qui en dépend qui sont enclavez dans les terres du roy, elle est pour la protection des Suisses. L'on n'en fait aucun détail icy, parce qu'il en sera parlé ensuite plus particulièrement et de l'origine de cette ville.

Montagnes. — Les montagnes qui séparent l'Alsace de la Lorrainne, [du] comté de Bitche et du Duché des Deux-Ponts, sont forts élevées et la plus grande partie couvertes de bois de sapins, de hestres, chenes et charmes en divers endroits et notamment aux pieds desdittes montagnes, lesquelles sont liées les unes aux autres comme une chaisne, et règnent le long de la province depuis Giromagny prez Belfort jusqu'à Landau. Celles qui la séparent de la Suisse et des terres de l'evesché de Basle sont moins hautes; elles sont aussy couvertes de touttes sortes de bois, tant de chauffage que propres à bastir.

Le pays que ces montagnes renferment, qui fait partie de la Haute-Alsace, est rempli en partie de costeaux et de plaines. Ce qui est plaine et qui s'estend depuis Huningue à Mulhausen, depuis Mulhausen à Thann et à Saint-Hyppolitte, et de là en remontant de Marckeltzheim à Huningue s'appelle Haute-Alsace. Ce qui est un costeau entre Huningue et Belfort s'appelle Suntgau. En Basse-Alsace ce qui est plaine est depuis Marckeltzheim le long du Rhin jusqu'à Guermersheim et le terrain qui confine aux montagnes de laditte province est tout en costeaux qui marquent très peu, depuis Selestat jusqu'à Landau.

Passages de Lorraine en Alsace. — Les principaux passages qui viennent de la Lorrainne en Alsace par le costé qui confine à la Franche-Comté et dont l'on peut se servir pour y passer les armées et les voitures, est celui de Saint-Amarin, qui entre par Bussang, et de là à Thann le val de Lieuvre et de Sainte-Marie-aux-Mines qui aboutissent à Selestat; la grande routte de Paris à Strasbourg se rend à Phaltzebourg et de là à Saverne. Ces deux derniers passages sont très bons et le dernier, meilleur que l'autre. Il y en a un quatrième qui passe par Bitche à Engwiller et Haguenau, et ce dernier est celuy de la vallée des Deux-Ponts qui vient par Anweiller à Landau. Ce dernier passage est un des meilleurs. Il y en a encore plusieurs autres, mais ils ne servent que pour des gens de pied et à cheval. En remontant en Haute-Alsace il y a ceux de Weissenbourg, Werdt, Bouxwiller et la Petite Pierre (celuy cy pourroit servir à un besoin pour une armée), Montziq, Barr, le val de Villers, le Bonhomme, Guebwiller, et par Belfort l'on y peut entrer en prenant la routte de Laxeuil, qui est de la Franche-Comté.

Forests d'Alsace. — Les forests principales d'Alsace sont sur la Hart, en Haute-Alsace, celle d'Haguenau et de Bienwaldt dans la Basse.

La Hart appartient au roy directement; celle d'Haguenau, la moitié est au roy et l'autre moitié à la ville, et celle de Bienwaldt ou de Lautrebourg à l'évêque de Spire.

Touttes ces forests sont remplies de chesnes, de hestres, sapins et mortbois et sont d'une grande estendue. La Hart a huit lieues de long et trois de large, celle d'Haguenau en a trois et quatre de long et cinq de large. La forest de Bienwald est à peu près de la mesme estendue.

Les autres forests d'Alsace sont de mesme bois, mais pas si commodément situez, la plupart estant dans les montagnes et ne servant que pour le glandage. L'on en tire aussi quelque charpente et du bois de chauffage.

Fertilité du pays. — Toutte l'Alsace est un pays très fertil en touttes sortes de grains, vins, fourrages, jardinages et autres légumes, cependant en quelques endroits moins qu'en d'autres, car le pays qui est renfermé entre le Rhin, la Hart et la rivière d'Isle jusqu'à Strasbourg est fort étroit et d'une fertilité médiocre, n'y ayant point de vin et peu de bonnes prairies à cause du débordement du Rhin. Il ne se produit aussi que des seigles, orges et avoines.

La partie contenue entre la rivière d'Isle, la plaine et les montagnes, depuis la ville de Soultz qui est située dans la Haute-Alsace jusqu'à deux lieues au-dessus d'Haguenau est très abondante en touttes sortes de grains, vins et fourrages, et ce qui est au-dessus de laditte ville de Soultz jusqu'à Belfort en suivant les montagnes sur la largeur de trois lieues l'est beaucoup moins, le pays estant remply de bois, et le peu de terres labourables qu'il occupe ne sont pas fertilles, la pluspart sont fort spongieuses et difficiles à labourer, ce qui fait que les habitants s'appliquent plus particulièrement à la nourriture des bestiaux, le pays estant d'ailleurs assé abondant en prairies ; ce qui est joignant en tirant vers les montagnes de Suisse, de là à Altkirch, Basle et Mülhausen, est meilleur et les terres plus fertiles.

Le territoire de Haguenau, appellé la plaine de Marienthal, sont (*sic*) des prairies sablonneuses où il ne croist que du bled de Turquie et point de vin à cause de la proximité de la forest et des bois qui sont aux environs.

Toutes les terres adjacentes, depuis la montagne de Saverne et la pleine de Strasbourg jusqu'au Rhin sont encore plus fertiles que touttes les autres et abondantes en touttes sortes de grains, tabacs et légumes, grains d'oignons, fleurs de saffrant dont ils font commerce et en chanvre ; et c'est ce qui donne lieu à ceux qui viennent de Paris à Strasbourg par la route de Saverne de s'écrier sur la bonté et beauté de cette province, n'ayant pas connoissance des pays ingrats et infertiles qui en dépendent, ceux qui sont situés depuis Haguenau entre les montagnes et le Rhin en allant à Landau et Guernersheim sont fort remplis de bois et de terres incultes et sont plus abondants en fourrage qu'en autre chose, à la réserve de la plaine de Landau qui est abondante en grains ; ceux qui s'y recueillent sont pour la pluspart espiauttes, qui est une espèce de fromment, seigles et avoines. Elle peut avoir trois à quatre lieues de large sur autant de longueur, le pied de la montagne depuis cette place jusqu'à Weissembourg est rempli de vignes dont le proffit est assé considérable.

Vins. — Les vins du crû de la Haute-Alsace et d'une partie de la Basse sont très bons et ceux qui croissent plus bas tirant vers Landau moins forts et plus délicats, et il ne s'y en recueille pas une si grande quantité que dans la Haute, et tous ces vins tant de la Haute que de la Basse-Alsace ont la propriété de se garder autant que l'on veut et augmentent toujours en bonté jusqu'à douze ou quinze ans. Il y a mesme de certains cantons dont les vins ne diffèrent guère de ceux du Rhin. Il ne s'y recueille du vin rouge qu'en très petite quantité et les vins blancs n'ayant point leur débit, l'on en fait des eaux-de-vies et du vinaigre dont les habitants font commerce en Holande et dans les autres pays étrangers.

Capitales de la Haute et Basse-Alsace. — La ville capitale de la Haute-Alsace estoit autrefois Ensisheim, parce qu'elle estoit le siège de la régence de la maison d'Autriche, mais depuis la réduction de Brisack, quoyque capitale du Brisgau estant située au delà du Rhin, elle a été considérée et reputée comme le chef-lieu du pays tant à cause de sa situation que de ses fortiffications et du translat du siège du conseil supérieur d'Alsace qui y a esté estably, que du gouvernement, et ce doit estre à présent la ville de Colmar.

La capitale de la Basse-Alsace est Strasbourg. Il sera parlé dans la suitte de ses particularités, lorsque l'on fera une description de tout ce qu'il y a dans la province.

Les hyvers y sont longs à cause de la proximité des montagnes de Suisse, de Lorraine et de la forest Noire. Le printemps y est fort court à cause des neiges des montagnes qui ne fondent qu'au mois de may. Les chaleurs y surviennent tout d'un coup et par les pluyes fréquentes et la diversité des temps, les saisons y sont inconstantes et souvent elles passent d'une extrême chaleur au froid. Les automnes y sont fort souvent très agréables, en sorte que les fruits parviennent à une parfaite maturité.

Division de l'ouvrage. — On peut considérer l'Alsace par rapport au gouvernement militaire, à la justice et aux finances ; pour ce dernier il y doit estre compris ce qui regarde le commerce, les manufactures, la culture des terres, l'industrie des habitants, la nourriture et l'engrais des bestiaux, les mines et les haras qui sont les sources qui procurent l'entrée de l'argent dans la province, mais avant de parler de ce détail, il n'est pas hors de propos de remarquer qu'anciennement l'Alsace faisoit partie du royaume de France. Les fondations royales qui y ont esté faittes par nos premiers roys et particulièrement par le roy Dagobert et dont il sera parlé dans la suite, en fait une foy entière...

Nous sommes arrivés au *folio* 16 de notre copie. Il y a ici un résumé de l'histoire d'Alsace qui s'étend jusqu'au *folio* 23, où commence une étude très détaillée sur l' « état ecclésiastique », suivie d'un chapitre sur le « gouvernement militaire » (*fol.* 129 à 133) et d'un autre sur les « justices » (*fol.* 133 à 167).

Nous voici maintenant aux pages qui intéressent la bourgeoisie, les eaux et forêts, les impôts, la vie économique : nous n'avons pas manqué de les reproduire intégralement ci-après :

Des tribus. — Il semble qu'il ne sera pas hors de propos d'expliquer icy un peu plus au long ce qu'on n'a fait cy devant que toucher légèrement en disant que la bourgeoisie de la ville est divisée en vingt corps qu'on appelle tribus, ce qui fera assé connaître que, non seulement les nobles et les notables, mais même tout le reste des citoyens que la stupidité de l'esprit ou la dépravation des mœurs n'excluent pas, peuvent aspirer et parvenir par degrez aux honneurs de la magistrature, ce qui est pour ainsy dire le bien qui les unit ou plustost qui les égale en quelque façon tous les uns aux autres.

Cette bourgeoisie estoit autresfois distribuée en vingt-huit tribus, mais l'on trouve que, depuis l'an 1482 jusqu'à présent, elles sont demeurées réduites à vingt dont voicy les noms selon leur ordre :

La première, la tribu des batteliers ou la tribu de l'Ancre.

Deuxiesme, la tribu des marchands ou du Miroir.

Troisiesme, la tribu des bouchers ou de la Fleur.

Quatrieme, la tribu des hostes et cabaretiers ou des Francs Bourgeois.

Cinquiesme, la tribu des drapiers.

Sixiesme, la tribu des meuniers, blatriers et des chirurgiens ou la tribu de la Lenterne.

Septiesme, la tribu des vendeurs de salinnes, des regradiers et des cardiers ou de la Femme morte.

Huitiesme, la tribu des orphevres, des peintres et des imprimeurs et relieurs des livres ou des Échasses.

Neufiesme, la tribu des boulangers.

Dixieme, la tribu des pelletiers.

Onzieme, la tribu des tonneliers et des brasseurs.

Douzieme, la tribu des tanneurs.

Treizieme, la tribu des gourmets.

Quatorzieme, la tribu des tailleurs.

Quinzieme, la tribu des mareschaux et forgerons.

Seizieme, la tribu des cordonniers.

Dix-septieme, la tribu des pêcheurs.

Dixhuitieme, la tribu des charpentiers.

Dixneufieme, la tribu des jardiniers.

Vingtieme, la tribu des maçons.

L'on doit sçavoir que l'usage de Strasbourg est d'appeller les tribus du nom général des métiers et que les docteurs et professeurs de touttes les facultés et le reste des personnes considérables pour leur érudition ou par leur expérience sont distribués dans ces tribus aussy bien que le menu peuple et les artisants, mais que les gentils hommes ont un hostel particulier, de sorte que le terme des métiers est icy opposé à celui de la noblesse, et que sous ce terme l'on comprend tous les citoyens qui ne sont pas nobles.

L'on a déjà remarqué ailleurs que chacune de ces tribus a un chef tiré de l'une des trois compagnies de la régence perpétuelle avec quatorze eschevins, mais elles ont encore de plus chacune une justice particulière qui connoist et qui juge des choses qui appartiennent proprement à la communauté.

Cette justice a pour président le maître de la tribu, mais le nombre des justiciers qui la composent et qui sont éleus pour la tribu même n'est pas égal dans touttes ny la manière dont on a procédé à leur élection également observée dans l'une comme dans l'autre, car en quelques-unes il y en a douze et en d'autres davantage, en quelques-unes ils sont éleus par toutte l'assemblée, en d'autres par les seuls eschevins et en d'autres par les eschevins et par la justice ensemble. En quelques-unes les justiciers sont perpétuels et en d'autres ils ne demeurent qu'un an en charge.

Parmi les particuliers de ces vingt tribus, le grand sénat choisit tous les ans, à la pluralité des voix, des visiteurs jurés que l'on appelle :

Visiteurs du pain,
Visiteurs de la chair,
Visiteurs des moulins,
Visiteurs des salines, etc...

Ordonnances de police. — Il n'y a rien de plus beau que les ordonnances de police de la ville de Strasbourg. L'on peut dire que la règle qui y est prescritte pour les moindres choses est sans égale. Il y a cependant de la négligence et de l'abus dans l'exécution, et les personnes qui sont commises pour l'inspection des tailles de touttes les maîtrises et tribunes se laissent souvent corrompre soit par l'interest ou par l'affinité de parenté et des charges ou par d'autres raisons qui ne sont pas à l'avantage de la ville ny du public, et chacun des officiers y trouve son compte.

Maîtrise des eaux et forests. — Le roy a créé depuis environ trois ans une maîtrise des eaux et forests à Ensisheim pour la Haute-Alsace et une pareille maîtrise pour la Basse dans la ville d'Haguenau. Ces maîtrises doivent estre composées suivant l'édit de Sa Majesté du mois d'aoust 1694, chacune d'un maître particulier, d'un lieutenant, un procureur du

Roy, un garde marteau, un greffier, deux huissiers audianciers, un arpenteur, [un] sous-arpenteur, un sergent collecteur
des amendes, restitutions et confiscations, un receveur des
amendes et épices et des bois et huit sergents gardes. Elles
relèvent de la grande maîtrise de la province de Champagne.
L'appel de leurs jugements est porté à la Table de Marbre
du parlement de Metz, ce qui est fort à charge aux habitants, et comme ils ne connaissent rien dans ce qui regarde
la règle et l'usage des eaux et forests, ils tombent souvent
dans des fautes qui les ruinent pour les grandes amendes
qu'ils encourrent, ce qui fait qu'au milieu des bois qui leurs
appartiennent, ils aiment mieux ne se point chauffer que d'estudier les ordonnances afin de s'y pouvoir conformer. Les
bois y sont très connus, et le roy ne peut pas espérer un
grand avantage de cet establissement.

Droits observés en Alsace. — L'Alsace est régie par le droit
écrit, n'ayant aucune coutume particulière qui y déroge que
de certains droits municipaux qui ne regardent que les habitants des lieux où ils sont introduits.

Autresfois les peuples d'Alsace ne plaidoient que rarement,
la justice y estoit administrée sans forme et les affaires se
terminoient avec très peu de dépense ; il n'y a que depuis
que les tribunaux y ont estés multipliés et les impositions à
l'occasion de la guerre qu'ils commencent à connaître les
affaires, ils ne sçavoient même ce que c'estoit qu'une requeste,
à présent le nombre en augmente chaque jour et l'usage en
est sy commun qu'ils en présentent soit qu'ils ayent raison
ou non et pour la moindre chose.

Finances. — La province d'Alsace a esté autresfois un pays
d'estat composé du clergé, de la noblesse et du tiers estat.

L'archiduc avait de deux sortes de domaines à percevoir,
les uns comme droit de souveraineté, et les autres en qualité
de seigneur particulier de plusieurs terres et seigneuries de
la province.

Le Roy — après l'archiduc — fit recouvrer les impositions par les baillifs et magistrats des villes, bourgs et vil lages lesquels les versent entre les mains des receveurs particuliers de la province qui eux-mêmes les remettent au receveur général de la Généralité de Metz. A partir d'août 1696 le Roy a remplacé les deux receveurs particuliers des finances d'Alsace par six autres qui sont répartis en trois Bureaux.

Les taxes trop lourdes sont difficiles à recouvrer, d'autant plus qu'elles sont aggravées par l'obligation d'approvisionner de fourrages les magasins des places et de fournir aux troupes de passage (nulle terre n'est plus fréquentée et bouleversée par les armées que la terre d'Alsace) tout ce qui est de nature à les alimenter et à les entretenir !

Il avait à percevoir en qualité de souverain, les droits d'entrée et de sortie de la province, les imposts sur le vin appelés masphening ou deniers du pot de vin, sur le sel, les amendes et confiscations et autres pareils droits, et en temps de guerre ou autres besoins de l'estat, on lui payoit la subvention qui veut dire la taille qui estoient des droits de peu de considération.

Outre ces droits de souveraineté l'archiduc jouissoit des rentes, droits et revenus seigneuriaux des terres et seigneuries de Belfort, Delle, Ferrette, Altkirch, Thann, Landser, Serney, Ensisheim, Masmunster et Isenheim, situés en Haute-Alsace, et dans la Basse-Alsace, les rentes et revenus du grand baillage d'Haguenau, de manière qu'il percevoit deux sortes de droits dans ces terres, les uns comme souverain pour l'empyre et les autres comme seigneur particulier. Pour ce sujet il avoit dans chacune terre un receveur particulier outre le receveur général pour les droits de souveraineté. Mais le roy ayant fait un don à M. le cardinal Mazarin et ensuite à M. le duc de Mazarin des terres de Belfort, Delle, Ferrette, Altkirch, Thann et Isenheim, comme aussy des revenus du grand baillage de Haguenau.

A feu M. d'Hervart, controlleur général des finances, la terre et seigneurie de Landser ;

A M. de Rottenbourg, la seigneurie de Masmunster ;

A M. de Schönbeck, la seigneurie de Serney ;

A M. Desmadry, intendant de Dunkerque, le baillage d'Ensisheim et la Reichfogteyede Keysersberg et autres terres et seigneuries faisant partie du domaine du prince.

Sa Majesté ne jouit plus d'aucuns autres droits en Alsace que de ceux dépendant de la souveraineté, en sorte que par les aliénations les revenus du souverain sont diminués considérablement.

L'on ne paye point de taille au roy en Alsace, mais bien la subvention qui est la même chose, laquelle se monte par annéc à la somme de . . . . 99.000 livres

La province paye aussy annuellement extraordinairement et pendant la présente guerre à Sa Majesté 600.000 l. argent de France, dont le clergé de Strasbourg paye pour sa part 50.000 l. directement au trésor royal, celui des autres éveschés 25.000 l., la noblesse 36.000 l., les villes 120.000 l. et le reste montant à 365.000 l. se lève sur les habitants du plat pays pour la suppression des nouvelles charges créées et à créer dans laditte province en conséquence d'un arrest ou conseil d'estat du mois de juin 1694 . . . 600.000 l.

Comme aussy la capitation montant pour l'année 1697 à celle de . . . . 546.433 livres 5 s.

La dépense qui se fait pour l'entretien des épys aux fortifications des places le long du Rhin. . . . . 40.000 l.

Et pour l'entretien de dix compagnies franches de fuziliers pour la garde du Rhin par chacun an depuis qu'elles sont sur pied la somme de. . . . . 50.265 l.

Il n'y a point d'élection ny de bureaux des finances en Alsace ; c'est à M. l'intendant auquel sont adressés les ordres du roy pour faire lesdittes impositions qu'il envoye ensuitte aux baillifs et magistrats des villes, bourgs et villages de laditte province qui en font la levée en conséquence des ordres de Sa Majesté et de ses mandements et remettent ensuitte leurs deniers ez mains des receveurs particuliers des finances de la province d'Alsace en exercice et au receveur général de la Généralité de Metz aussy en exercice, dont cette province fait partie.

Il avait été créé à cet effet deux charges de receveurs particuliers des finances de laditte province, exerçants alternativement, lesquels ont fait les fonctions jusqu'en l'année 1696, que par édit du roy du mois d'aoust de laditte année elles ont esté supprimées, et Sa Majesté en a créé six autres qu'elle a divisées en trois bureaux pour y faire l'exercice alternativement avec attribution de six deniers par livre de taxations au lieu de trois que les deux premiers avoient, mais les traitants de ces six nouveaux offices en ont tenus la finance si haute qu'il ne s'est encore trouvé personne pour les lever ; elles sont exercées par commission de la part desdits traitants qui ont establis un commis receveur dans chacun des bureaux qui sont à Brisack, Strasbourg et Landau.

Bureaux. — Les impositions de ces trois bureaux ont porté pendant la présente année 1697 ainsy qu'il a esté dit cy devant, sçavoir :

Brisack : Le bureau de Brisack. . .	431.882 l. 10 s. 10 d.
Strasbourg : Celuy de Strasbourg . .	548.234 l. 2 s. 8 d.
Strasbourg : L'évesché de Strasbourg au Trésor royal.	50.000 l.
Landau : Et le bureau de Landau . .	305.581 l. 11 s. 6 d.
	1.335.698 l. 5 s. 0 d.
dont il y a 600.000 l. en argent de France, qui augmente cette somme de	66.666 l. 13 s. 4 d.
Le tout en argent d'Alsace revient à	1.402.364 l. 18 s. 4 d.

Outre cette somme le clergé de la Haute et Basse-Alsace a accordé au roy un don gratuit de 50.000 l. que l'on a bien de la peine de lever parce que l'on peut dire en général qu'il est pauvre et particulièrement les curés et les bas ecclésiastiques.

Il est bon de remarquer icy en passant que touttes les villes fortifiées qui sont dans laditte province sont franches desdittes impositions à l'exception de la capitation et des 600.000 livres pour la suppression des charges dont le clergé et la noblesse payent aussy une partie.

La difficulté du recouvrement est grande, ce pays étant trop chargé par touttes les impositions qui excèdent la force et la juste portée de cette petite province, car outre ce qu'elle paye en argent, elle a fourny depuis les guerres tous les fourrages des magazins des places, et ceux du quartier d'hyver, dans le plat pays, les logements et suppléments d'ustancils et l'entretien des deux régiments de milices, et les corvées et les voitures pour les armées qui ont excédé de beaucoup les impositions cy-dessus, au lieu que pendant la paix touttes ces charges n'alloient qu'à 99.000 livres, de manière que s'estant trouvée obligée de payer au roy de sy grosses sommes depuis le commencement de la guerre, et chargée des autres impositions dont il a esté parlé, elle a besoin après la paix d'estre soulagée et particulièrement la Basse-Alsace qui a esté fort ruinée par le passage et séjour des armées.

Il convient assé de faire connoitre en cet endroit combien il est important de traiter ces peuples avec douceur et de rétablir le pays. Une des principales raisons regarde le service du roy, car l'on peut dire que l'Alsace se trouvant enclavée de tout costé et les belles et grandes places que Sa Majesté y a fait fortiffier ne peuvent plus se soutenir que par le pays même ; à la première guerre l'on ne peut pas croire que l'on y puisse trouver tous les besoins si l'on ne la tient en estat de le pouvoir faire et ce seroit se flatter si l'on espéroit d'y parvenir par des corvées et des secours estrangers ; le roy a donc interrest de remettre cette province et de la tenir dans le meilleur estat qu'il se puisse pour en pouvoir tirer dans l'occasion tous les secours nécessaires. D'ailleurs ces peuples se trouvant chargés d'impositions plus que leurs voisins, il seroit à craindre qu'ils ne prissent le party de se retirer dans les autres estats et pays étrangers dont ils sont environnés de tout costé par la Suisse, la Lorraine, le Palatinat où l'on cherche d'attirer des peuples pour rétablir les désordres des dernières guerres et dans le pays d'au delà du Rhin qui dépendent de l'empyre.

Ces peuples ont esté ménagés pendant la paix ; on s'en est bien trouvé pendant cette guerre. Leur naturel est la joye ; l'on ne voyoit autrefois dans la province que des violons et des denrées (1), et cette joye n'y a esté conservée que

---

(1) *Sic.* — Il faut probablement lire « danses » ; la faute provient sans doute de l'auteur de la copie que nous transcrivons.

par la grande protection que Sa Majesté leur accorda depuis
le traité de Munster, et elle ne s'est rétablie des malheurs
de cette dernière guerre que par les moyens que Sa Majesté
leur en a donnés et dont la suitte a produit les avantages
que l'on a tiré pendant celle-cy. Ces peuples aiment le repos
et la vie douce ; la diversité des impositions et des affaires
de finances où ils n'entendent rien les inquiette, et si l'on
recherche leur naturel et l'avantage du bien ou service de
Sa Majesté, l'on les doit distinguer des autres provinces du
royaume pour touttes les affaires extraordinaires et leur demander seulement suivant l'usage du pays une somme fixe
en forme de subvention tous les ans et en prenant cette règle,
les décharger de touttes les autres impositions.

Le bureau de Brisack est composé de 16 villes, compris
Brisack et Fribourg, et 354 bourgs, villages, parroisses ou
hameaux, 13.525 feux et 65.355 âmes dont 63.318 de catholiques, 1.050 de luthériennes, 90 calvinistes et 897 juifs.

Le bureau de Strasbourg de 27 villes, 271 bourgs, villages, parroisses ou hameaux, 23.712 feux, 122.735 âmes,
dont 70.907 catholiques, 45.740 luthériennes, 4.558 calvinistes et 1.467 juifs.

Le bureau de Landau, de 23 villes et 440 bourgs, villages,
parroisses ou hameaux, 14.182 feux, 68.913 âmes, dont
37.504 catholiques, 22.856 luthériennes, 7.352 calvinistes
et 1.301 juifs.

Le tout ensemble fait le nombre de 66 villes, 1.065 bourgs,
villages, parroisses ou hameaux, 51.422 feux y compris
touttes les places fortes et celles qui sont situées au delà du
Rhin, 257.003 âmes dont 171.792 catholiques, 69.546 luthériennes et 12.000 calvinistes et 3.665 juifs.

A l'égard des droits du sel et d'aydes appellés masphening, ne se perçoivent dans la province que dans les terres
dépendentes de l'ancien domaine et non dans celles de la
Basse-Alsace qui ont été réunies, ces droits font partie de
la ferme généralle des domaines qui consiste pour le reste
aux péages qui se lèvent à l'entrée et à la sortie de la province.

Touttes les terres et seigneuries qui dépendent des réunions de la Haute et Basse-Alsace n'en payent aucun au roy et les droits se lèvent au proffit des seigneurs qui estoient plus ou moins [élevés] selon l'usage et laditte possession.

Ils prenoient aussy avant la guerre leur sel où ils le trouvoient à meilleur prix, et ce n'est que depuis que les passages d'Allemagne ont esté fermés qu'ils ont esté obligez de se servir de celuy des salinnes de Lorraine, ce qui a augmenté beaucoup le proffit de la ferme ; auparavant il leur en venait du Tirol et de Cologne.

Il n'est pas hors de propos d'ajouter à ce qui a esté dit sur les sels que M. le baron de Fleckenstein a une petite saline à Soultz en Alsace entre Haguenau et Weissenbourg, où il se fait du gros sel gris d'une manière toutte différente que dans les autres salines, car l'eau qui passe sous terre au moyen d'une roue qui la tire d'un pind, se jette par des pompes sur une espèce de grenier, d'où elle retombe dans de la paille qui retient l'eau douce comme la plus légère que l'air sèche, et celle qui est sallée comme la plus pezante tombe dans des caves qui sont dessous où elle se convertit en sel par la chaleur du soleil. Cette saline peut produire 200 quintaux de sel par année ; la quantité en pourroit estre augmentée si l'on prenoit soin de la séparation de l'eau douce d'avec la sallée, et que l'on fit travailler à la source.

Le roy a étably dans laditte province en l'année 1694 les nouveaux droits ou traittes foraines dont il y a plusieurs bureaux establis en Alsace qui font partie des cinq grosses fermes de France, et comme cet établissement ne s'est fait que pour empêcher pendant la guerre l'entrée des marchandises étrangères dans le royaume, il ne peut pas subsister à la paix.

Le papier timbré, le controlle des exploits, celuy des actes de notaires et impots sur les bois, bleds, tabacs et vins qui n'ont point lieu dans cette province, lesdits controlles ayant été supprimés aussy bien que tous les édits portants création de nouvelles charges ou autres affaires au moyen de 600.000 livres que la province paye annuellement au roy pendant la guerre et dont il a esté parlé cy devant.

L'on void par les anciens registres qu'avant les grandes

guerres d'Allemagne, le nombre des villages, familles et feux de la Haute et Basse-Alsace montoït à un tiers de plus qu'à présent. La raison de cette différence est que la pluspart des villes et villages ont esté brulés ou ruinés, les uns entièrement ou en partie et d'autres tellement abismés que d'un grand nombre de villages qui avant les premières guerres de Suède estoient fort grands et fort florissants, l'on n'en a retenu et à peu prez les endroits où ils étaient situez. Il est cependant hors de doute que le pays, estant fertil comme il est, il se remettra et rétablira entièrement à la paix. Les habitants sont pour la plus grande partie propriétaires des terres, ce qui y contribuera beaucoup. D'ailleurs il y en a plusieurs qui ont faits des défrichements considérables qui se remettront facilement en valeur, et n'ayant plus de corvées à faire, ils seront entièrement appliqués à la culture de leurs terres.

Quant aux domaines, le roy n'en a aucun de fixes en Alsace que ceux dont il a esté cy devant parlé, desquels il ne tire présentement que 250.000 livres, mais ils peuvent estre augmentés à la paix d'une pareille somme en introduisant dans la Basse-Alsace les mêmes droits sur le sel et le débit des vins que dans la Haute, et les droits qui sont souverains se peuvent lever sans faire tord à ceux des seigneurs et sans que les peuples en soyent beaucoup plus chargés.

Quoiqu'il paroisse par des vieux compte rendus aux princes palatins des revenus du baillage de Guermersheim qu'ils ont esté jusqu'à 5 ou 600.000 livres, il a très peu valu depuis que le roy en est en possession, et ce qui en a diminué considérablement les revenus est en partie la pauvreté des habitants et l'interruption du commerce qui seul en temps de paix rapportoit jusqu'à 250.000 livres de péages d'entrées et de sorties tant par terre que sur le Rhin; ainsy ce commerce estant retably avec l'Allemagne et la Holande par la paix, il produira bien davantage que pendant la guerre et augmentera de beaucoup les droits tant à cause que depuis 1688; les Holandais, qui venoient achepter une quantité prodigieuse d'arbres et de bois dans la Basse-Alsace qu'ils faisoient descendre sur le Rhin, n'en ont pu avoir aucun depuis que, les ayants presque entièrement consommés par ce grand espace de temps et n'ayants pas eu la liberté de venir prendre ceux qu'ils avoient faits couper cy devant dans la forest d'Haguenau, ce commerce recommencera à la paix, et celuy des vins, eaux-de-vies et marchandises augmentera de beaucoup les domaines aussy bien que touttes les autres choses qui descendront par le Rhin et par terre en Allemagne et Holande et monteront en Alsace, en Suisse et dans les autres provinces voysines du Rhin.

Lorsqu'il arrive quelque différent ou contestation sur le fait des domaines, de quelque nature ou conséquence qu'elle puisse estre, les instances en sont portées pardevant M. l'intendant ou ses subdélégués qui en connoissent aussy bien que des différents meüs entre toutes sortes de personnes concernant les répartitions et impositions des deniers royaux, et en cas d'appel au conseil d'estat, n'y ayant point d'autre siège de justice ny jurisdictions, élections, cours, aydes et bureaux de finances en Alsace pour en connoître.

La connoissance des affaires et procez qui naissent au sujet des nouveaux droits que le roy fait lever sur les marchandises de même que des deptes des comunautées, et généralement tous les différents concernants les deniers communs et patrimoniaux des villes et communautées sont aussy de sa jurisdiction.

Il prend soin aussy des voyeries et rétablissement des grands chemins, ponts et chaussées de laditte province, ny ayant point de fonds establis pour cette dépense et touttes ces réparations se font par corvées et par les comunautées sur ses ordres. Il y avoit plus d'avantage pour le pays l'imposer une somme de 30.000 livres par année pour y faire travailler par entreprise.

Par édit du mois de janvier 1697, Sa Majesté a créé un procureur du roy pour servir auprès de M. l'intendant et garder les minutes de ses ordonnances et autres actes comme dans touttes les intendances de son royaume. C'est le sieur Dumontet qui fait les fonctions de laditte charge par commission de Sa Majesté en attendant qu'elle soit financée.

Commerce de l'Alsace. — L'Alsace en général est une des plus fertilles et abondantes provinces qui soit en Europe ; elle produit beaucoup de grains de touttes sortes d'espèces, vins, prairies, pascages, bois, lings, tabacs, jardinages, arbres fruitiers et généralement tout ce qui peut contribuer à la bonté et fertilité d'un pays. En temps de paix, l'argent y estoit assez commun par l'industrie des habitants, les différents commerces qu'ils y faisoient, l'engrais et la nourriture des bestiaux.

Les principaux commerces estoient la vente des bois en Basse-Alsace aux Holandois pour la construction des bâtiments et navires, qui raportoit tous les ans des sommes assé considérables, soit pour la fabrication et voiture desdits bois que pour l'achat d'yceux.

On envoyoit une quantité considérable de vin de la Haute-Alsace en Holande, d'où il se transportoit en Suède et en Dannemarck et s'y debitoit pour vin du Rhin ; l'on a remarqué qu'au lieu de s'affoiblir en demeurant longtemps sur l'eau, il augmentoit en bonté ; le soulfre qu'il tire du terroir y contribue et c'est ce qui luy donne force extraordinaire, qui se modère par un long transport.

Après le vin il y avoit celuy de l'eau-de-vie et du vinaigre, que l'on transportoit en Allemagne et Holande sous le nom d'eau-de-vie et vinaigre de Strasbourg, quoyque la meilleure partie fût du crû de la Haute-Alsace, c'estoit l'essay et la vériffication qui s'en faisoient en laditte ville qui l'authorisoit joint à la marque de la ville qui y estoit apposée ; depuis la guerre il ne s'en est point fait de cette nature, mais celuy du tabac a augmenté, et les fabriques se sont si fort multipliées dans la ville de Strasbourg qu'il y a esté employé jusqu'à 1.500 personnes par jour et le débit en a esté jusqu'à 1.200 quintaux par semaine, dont les deux tiers ont passé en Suisse par l'Allemagne et l'autre en Lorrainne et sur la Sarre, et le tout a esté jusqu'à 4 ou 500.000 livres par année.

Les autres commerces qui se faisoient dans Strasbourg avant la guerre estoient des graines d'oignons, de pavots, d'anis et de fenouil, le saffran, la thérébentine, le chanvre, la pierre à vin ou tartre, les suifs, les treillis et les canevas lesquels on transportoit en Angleterre, Holande et en Allemagne ; ils étoient aussy très considérables.

Il se faisoit un très gros débit de bleds en Suisse qui n'est plus si considérable depuis la guerre, et l'on n'y en laisse entrer à présent qu'une petitte quantité qui est limitée par semaine et qui est accordée pour partie de la subsistance des bourgeois de Basle, ce qui doit estre retably à la paix.

L'engrais et nourriture des bestiaux qu'on élevoit dans la province estoit assé suffisante pour empêcher les habitants d'en aller chercher ailleurs pour leur subsistance, et le labourage comme l'on y a esté obligé depuis la guerre, ce qui a fait sortir une grosse quantité d'argent de la province, dont la Suisse et la Franche-Comté y ont profitez, et ce qui les y a encore obligé davantage est qu'ayant remis par ordre du roy la pluspart de leurs fourrages dans les magazins pour la subsistance des troupes pendant les quartiers d'hiver, ils n'ont pu fournir qu'à la nourriture de leurs chevaux et bestiaux servants à la culture de leurs terres, à quoy ils se sont appliqués par le bon poix des grains et ont abandonnés leur commerce ordinaire de bestiaux, qui se rétablira à la paix si l'on ne les charge point trop de cavalerie.

L'engrais des porcs estoit aussy d'un grand secours et facile à cause des forests et glandages où ils les mettoient avec peu de dépens, mais n'ayant plus les moyens d'en élever des jeunes, ils se trouvent obligés d'en achepter des bouchers qui les prennent en Lorraine à prix d'argent.

Les habitants d'Alsace tiroient aussy une partie de leur subsistance du bois et du charbon qu'ils faisoient dans les bois et vendoient dans le pays, mais ce petit commerce a cessé depuis l'establyssement des eaux et forests qui les a empêché de le continuer ; ceux de la Haute-Alsace sont privez de l'usage qu'ils en avoient sur la forest de la Hart, en payant une petite redevance, et les officiers, au lieu d'instruire le peuple à l'observation de l'ordonnance, ils l'ont accablé tout d'un coup d'amendes et de contraintes pour les moindres fautes, et comme les appellations des sentences rendues par les maîtrises doivent relever à la table de marbre du parlement de Metz où les habitants de la province ne peuvent se résoudre d'aller plaider, ils souffrent plustost touttes les rigueurs de leurs sentences que de s'y pourvoir par appel pour éviter les frais et la dépense d'un si long voyage, ce qui leur porte un très grand préjudice.

Pour y rétablir l'ordre, il seroit nécessaire, en faisant valoir les droits du roy, de donner aussy moyen au peuple de pouvoir subsister en indiquant à chaque communauté un certain canton de bois dont elle pourroit se servir en payant un droit proportionné à la valeur du bois et en observant la couppe prescritte par l'ordonnance. Autrement le paysan sera ruiné et ne pourra pas subsister s'il est obligé d'acheter du bois en corde pour se chauffer et en trafiquer, luy qui le façonne luy même dans les saisons où il n'a pas autre chose à faire ; d'ailleurs des bois sont en si grande quantité que l'on peut dire sans exagérer qu'il est impossible de les dégrader et d'en tirer un plus grand avantage par une plus forte sévérité.

Il en est de même du pâturage, puisque l'herbe se perd dans les bois sans que le roy et ses sujets en profitent, à quoy il seroit aisé de remédier en indiquant de même aux comunautés qui veullent estre guidées et instruittes des endroits des forests où elles pourroient faire paître sans y apporter du dommage.

Il se faisoit aussy, auparavant la guerre, un petit commerce en Basse-Alsace de chataignes et de prunes qui s'y recueillent et dont il y a abondance que l'on envoyoit du costé de Cologne, où elles sont fort recherchées. Il se peut rétablir facilement à la paix.

Quoyque tous ces commerces ayent cessé pendant la guerre avec les estrangers et que le roy ait tiré de très grosses sommes de cette province, l'argent n'a pas laissé d'y rouler de manière que les impositions ont esté très bien payées, et ce n'a pu estre que par le moyen des grains et vins qui ont servi à la subsistance des trouppes, qui ont esté fort chers par la grande consommation qui s'en est faitte par les munitionnaires des armées, étapiers et hopitaux et les voitures des sels et grains tant de Lorrainne et Franche-

Conté en Alsace que par celles de la province même.

Quoyqu'il n'y eust autrefois que des fruits communs en Alsace, le pays en produit en quantités et il est d'un très grand secours pour la subsistance du même peuple ; l'on commence à y en avoir d'assé bons, et il y a beaucoup de particuliers qui s'appliquent à l'agriculture et qui font venir des arbres de bon fruit de France qui réussissent en perfection et qui en raportent d'aussy bons que celuy qui se recueille aux environs de Paris ; pour peu que l'on en ait soin, il deviendra commun dans peu de temps.

Haras. — L'on a tanté depuis quelques années d'establir des haras en Alsace, mais quelque soin que l'on en ait pris, ils n'ont pas bien réussi, parce que les cavalles sont trop petittes et trop basses pour les estallons qui sont de grands chevaux qui viennent des pays estrangers. Le travail que l'on leur fait faire pendant qu'elles sont pleines et dans le temps qu'elles nourrissent fait que les poulains ne réussissent pas.

En effet, depuis dix à douze ans qu'est le commencement de cet établissement, il ne s'est pas encore trouvé un cheval à vendre pour la cavalerie et les dragons. L'on y pourroit remédier à la paix en obligeant les habitants d'avoir de plus grandes juments si l'on pouvoit éviter les différentes oppositions qui s'y trouvent. La première est la dépense qu'ils seront obligez de faire pour le changement de leurs petittes cavalles avec des grandes, leur nourriture qui sera bien plus forte que celle des premières et comme la pluspart des fourages qu'ils recueillent sont conformés pour la cavalerie que le roy tient ordinairement dans le pays, ils n'auront pas de quoy les entretenir au lieu que leurs petittes cavalles vivent de pastures toutte l'année et ne leur coustent aucune chose ; aussy si l'on considère ces raisons dans toutte leur estendue, il sera aisé de juger qu'il sera encore plus avantageux pour le roy et le bien publicq de leur laisser l'usage de leurs petittes cavalles avec une entière liberté, d'avoir de petits ou de grands estallons que de les forcer à un changement qui ne peut en aucune manière produire un plus grand bien pour cet établyssement.

Jusqu'à présent l'on n'a guerre vu de bons chevaux en Alsace que par le moyen des juifs qui trafiquent avec les Suisses, et quoyque ce commerce fasse sortir l'argent du pays, et la plus grande partie de ce que les trouppes tirent de leur quartier d'hyver par l'achapt des chevaux dont elles ont besoin, il n'a pas esté possible jusqu'à présent de l'éviter et de pouvoir s'en passer.

Juifs. — Il y a plusieurs familles de juifs establis dans la province, qui font touttes sortes de commerce, et particulièrement celuy des chevaux et bestiaux, et l'on peut dire que l'on en tire du secours en temps de guerre et qu'ils y sont nécessaires. Ils sont exempts de touttes les impositions, subventions et autres à la réserve de la capitation et des droits de protection qu'ils payent au roy dans les terres de son domaine et aux seigneurs dans celles où ils habitent qui n'en sont pas ; ils prêtent à usure, prennent des denrées et autres marchandises en payement, et il n'y a rien où ils ne trouvent quelque tempérament pour leur commerce, qui ne leur produit pas considérablement, car il n'y en a que très peu qui soyent à leur aise et aucun que l'on puisse dire riche.

Il est néantmoins certain que d'autres peuples que les Alsatiens, qui ne sont pas assé vifs ny industrieux, auroient mieux profités qu'eux des avantages de la guerre à cause du voisinage de la frontière et auroient mieux faits leurs affaires; ce sont des peuples qui n'aiment pas à risquer et qui n'ont aucune ambition. Ils veullent du bien pour vivre commodément et ne demandent point de fortune outrée pour eux et leurs familles, ce qui fait que tous les peuples qui occupent cette province ne sont ny riches ny pauvres et qu'ils s'entretiennent par une médiocrité de biens qui ne surpasse pas ce qui leur est nécessaire pour vivre en repos chacun selon son estat et sa condition.

Monnoye. — Il y a un hostel destiné pour la fabrication de la monnoye dans la ville de Strasbourg qui appartient à laditte ville qui y faisait travailler auparavant qu'elle fut sous l'obéissance du roy, mais depuis l'ordre pour la réformation des espèces en 1694, Sa Majesté y a estably des officiers avec un directeur, un controlleur, des changeurs, un essayeur, un monnoyeur, un graveur avec les autres ouvriers nécessaires tant pour monnoyer que pour la réformation des espèces au coin de laditte ville de Strasbourg que de celles qui ont cours dans le royaume, qui avoient passé dans laditte province et en Allemagne, mais sur un plus haut pied que les autres qui sont d'un bien moindre alloy que celles de France, et on en a même fabriqué de nouvelles qui sont de petittes monnoyes pour la comodité du commerce, ce qui a produit avec la réformation un très grand proffit à Sa Majesté.

Depuis le commencement de l'année 1682 jusques en l'année 1689 inclusivement, il a esté fabriqué par le magistrat de Strasbourg en pièces de trente sols la somme

de	7.115.601 l.
En pièces de 15 sols.	16.290
En pièces de 10 deniers, 4 deniers, 2 deniers et 1 sol.	180.665
En sols d'Allemagne qui sont 1 sol 4 deniers la pièce	194.194
	7.506.750 l.

Le roy vient de créer (1) en titre d'office la charge de général des monnoyes et des charges de changeurs dans laditte province qui ne sont point encore financées.

Eaues minérales. — Il y a peu d'eaues minérales en Alsace. Les plus considérables sont à Soultzbach près de Munster en Haute-Alsace, et dans la Basse à Soultz vers Molsheim et à Miderbronne ; les premières sont fort fréquentées pour les paralysies, faiblesses de nerfs et gravelles, les secondes peu estimées, et les dernières ont assé de réputation pour les mêmes maladies et pour la goutte. Il y en a de merveilleuses au delà du Rhin, à Baden et dans les Montagnes Noires près d'Oberkirch.

---

(1) Note marginale : « L'Edit est du mois de juin 1696 ».

Mines. — Il y a dans la Haute-Alsace des mines d'argent, de cuivre, de plomb et de fer ; dans certains cantons, celles d'argent et de cuivre sont meslées et se trouvent à Giromagny et au Puy ; elles appartiennent à M. le duc de Mazarin à cause du comté de Belfort.

A une lieue du village d'Auxelle-le-Haut, qui est proche les mines d'argent, il se trouve des mines de plomb qui servent à fondre et à séparer les premières, mais comme ces mines de plomb ne suffisent pas et qu'il en faut faire venir des pays estrangers avec assé de difficulté pendant la guerre, elles ne sont pas d'une grande utilité quand le plomb ne manque point, que les années sont pluvieuses et qu'elles donnent assé d'eau pour faire tourner des machines qui épuisent l'eau qui vient des montagnes, et celle qui se trouve dans le fond des mines. L'on peut tirer par année environ 1.600 marcs d'argent et 24.000 livres de cuivre, mais la dépense pour travailler ces métaux égale presque le proffit, et M. le duc de Mazarin n'en tire que 5 ou 6.000 livres de rente.

Il n'y a présentement que deux mines d'argent dans ce canton appellées vulgairement l'une la Pheningthorn et l'autre de Saint-Pierre ; touttes les autres sont abandonnées.

Dans celuy de Giromagny, en 1663, avant les premières guerres d'Allemagne, il y en avoit une appelée Teichegrande, voisine de celle de la Pheningthorn, laquelle a esté abondante.

Elle est présentement enfoncée et remplie d'eau et de roches, et l'on ne peut entrer ; elle rendoit une mine très riche qui se pouvoit fondre sans aucune espèce de mine et rendoit de l'argent et du cuivre. Pour la remettre en estat, il faudroit abandonner la Pheningthorn, attendu que l'eau qui faisoit tourner les roues et machines de laditte Teichegrande sert à celle que l'on occupe présentement.

Il y en avoit encore une autre à Auxelle-le-Haut appellée Gueselschafft qui produisoit aussy de l'argent et du cuivre et pouvoit fondre sans mixtion de mine de plomb, laquelle est aussy ruinée depuis les mêmes guerres d'Allemagne.

Il y a audit lieu plusieurs endroits où l'on a travaillé autresfois, mais comme il n'y a personne qui soit de ce tempsà et que les titres des mines ont esté perdus par les guerres, on ne peut sçavoir si elles ont produit de la mine, il faudroit de grosses dépenses pour les découvrir.

Il y avoit aussy des mines d'argent, de cuivre et plomb à Saint-Nicolas proche de Rougemont, dans le val de Saint-Amarin derrière Thann, au village de Steinbach proche Serney, au val de Sainte-Marie-aux-Mines et dans celuy de Munster, mais elles ont esté abandonnées pendant les guerres. Cependant depuis quelque temps on travaille à celles de Steinbach qui sont de plomb et le roy en a accordé la permission. L'on travaille aussy à celles de Munster qui sont de cuivre mêlées d'argent. On assure ces mines être plus riches que celles de Giromagny.

Celles de Sainte-Marie-aux-Mines estoient autrefois les plus considérables d'Alsace, mais elles sont abandonnées depuis longtemps et il n'y a que le roy qui puisse les rétablir. Quand même le proffit n'excéderoit pas la dépense qu'il y faudroit faire, ce seroit toujours beaucoup que de faire subsister un grand nombre d'ouvriers qui ne laisseroient pas, par la grosse consommation de vivres qu'ils feroient, d'augmenter les droits de Sa Majesté.

Forges. — Les forges et fourneaux de fer sont assé fréquents en Alsace. Ceux du costé de Belfort sont les plus considérables ; c'est feu M. le cardinal Mazarin qui les a fait establir et c'est MM. les ducs de Mazarin et de la Meilleraye qui en jouissent présentement.

Ceux de Masmunster ont esté rétablis par M. de Rottenbourg qui en jouit par moitié avec M. le marquis d'Huxelles, à cause de la seigneurie de Rougemont qui estoit autrefois un domaine engagé par l'archiduc M. de Stadion, que le roy a concédé en fief à mondit sieur le marquis d'Huxelles.

M. Barbeaud de Grandvillars a fait aussy establir des forges et fourneaux dans laditte seigneurie par permission du roy ; il y en a aussy dans la Basse-Alsace d'assé considérables.

Verreries. — Il y a des verreries dans la Haute et Basse-Alsace qui ne sont pas de grand rapport et ne laissent pas de faire subsister beaucoup de pauvres gens qui y sont employés.

Le sable d'or que l'on tire en quelques endroits de la province sur les rives du Rhin ne laisse pas, ainsy qu'on l'a remarqué au commencement de ce mémoire, de faire subsister un bon nombre de personnes, car quoyqu'il se trouve en petite quantité, il est si pur qu'il peut récompenser ceux qui se donnent la peine de le desmêler du sable et un bon ouvrier peut gagner jusqu'à 15 ou 18 sols par jour.

Il se trouve beaucoup de selpêtre dans la province et particulièrement dans les montagnes qui séparent l'Alsace d'avec la Lorraine. Celuy qui est chargé de la fourniture des poudres dans les magazins des places fortes en a tiré de grosses quantités dans la Haute-Alsace, et les marchands poudriers de Strasbourg en ont vendu au roy de ceux qu'ils ont fait travailler en Basse-Alsace, et des poudres pour des sommes considérables. Il y a plusieurs moulins à poudre en Haute-Alsace, à Fribourg en Brisgau, à Colmar et à Strasbourg, où la poudre est réputée estre des meilleures de l'Europe.

L'Alsace est présentement remplie de plusieurs nations depuis les guerres de Suède. Ce peuple est appliqué beaucoup à l'agriculture, à la façon des vignes et à la culture des terres, qui est ce qu'il y a de plus pretieux en Alsace. Il s'y est fait quantité de défrichements de bois, dont l'on a fait des terres et des prairies. Ces bois, qui estoient de même nature, estoient demeurez en friche depuis les guerres de Suède.

Mœurs. — Les habitants originaires du pays sont bons et d'une humeur docile. Ils veullent estre un peu guidés et ne quittent pas volontiers leurs anciennes coutumes. Ils n'ont pas naturellement l'esprit processif ; ils aiment la paix, mais les différents changements arrivés depuis les guerres ont changez beaucoup leur naturel. L'abondance du pays les rend paresseux et peu industrieux. Ils sortent rarement de la province, et sans le secours des Suisses pour la Haute-Alsace, ils auroient de la peine à cultiver leurs terres, à faire leurs foins, leurs récoltes et vendanges, ce qui fait sortir assé d'argent de la province. Ceux des environs de Strasbourg et de la Basse-Alsace sont d'un plus grand travail : les femmes et les filles labourent et mènent elles-mêmes la charrue, manque de domestiques, dont la province est tout à fait dépeuplée et épuisée depuis la guerre.

La langue commune de la province est l'allemande ; cependant il ne se trouve guerre de personnes un peu distinguées, même dans les villages, qui ne parlent assé le françois pour se faire entendre, et tout le monde s'applique pour le faire apprendre à ses enfants, en sorte que cette langue sera bientôt commune dans la province.

Manufactures. — Il n'y a aucune manufacture en Alsace que celle de gros draps qui se font à Sainte-Marie-aux-Mines, à Strasbourg et dans d'autres villes et bourgs dépendant de la province ; quoyqu'elles soient assé considérables, elles n'en fournissent pas suffisamment pour l'habillement des habitants du pays. Autrefois elles étoient très considérables surtout pour les draps qu'on appelle communs, du prix de 6 livres et au-dessous, et il s'y consommoit par année plus de cent mille quintaux de laine. Les draps de meunier estants venus en vogue à cause de leur bas prix, les manufactures sont tombées ; il y a eu cependant depuis quelques particuliers qui ont entrepris de rétablir celle de Strasbourg et ils espèrent la faire fleurir à la paix lorsque les difficultez d'avoir de la laine auront cessées.

Outre cette manufacture, il y a dans Strasbourg celle de couvertes de laine, une de bergame ou de tapisserie façon de Rouen et une de futaine façon d'Augsbourg ou d'Aix-la-Chapelle. Il s'y fabrique aussy quantité d'étoffes moitié laine et moitié fil nommés tiretaines, qui se consomment par les habitants du pays.

La fabrique des bas au métier s'y est aussy establie depuis peu ; elle a un très bon commencement.

L'on fait dans la petitte ville de Masmunster près Belfort et dans le bourg de Dannemarie en Haute-Alsace, quantité de broderies de fil qui donne à vivre aux habitants.

Touttes les autres villes de la province dont on a cy devant parlé ne sont remplies que de laboureurs et vignerons qui ne subsistent que de la culture de leurs terres, ou d'ouvriers qui n'ont aucune émulation entre eux pour attirer les étrangers.

Les tanneries qui sont establies dans quelques-unes sont assé considérables, surtout à Strasbourg où il y en a beaucoup, ce qui fait une grosse consommation d'écorces d'arbres qui leur sont nécessaires pour préparer leurs cuirs dont les habitants des vallées et ceux qui sont au pied des montagnes en profitent. Les mêmes habitants fournissent aussy beaucoup de planches et madriers de sapin à la province dont ils tirent un fort gros proffit.

L'on avoit tanté il y a quelque temps d'establir une manufacture de porcelaine ou fayence à Haguenau, et ceux qui avoient fait cette entreprise en avoient même obtenus un privilège du roy. Mais le manque d'un chef pour conduire ces ouvrages et la difficulté d'avoir des ouvriers ont esté cause qu'elle a cessé depuis environ un an ; les terres et sables y sont très propres et ont produit des émaux aussy beaux que ceux de Holande, ce qui fait qu'il y a lieu d'espérer qu'elle pourra se rétablir à la paix.

Actuellement, on travaille à Strasbourg par un privilège du roy à en establir une de savon, et on prétend le faire meilleur et le donner à un moindre prix que celuy qui vient de chez les estrangers.

Il y avait autrefois dans Masmunster un petit traficq de fil blanchy par le moyen d'une rivière qui passe de ce costé-là et dont l'eau est fort vive, qui faisoit presque subsister cette contrée qui est d'elle-même couverte de bois et montagnes fort arides et ingrattes à l'exception du pâturage ; ce fil se vendoit en Suisse et en Allemagne où il s'en fait à présent du même, mais non pas d'une sy parfaite blancheur. Ce sont des habitants d'Alsace qui s'y sont refugiés pendant les guerres d'Allemagne qui leur en ont donnés l'usage. Ce petit traficq est presque entièrement perdu à présent par le peu de commerce que l'on a eu avec les estrangers pendant la guerre, mais il est à présumer qu'il se rétablira à la paix

Il est sans doutte que la guerre a esté jusqu'à présent un grand obstacle dans la province parce qu'outre que le commerce y a esté interrompu, ce qu'il y avoit de bons ouvriers s'est retiré à cause des quartiers d'hyver des milices et des fréquents passages de gens de guerre. Les mêmes raisons ont aussy empeché qu'il y ait eu des foires et des marchés considérables en Alsace. L'on n'en excepte pas même les foires de Strasbourg qui estoient beaucoup fréquentées en temps de paix par le concours d'un grand nombre de marchands de Franckfort, Nürenberg et autres lieux d'Allemagne, et le grand débit qui s'y faisoit de touttes sortes de marchandises, mais depuis la guerre il n'y a eu que les marchands de Strasbourg et des environs qui y ayent apporté leurs marchandises. Ces foires se tiennent deux fois l'année, à Noël et à la Saint-Jean, et durent chacune quinze jours non compris la semaine des payements ; pendant qu'elles durent, tout ce qui entre et sort est franc de droits.

Les autres foires et marchés de la province sont peu fréquentés, et les bestiaux et denrées en font tout le traficq.

Seigneurs estrangers d'Alsace possédants fiefs. — Quoyque l'Alsace ne soit pas d'une trop grande estendue, elle renferme cependant des terres considérables appartenantes à des personnes qualifiées qui ne résident point la pluspart dans l'empyre.

M. le cardinal de Furstemberg, évêque de Strasbourg, y possède en laditte qualité les terres et baillages de Obermundat, Rouslack, Marckelzheim en Haute-Alsace, Benfeldt, Molsheim, Daxtheim, Montziq, Kokersberg, Saverne, Lauentzenau et Wiersheim.

M. le prince palatin de Burckenfeldt, le comte de Ribaupierre, mouvant de l'évesché de Basle, la terre de Bischeuillers et la principauté de la Petite Pierre, le ban de Laroche et le baillage de Gouttenberg dont il est en jouissance en vertu d'un arrest du conseil souverain d'Alsace depuis la mort de M. de Feldentz dont il prétend estre héritier par indivis avec Messieurs Adolphe, Jean et Gustave Samuel, frères, princes palatins, ducs des Deux-Ponts et cousins germains du roy de Suède. La part de revenus qui doit rentrer à ces deux princes a esté confisquée au profit du roy à l'occasion de la guerre.

Fiefs des Violons. — Il y a une chose assé particulière qu'il convient de faire remarquer, qui est un fief du roy qui a esté donné autrefois par les archiducs à la maison de Ribaupierre, suivant lequel tous les violons de la province sont obligés de se présenter une fois par année devant le seigneur de Bischvillers pour ceux de la Basse-Alsace et à Ribauvillé pour la Haute, pour avoir la permission de jouer, ce qui leur est accordé en payant 5 livres pour chaque ban de violon. M. le prince de Burckenfeldt jouit de ce droit comme estant à la place des comtes de Ribauvillé et comme possédant les terres qui en dépendent, dont ce fief fait partie des revenus.

M. le duc de Montbeillard possédoit avant la guerre le comté d'Horbourg et la seigneurie de Richenwir, qui sont présentement confisqués pour les mêmes raisons ;

Mme la princesse de Metzenheim, en qualité d'administratrice du duché des Deux-Ponts, a le baillage de Neucastel, les prévostés de Clebourg, Weigelbourg et Falekenbourg conjointement avec les comtes de Linauges, de la branche de Dabo ;

M. le prince Louis de Baden y possède les terres de Benheim et de Greffenstein ;

M. l'évêque de Spire, le baillage de Lautrebourg, la prévosté de Magdebourg et la moitié des revenus du baillage de Landeck. Cet évêque jouit aussy en qualité de prévost du chapitre de Weissenbourg, des terres, château et dépendances de Saint-Rémy près dudit Weissenbourg ;

M. le prince de Dourlach y tient la terre et prévosté de Kourtzenhausen qui est entre la baronnie de Fleckenstein et les terres du comté d'Hanau.

MM. les princes palatins du Rhin, Adolphe, Jean et Gustave-Samuel, ducs des Deux-Ponts y possèdent la prévosté de Catharinenbourg située au pied des montagnes ;

MM. les comtes de Linauges et de Dabo qui ont, contre

les trois quarts de la prévosté de Falkenbourg, la prévosté
et terre de Lindelbronne et le comté de Dabo ;

Les comtes de Levenstein, les terres et prévostés de Saint-
Jean situées vers les vallées et montagnes d'Anweyler ;
touttes ces terres sont la pluspart confisquées au proffit du
roy à l'occasion de la guerre ;

M. le comte d'Hanau Lichtenberg, les baillages de Werdt,
Niderbronne, Hatten, Brumpt, Bouxviller, Plaffenhoffen,
Westhausen et les prévostés d'Offendorff et de Lensberg ;

MM. les barons de Fleckenstein y tiennent les terres et
les villages du baillage du même nom dont le chef-lieu est
celuy de Soultz entre Haguenau et Weissenbourg ;

M. le comte de Linauge, la comté d'Oberbronne ;

M. le prince de Vaudemont, la ville de Rischauffen ; elle
est aussy confisquée à l'occasion de la guerre ;

M. la princesse de Furstenberg, le baillage de Marmou-
tiers et la seigneurie d'Oxenstein.

M. le duc de La Meilleraye y possède le comté de Ferrette,
celuy de Belfort, la baronnie d'Altkirch et les seigneuries
de Delle, Thann et Isenheim en vertu du don fait par le
roy desdittes terres à feu M. le cardinal de Mazarin ;

M. de Rosen, le comté de Bolleviller et la prévosté de
Dietwiller ;

M. de Rottenbourg, la seigneurie de Masmunster et autres
terres ;

M. la marquise de Rébé, fille de feu M. le baron de Mont-
clar : la baronnie de Hohenlansberg, fief mouvant du roy ;

M. Desmadry, intendant de Dunkerque : les terres dépen-
dantes de la Reichfogteye, de Keysersberg et du baillage
d'Ensisheim ;

M. d'Hervart, maître des requestes : la seigneurie de Landser ;

M. de Zurlauben, mareschal des camps et armées du roy :
la terre et seigneurie de ville ;

M. de Vignaucourt possède le comté de Morimont ; il est
de la même maison du grand maître de Malthe le dernier
mort ;

M. le baron de Turcklim possède les seigneuries et prévostés de Schöneck ;

La famille de Guemingue : le village de Inguenheim, qui en 1680 a esté incorporé au baillage de Guermersheim ;

Celle de Feckingue : la prévosté de Hochbourg ; cette prévosté a aussy esté confisquée au proffit du roy à l'occasion de la guerre.

La famille du baron de Waldenbourg, outre les terres de Berbelstein, possède encore la prévosté de Thann par indivis avec le grand chapitre de Spire.

Outre ces seigneurs, dont la pluspart ne résident point en Alsace, il y a plusieurs anciennes et illustres familles originaires de cette province qui possèdent aussy des terres considérables, sçavoir :

Seigneurs originaires d'Alsace. — MM. les barons de Montjoye, dont l'aisné est colonel du régiment de la milice de la Haute-Alsace, tiennent un des premiers rangs de la noblesse. Ils comptent parmi leurs ancêtres des viceroys de Sicile et des chevaliers de l'Annonciade ; ils possèdent les terres et seigneuries de Brobach, Montjoye, Veaufray et autres dépendances de leur famille et tiennent en haute justice les fiefs relevant de Sa Majesté :

MM. les barons de Reynach de Montreuil, dont feu M. le baron de Reynach, maréchal des camps et lieutenant-colonel du régiment d'Alsace, estoit l'aisné, tiennent en haute justice les terres de Chavanne le Grand, Magny, Rumagny, Lutran, Chavannes-sur-Lestang, Cumeillers et Montreuil. Cette famille, qui est divisée en plusieurs branches, possède plusieurs autres terres, ainsy que les familles d'Andlau et de Ferrette, qui sont celles d'Heytvillers, Lovenbscheviller, Fremingue, etc. ;

M. le comte de Levenstein, grand doyen du chapitre de la cathédrale de Strasbourg : la principauté de l'abbaye de Mourbach dont il est abbé ;

M. le marquis d'Huxelles : la seigneurie de Rougemont ;

M. le marquis de Puysieux, lieutenant général des armées

du roy, gouverneur d'Huningue, a reçu en fief de Sa Majesté
et en haute justice la terre de Nidersteinbronne ;

M. de Reynach luy en conteste le don ; il y a pour cela
procez au conseil souverain d'Alsace (1) ;

MM. les barons de Ferrette tiennent en fief de Sa Majesté
et en haute justice les terres et seigneuries de Lauersbach,
Lebetaine, etc. ;

MM. les barons de Schanenbourg possèdent les terres
d'Herlesheim, Soultzbach, Niderherckeim, Junckholtzten et
autres lieux ;

MM. d'Andlau qui sont distingués dans la noblesse pour
leur maison qui est réputée avoir possédé une des quatre
charges de chevaliers d'empyre, ont en fief du roy et en
haute justice les villages de Wittenheim, Kinguersheim,
Nisles, Andlau, etc. ;

M. de La Grange, intendant d'Alsace, tient en fief du roy
et en haute justice la terre et seigneurie d'Hatsatt ;

MM. Truckser de Rheinfelden tiennent en fief et en haute
justice les terres et seigneuries de Niderentzen ;

MM. de Zerheim, dont l'un a servy longtemps dans le régiment d'Alsace, possèdent les terres de Dornarch et de
Pfaffenstatt ;

M. de Schönbeck, cy devant capitaine de cavalerie dans le
régiment de Rottenbourg : la terre et seigneurie de Sernay ;

MM. de Flaxlauden, de Reichenstein, d'Eptingen, Waldner,
Brunighoffen et de Berinsfeldt possèdent les terres de Dir-
menach, d'Ober et de Niderhaguenthal, Neywiller, Altorff,
Schweighausen, Bourrogne, Sierents, Berviller et Haguenheim
et plusieurs autres lieux ; ces quatre derniers sçavoir : Waldner, Brunighoffen et lesdits sieurs de Berinsfeldt sont lu-
thériens ;

MM. les barons de Weissenbourg : les terres et seigneuries
de la Chapelle, etc. ;

M. de Ropp : les terres et seigneurie de Ropp.

Il y a peu de noblesse dans la Haute-Alsace qui tiennent
des terres et seigneuries en haute justice, qui ne soyent pas

---

(1) Note marginale : « Il a esté jugé au proffit de M. de Reynach ».

fiefs ; l'on se souvient seulement de quelques familles qui en ont de propres et d'allodialles qui sont :

MM. les barons de Falekenstein possèdent en propre le village de Fessenheim, qui est un bien substitué aux masles ;

Mme Klug de Bibraq, demeurant à Besançon, possède en propre la terre de Lambsheim ;

MM. d'Andlau : le village de Bruncken ;

MM. de Lautenbourg : le chateau de Schoppenwir et le ban et finage en dépendant.

Et plusieurs autres familles nobles dispersées dans la Haute-Alsace, qui en contient un plus grand nombre que toutte autre province, ayant formé autrefois un corps aussy considérable que celuy du directoire de la Basse-Alsace et tout ce qu'il y en a dans la Haute-Alsace ne vat qu'à environ 100 familles.

En Basse-Alsace la noblesse qui fait corps a eu depuis plusieurs siècles un rang beaucoup plus distingué dans le pays et dans toutte l'Allemagne que celle de la Haute, comme ayant fait conjointement avec les cercles de la noblesse de Franconie, de Suabe et du Rhin, un canton ou estat de l'empyre, qui a eu au commencement de la convocation des estats du dit empyre, voix et scéance à leurs diettes, et bien qu'ils ayent successivement négligé leurs droits tant pour l'exempter des collectes et contributions qui y estoient annexées que pour n'estre plus sujets aux frais que cette qualité leur causait, ils ne laissoient pas de composer un estat séparé dans l'empyre, auquel les empereurs ont de tout temps octroyés des privilèges, immunités, exemptions et leur ont conféré des graces très considérables préférablement aux gentilhommes qui vivent sous la jurisdiction des princes et autres estats de l'empyre, comme effectivement ils ont esté compris dans tous les traittés de paix et notament dans ceux de Munster et de Nimègue et dans les autres places publiques.

C'est en considération de ces prérogatives qu'il a plû au roy de conserver leurs privilèges lors de leur soumission sous son obéissance en leur continuant ces mesmes droits tant à l'égard de la possession de leurs terres et seigneuries, jouissance des droits réguliers qu'au sujet de leur juridiction appelée le présidial ou directoire de la noblesse de la Basse-Alsace, dont il a esté parlé cy devant.

Cette noblesse est la pluspart des plus anciennes de l'Europe ; elle a eu de tout temps la liberté de servir les puissances estrangères et s'est signallée dans plusieurs occasions où elle a eu de l'employ, particulièrement en France où elle a appris l'art militaire, même avant qu'elle ait eu l'honneur d'estre sous l'heureuse domination de cette couronne.

De plus de 700 familles qui estoient cy devant domiciliées dans cette province, il n'y a plus que les suivantes qui subsistent encore, les autres ayant touttes esté esteintes.

L'énumération qui suit est fort longue (*fol.* 212 à 229) et il ne nous paraît pas utile de la reproduire ici. Elle se termine par les réflexions suivantes :

Voilà à peu près ce qu'il y a de noblesse dans la Basse-Alsace, dont le nombre qui se distingue le plus peut aller environ à 120 familles et celuy de la Haute-Alsace estant joint à la Basse ne font en tout que 220, la pluspart ayant des fiefs du roy, de l'évesché de Strasbourg, de celuy de Basle, des comtés de Montbelliard, d'Hannau et autres.

L'on n'en dit point le nombre parce que l'on ne peut pas le sçavoir au juste, mais en général il n'y en a guère qui n'en ayent, soit beaucoup ou peu, car ils sont fort divisés, et l'on ne peut en estre instruit plus particulièrement que par un dénombrement des fiefs qui peut estre ordonné à la paix. Il y en a quelques-unes de riches et à leur aise, la pluspart très incommodées et le reste fort pauvre, ce qui vient de ce qu'ils ne se mésalient point à cause des chapitres et qu'ils se marient avec des filles de qualité qui n'ont aucun bien ou qui ne leurs aportent en dote que 3 à 400 livres au plus ; l'on peut dire aussy que c'est la plus pauvre noblesse du royaume par ces mariages. Les fiefs et les autres biens des familles se divisent en tant de branches et de testes que ce qui en reste à chacun ne peut que faire subsister avec peine.

L'auteur du mémoire passe ensuite à une description détaillée des principales villes de l'Alsace (*fol.* 230). Il commence par Strasbourg :

... La ville est très belle, les rues bien percées et les maisons bien basties... Il y a 3.200 maisons, 4.300 familles et 28.000 âmes.

Cette ville est fort marchande, et depuis le magistrat jusqu'au dernier artisan, chacun a son métier et ne pense qu'à parvenir à la magistrature et à leur commerce. L'establissement de leurs enfants ne les inquiette point et les plus riches ordinairement marient leurs filles à un homme de métier avec 4.000 livres de dot, quelques biens qu'ils puissent avoir. Ils ne sont point attachés aux grands biens et les grosses fortunes ne les touchent point, ce qu'il fait qu'il n'y en a que très peu de riches. Le reste des habitants est communément à son aise ; il n'y en a guère qui ne trouvent à gagner leur vie et il ne s'en trouve que très peu de pauvres.

Les habitants originaires de la ville, nobles et autres, professent la religion de Luther, mais bien différemment de celle de Saxe et de toutte l'Allemagne, faisants leur service sans cérémonie. Il y a peu de catholiques originaires, la pluspart estant nouveaux convertis... Le nombre de familles catholiques peut estre de cent ou environ.

... A considérer l'Alsace, particulièrement la ville de Strasbourg par raport à sa situation, on devrait s'en comettre un commerce très florissant à cause de la proximité du Rhin qui semble faciliter la communication avec l'Allemagne, la Holande et l'Angleterre,... mais depuis les guerres de Suède, les péages et autres droits que les princes qui l'avoissinent y ont establis ont tellement augmentés sur ce fleuve que les frais du transport se montent presque aussy haut que celuy qui se fait par charroy. D'ailleurs le dénombrement des biens mobiliaires et immobiliaires que chaque bourgeois est obligé de faire tous les ans à la ville, à peine de confiscation en cas que ledit dénombrement ne soit pas juste, les empesche d'entreprendre de gros traficqs et les rend négligents parce qu'ils payent la taille sur le pied de ce dénombrement.

Voilà une forme d'impôt sur le revenu qui n'a pas produit de bons résultats.

Outre qu'il n'est pas permis à un marchand d'entreprendre luy seul un commerce à peine d'amende, ce qui est cause que jusqu'à présent l'on n'a pas veu de négotiants qui ayent faits de grosses fortunes à Strasbourg (lesquels) [*sic*] comme il a esté dit cy-devant, venants par les degrés à la magistrature et estants parvenus aux plus hautes charges, ne songent plus au commerce.

Voici une considération particulièrement intéressante à l'heure actuelle :

L'une des principales voyes pour faire venir de l'argent des estrangers dans la ville a esté autrefoi. l'université, par le grand nombre de noblesse d'Allemagne et de Suède qui y sont venus tant pour estudier que pour y faire leurs exercices, ce qui recommencera à la paix, la ville de Strasbourg restante au roy et particulièrement la cause de la langue française [y estant gagnée], qui y est déjà fort commune.

Nous voici maintenant transportés à Colmar, la capitale de la Haute-Alsace, située « dans une pleine razante » et contenant « 1.100 maisons, 1.478 familles et 10.142 âmes, moitié catholiques et l'autre luthériennes ». Elle tire sa prospérité de « la fertilité de son terroir, l'estendue et la bonté de ses pâturages, des vignobles qui l'environnent... »

« Brisack » est « réputée la plus forte et la plus belle place du royaume » ; elle compte 500 maisons, 800 familles et 4.600 âmes.

Fribourg, « assé grande et très agréable » peut avoir 800 maisons et 4.000 habitants, tous catholiques. Belfort compterait environ 700 âmes, Huningue 500, « Selestat » 5.000, Ensisheim 1.200, « Rapoltzweiler » 2.200, Guebwiller 1.500, Soultz 1.200, Keysersberg 1.100, Rouffack 2.500, Thann 2.000, Obernheim 3.000, Rosheim 11 à 12 cents, Molsheim 13 à 14 cents, Saverne un même nombre, Haguenau 2.600, Fortlouis (bâti près de Strasbourg par Louis XIV) 800, « Weissembourg 1.300, Landau qui est « l'une des dix villes impériales incorporées à la préfecture de Haguenau » 3.800 âmes, « Anweyler » 1.100. « Philisbourg », au delà du Rhin, n'a que 80 ou 100 maisons, mais le roi l'a fait fortifier avec le plus grand soin car c'est « la véritable entrée d'Allemagne ». Le mémoire mentionne encore les châteaux de « Landskronn », sur la frontière suisse, et de « Liechtemberg », près de Strasbourg, après quoi il se termine par un *post-scriptum* assez curieux (*fol.* 262-266) que nous allons reproduire.

Avis de l'autheur. — Quoyqu'il ait esté parlé des mœurs des habitants du pays dans quelques uns des articles de ces mémoires, l'on a crû qu'auparavant de les finir il estoit encore à propos de faire remarquer en cet endroit que ces peuples sont fort portés à la joye, qu'ils n'ont aucune ambition et qu'ils aiment trop le vin pour ne pas dire que c'est un de leur plus grands deffauts. Celuy qui est ellevé dans la magistrature, qui sont les seuls employs où ils bornent leur fortune et leur élévation, ne se distingue que pour paroistre au dessus des autres ; les biens ne leur font rien. Ils ne demandent qu'à vivre avec douceur et sans embarras. Ils ne s'inquiètent point pour l'avantage de leurs enfants ; les garçons apprennent des métiers et les filles ne se marient qu'à des marchands ou à des personnes de la même profession. La dote des enfants les plus riches est de 4.000 livres et un père qui auroit cent mille écus de bien suit cet usage et jouit de ce qu'il a jusqu'à sa mort.

A l'égard de l'artisan, il travaille toute la semaine pour aller au cabaret le dimanche, à la promenade et à la danse ; avec un ou deux habits, les femmes en ont pour toutte leur vie. Les modes ne changent point et rien ne leur peut produire la moindre augmentation de dépense. La noblesse s'habille à la françoise et si elle n'estoit pas si pauvre, elle aimeroit assez à paroistre. Ce qui fait qu'il n'y en a point de riches, c'est la délicatesse qu'elle a de ne se point mésalier, de crainte de ne pouvoir faire entrer leurs enfants dans les chapitres. Elle aime aussy la joye, les femmes, la danse, et les hommes s'adonnent beaucoup au vin et à la débauche.

Il y auroit une chose à faire pour la commodité publique, qui est le rétablissement des chemins et chaussées. Il seroit nécessaire pour les pouvoir mettre en estat d'y faire travailler tous les ans, d'imposer pour cette dépense 30 ou 40.000 li-

vres sur la province. La première année on en feroit un peu
et insensiblement ils se trouveroient en estat et d'une utilité parfaitte pour le commerce.

Sur le gouvernement de la ville de Strasbourg. — Le gouvernement de la ville de Strasbourg tient trop de la république, et avec le temps il ne sera pas hors de propos d'en
diminuer les officiers et l'authorité pour les éloigner de penser à leur premier establissement et les mettre hors de toutte
espérance ; ce sera aussy un bien qui diminuera les dépenses
de la ville, qui en authorisera davantage la police et la rendra incorruptible.

Sur le conseil souverain. — Le conseil supérieur d'Alsace
est composé de très honnêtes gens, mais l'on peut dire que
la justice s'y rend lentement ; les officiers ne travaillent pas
assé. Il y a très peu d'audiances et comme les procez par
écrit ne se raportent que deux fois la semaine, ils s'accumu-
lent, les parties n'y trouvent pas une prompte expédition et
le retardement leur cause beaucoup de frais (1).

Il scroit aussy à souhaitter que les impositions se fissent
tout d'un coup sur le pays et qu'il n'y eut aucun changement
dans l'usage ordinaire. Les nouveautés troublent ces peuples et ils ne sont point du tout accoutumés aux différentes
affaires qui se font dans le royaume. Il est aisé de leur accorder cette satisfaction. Il n'y a qu'à voir ce que la province
peut payer et le demander en une seule fois par forme de
taille ou de subvention et c'est un bien pour eux qui doit
estre indifférent.

Sur les estrangers qui s'habituent en Alsace. — Il n'est pas
non plus à propos d'obliger les estrangers à prendre des
lettres de naturalité. Le pays est trop frontière pour qu'il
n'y ait pas un commerce continuel entre les habitants des
estats du roy et ceux de l'empyre, et qu'ils ne s'établissent

----

(1) En marge : « On a remédié à cet inconvénient par le moyen de la création d'une seconde chambre. A présent il y a tous les jours de la semaine
audiance et rapport de procès par écrit successivement trois jours dans une
chambre et trois jours dans l'autre ».

dans chacun desdits estats qui leur est le plus avantageux. Ainsy ce seroit une sujestion qui pourroit éloigner ce qu'il y a de plus essentiel pour le service de roy dans un pays bieu peuplé et remply d'habitants et d'abondance...

Cette note additionnelle, qui reproduit avec quelques modifications et additions certains passages du mémoire proprement dit, finit par diverses remarques sans intérêt général concernant les couvents et les fortifications. Je serais assez porté à croire qu'elle a été ajoutée par de La Grange lui-même, ce qui précède ayant été rédigé par un de ses subordonnés.

Tel est le mémoire de 1697 sur l'Alsace, d'après la copie conservée à Toulouse (1). Pour ceux qui viennent de le lire, la preuve est faite sans doute qu'il méritait les honneurs de l'impression. Qu'on me permette pourtant de conclure en citant l'opinion de deux critiques autorisés. Au xviiie siècle, le père Lelong, auteur de l'importante *Bibliothèque historique de la France*, qualifiait les pages en question de « très fidèles (1) » et tout récemment M. Rodolphe Reuss, l'historien moderne de l'Alsace, a affirmé qu'elles ont été « comme un manuel administratif de l'Alsace pour les générations successives de fonctionnaires français. » (2)

E.-H. Guitard.

---

(1) La Bibliothèque Publique de Toulouse possède encore sous la cote 585 un manuscrit intéressant l'Alsace. C'est le premier volume d'une « Description générale de la province d'Alsace dans toutes les parties de son administration » qui est datée de mai 1767. Malheureusement ce volume ne représente que la première partie d'un ouvrage dont le reste a disparu ou n'a jamais été composé. Cette première partie traite des privilèges généraux de la province. Le manuscrit porte la signature autographe de l'auteur, de Goëzman : il avait été offert par lui à Maupeou et il est relié aux armes du célèbre chancelier, qui étaient *d'argent à un porc-épic de sable.*

(1) Jacques Lelong : *Bibliothèque historique de la France*, nouv. édit., Paris, in-f°, t. III, 1775, p. 588, n° 38710.

(2) Rod. Reuss : *L'Alsace au XVIIe siècle*, t. 1, Paris, 1897, in-8°, p. 274, note 2. M. Reuss a lui-même utilisé fréquemment le mémoire dans son *Alsace au XVIIe siècle* et dans son *Histoire d'Alsace.*

LA MANUFACTURE D'AUXERRE

> Mais vois ces passements nouveaux
> Qui ressemblent à des réseaux,
> Ces boutons à queüe et guipures...
> Et ces mouchoirs et ces fichus,
> Qui coustent jusqu'à cent escus...
>
> Fr. COLLETET. *Le tracas de Paris*, 1665.

« On ne doit pas s'estonner, écrivait en 1669 l'enthousiaste Angélique Petit (1) dans son curieux livre à clef de l'*Amour eschappé*, si la cour du grand Mégistandre [Louis XIV] est si belle, puisque le sage et grand Bias [Colbert], ce ministre infatigable, l'a mise en estat de s'abandonner à la ioye et que par ses soins à faire establir le commerce et *les manufactures*, les sujets de ce grand prince trouvent de tout chez eux. »

Ainsi, d'après les contemporains, une des gloires du laborieux ministre était sa politique économique, et, en particulier, le rôle qu'il joua par la création des manufactures (2). C'est là une des activités les plus caractéristiques de son administration (3) et le système qu'il établit ainsi marque l'apogée du mercantilisme. Le fait, nettement établi, est reconnu de tous les économistes et les historiens ainsi que l'influence de la doctrine colbertine pour la multiplication des établissements d'industrie. « Le génie patient et travail-

---

(1) *L'Amour eschappé ou les diverses manières d'aimer* [par M‖ᵉ Petit]. Paris, 1669, in-24, tome I, p. 62.

(2) G. Martin. *La grande industrie sous le règne de Louis XIV*, 1899, in-8, p. 7.

(3) A. Espinas. *Histoire des doctrines économiques*, 1891, in-16, p. 169.

leur de Colbert, a-t-on dit, conçut en cette occasion une œuvre grandiose, et avant tout, de caractère national » (1).

I

Colbert s'intéressa, avant tout, aux industries de luxe. Il voulait en ravir le monopole aux pays étrangers, dont certains retiraient de ces différents commerces des bénéfices considérables (2). Il essaya de doter le pays de produits nationaux, tels que les habitants pussent se passer des draps et des toiles de Hollande, des fers de Suède, des tapisseries de Flandre, des soies de Bologne, des glaces et des dentelles de Venise.

L'industrie de la dentelle fut une de celles qui l'occupa le plus (3) ; il s'y attacha avec « une obstination singulière » (4). Il la considérait comme un des moyens les plus sûrs d'en-

---

(1) L. Cossa. *Histoire des doctrines économiques*, 1899, in-8, p. 224. Cf. A. Blanqui. *Histoire de l'économie politique*, 1845, t. II, p. 19 et 21. F. Joubleau. *Etudes sur Colbert*, 1858, t. II, p. 321 et H. Weber, *La compagnie française des Indes*, 1904, in-8, p. 109. Bien des spécialistes suivant les jugements de J.-B. Say et d'A. Smith, ont critiqué l'œuvre de Colbert, à ce point de vue, lui reprochant la minutie de la réglementation et la restriction de la liberté. « Le ministre, écrit M. Cossa, fut amené à multiplier, sans nécessité, les règlements de fabrique, entravant ainsi le libre développement de l'industrie. » Pierre Clément (*Histoire du système protecteur en France*, 1854, in-8, p. 26) observe que la création de ces établissements fut, en théorie, faite dans l'intérêt de tous, mais qu'en réalité seuls, quelques hommes d'affaires y trouvèrent leurs avantages, aux dépens de la collectivité. M. J. de Mazan (*Histoire des doctrines économiques de Colbert*, 1900, in-8) en résumant les idées du contrôleur-général dans son œuvre de réorganisation industrielle, y voit un « socialisme d'état particulier » (p. 34). Cf. Alf. des Cilleuls. *Histoire et régime de la grande industrie en France*, 1896, in-8, p. 26. Il est vrai qu'il y avait des exagérations dans le système. Il n'y eut pas moins de quarante-quatre règlements relatifs aux manufactures de 1666 à 1683! Ce qui s'explique par la difficulté de la tâche. Voir Forbonnais. *Recherches sur les finances de la France*, 1758, t. I, p. 388 et 401. *L'Encyclopédie méthodique* ou dictionnaire raisonné des sciences, t. VIII, p. 792. L. Mosnier. *Origines et développements de la grande industrie en France*, 1898, in-8, p. 114 et J. Boulanger. *Le grand siècle*, 1912, in-8, p. 357-358.

(2) L. Mosnier, *op. cit.*, p. 114.

(3) E. Levasseur. *Histoire des classes ouvrières en France avant 1789*, t. II, 1911, p. 266.

(4) L. de Laprade. *Le poinct de France et les centres dentelliers aux XVII* et XVIII* siècles, in-8, p. 173. E. Esmonin. *La taille en Normandie sous Colbert*, 1903, in-8, p. 70.

richir les populations (1) et fit, en résumé, un grand effort pour acclimater en France le point de Venise, baptisé, pour flatter l'orgueil national « poinct-de-France » (2). Les manufactures créées, à cet effet, à Alençon, à Reims, à Chantilly, à Charleville, à Sedan, à Bourges, au Quesnoy, à Auxerre, à Aurillac prouvent combien l'affaire lui tenait au cœur : il voulait, tout simplement, faire du pays la première nation d'Europe pour la richesse et la beauté des produits dentelliers (3).

Les historiens de cette curieuse industrie, Séguin (4), Doumert (5), E. Lefébure (6), Mmes Bury-Palliser (7) et de Laprade (8) ont insisté sur l'œuvre de Colbert. « Pendant tout le règne de Louis XIV, dit M. Séguin (9), le point de France s'est maintenu au niveau le plus élevé » (10).

Cependant le ministre dut, pour créer les éléments essentiels de l'œuvre entreprise, et qui exigeaient une importante mise de fonds (dépenses nécessaires pour les travaux, les locations, les stocks, les primes, les subventions, etc.) (11)

---

(1) J. de Mazan, *op. cit.*, p. 164. C'est un des « leit-motiv » qui revient toujours dans ses lettres. C'était, d'ailleurs, une illusion ; car le prix élevé des dentelles royales restreignait son usage aux classes riches, et, par conséquent, cet emploi n'était pas très répandu, si bien que les revenus, pour les ouvriers, étaient minimes. Voir A. Doumert. *La dentelle*, p. 48. Cf. aussi les chiffres donnés dans l'appendice de cet article.

(2) Ce n'est pas une dentelle nationale qu'a voulu lancer Colbert, mais l'imitation d'un produit étranger (Doumert, *op. cit.*, p. 48). Le nom de « poinct de France » ne fut employé définitivement qu'après 1665.

(3) L. Mosnier, *op. cit.*, p. 121. Le roi lui-même s'intéressa tout particulièrement à cette tentative : Séguin, *op. cit.*, p. 122. Le meilleur résumé de l'œuvre de Colbert par rapport à l'industrie dentellière se trouve dans l'ouvrage de Mme de Laprade, déjà cité. Voir aussi l'opinion de Voltaire dans le chapitre XIX du *Siècle de Louis XIV*.

(4) J. Séguin. *La dentelle*, 1875, in-4, p. 169.

(5) A. Doumert. *La dentelle*, p. 49.

(6) E. Lefébure. *Broderies et dentelles*, s. d. in-8, p. 207 et s.

(7) Mme Bury-Palliser. *Histoire de la dentelle*, trad. de Mme G. de Clermont-Tonnerre, 1869, in-8, p. 145.

(8) Mme L. de Laprade. *Le poinct de France et les centres dentelliers aux XVIIe et XVIIIe siècles*, 1905, in-8, p. 5-62 et 156-178.

(9) *Op. cit.*, p. 117.

(10) Il reconnaît cependant l'effet désastreux produit par la révocation de l'édit de Nantes. En Angleterre, cette dentelle avait du succès et portait le nom de « Colbertine », « lace resembling net work of the fabrik of Mr. Colbert » (J. Evelyn. *Fop-Dictionary*, 1690 dans réédition de 1825, p. 710 (*Miscellaneous Writings*).

(11) J. de Mazan, *op. cit.*, p. 164.

accorder à une compagnie d'intéressés (1) hommes d'affaires et commerçants, le privilège de ces manufactures, ce qui restreignit à un très petit nombre d'individus les bénéfices de la tentative.

De plus, pour que le travail fût partout semblable et subît une unique direction, d'après une méthode uniforme et sur des modèles identiques, élaborés sous les yeux des entrepreneurs et choisis et adoptés par eux, Colbert exigea une surveillance très stricte et dut édicter des règlements sévères, qui réduisirent la liberté, qui semble nécessaire à la vie des entreprises industrielles.

Enfin, la dentelle, sans être un art provincial à proprement parler dans certaines provinces, dans l'Auxerrois, par exemple, y était pratiquée dans les familles. Les paysannes et les citadines travaillaient chez elles à des « ouvrages de point » (2), avant la création des manufactures. Ces ouvrages étaient faits suivant la tradition et l'idée des dentellières : celles-ci y étaient attachées. Ces dentelles n'étaient peut-être pas de grand art ni de grand luxe, mais elles constituaient un produit original, né spontanément du goût local. Cette production, peut-être trop primitive, aurait pu, semble-t-il, être encouragée, développée et dirigée. L'imposition du type vénitien, devenu « point-de-France » semble avoir été une erreur, tout au moins à Auxerre et à Aurillac. Le monopole « brutal » (3) créé ainsi était un organisme un peu étroit, et qui n'avait pas la souplesse nécessaire à cette délicate industrie.

C'est ce qui explique que malgré les efforts persévérants, la volonté et les exigences de l'autoritarisme de Colbert, les

---

(1) A Auxerre, la compagnie des intéressés de la manufacture de dentelles comprenait quinze membres.

(2) La dentelle est « un ouvrage fait à l'aiguille, aux fuseaux ou à la mécanique, et formé de croisements successifs ou entremêlés de fils de lin, de coton, de soie, d'or, d'argent ou d'autres matières textiles ». Le point est « une figure régulière dont les lignes sont formées par le fil ». C'est le genre de cette figure qui donne l'aspect et le caractère distinctif de la dentelle, et c'est de là qu'est venue l'habitude de désigner la dentelle par ce mot même de point. On a dit : dentelle de *point de Venise*, de *point de Paris*, de *point de Chantilly*, puis plus simplement : *point de Venise, point de Paris, point de Chantilly*, et enfin : *Venise, Chantilly, Malines, Bruges*, etc. Voir A. Doumert, *op. cit.*, p. 15, 16 et 37 ; et Séguin, *op. cit.*, p. 62. C. de Laprade, *op. cit.*, p. 21.

(3) E. Levasseur, *op. cit.*, p. 247. L. de Laprade, *op. cit.*, p. 42 et 167, note 1.

essais tentés pour introduire le « point de France » n'ont pas toujours réussi. L'histoire de la création de la manufacture d'Auxerre (1) et des luttes soutenues pour le développement et la réussite de cette institution est caractéristique. Elle est d'autant plus intéressante à étudier que les différents épisodes de cette tentative peuvent être bien connus car les documents, qui les concernent, sont nombreux et permettent, en suivant de près la mise en pratique des théories et des méthodes de Colbert et de ses agents de comprendre quelques-unes des raisons de l'échec (2). « A Auxerre, a-t-on écrit (3), Colbert eût à lutter contre le maire et les échevins, dont l'opposition durait encore après quinze ans. Le peu de succès qu'il obtint semblera extraordinaire si l'on songe que là, le contrôleur-général était un peu chez lui. Sa terre y touchait, son frère (4) y résidait comme évêque et le duc d'Enghien (5) était gouverneur de la province. Tout devait donc en apparence le seconder dans ses vues et dans son désir de faire de cette ville le centre manufacturier de la dentelle le plus important du royaume. Il échoua cependant : considérations d'amour-propre, menaces, promesses, rien ne put triompher de l'opposition ou de l'inertie des magistrats municipaux. Au bout de vingt ans, le ministre devait encore se préoccuper de pourvoir aux charges de la manufacture » (6).

---

(1) Voir E. Lavisse, *Histoire de France*, t. VII, 1re partie, p. 223 et 227.

(2) « Nulle part, d'ailleurs, le mauvais vouloir dont souffrit son œuvre, ne fut plus sensible au ministre. » P. Clément. *Histoire de Colbert*, nouvelle éd., t. I, 1874, in-8, p. 310. Cf. Lebœuf, Challe et Quantin. *Mémoires concernant l'histoire civile et ecclésiastique d'Auxerre*, t. III, 1855, in-8, p. 488. E. Levasseur, *op. cit.*, p. 249. J. Séguin, *op. cit.*, p. 169. G. Martin, *op. cit.*, p. 86. Les documents qui permettent cette étude sont essentiellement contenus dans la *Correspondance de Colbert* (Bibl. Nat., coll. des *Mélanges de Colbert* et des *Cinq-Cents Colbert*) ; Archives nationales ; Archives de la Marine ; Archives de l'Yonne). Il faut y ajouter des textes contenus dans P. Clément. *Lettres et instructions de Colbert*, 8 vol. in-8, et Depping, *Correspondance administrative du règne de Louis XIV*, 4 vol. in-4 (Documents inédits). Les références seront indiquées exactement dans les notes. Voir sur les correspondances relatives à la manufacture d'Auxerre, M. L[eblanc]. *Recherches historiques et statistiques sur Auxerre*, t. II, 1830, p. 80 ; Chardon. *Histoire d'Auxerre*, t. II, 1835, p. 291. Mme L. de Laprade, *op. cit.*, p. xxxvi, 156-178. J. Séguin, *op. cit.*, p. 122.

(3) L. de Laprade, *op. cit.*, p. 156.

(4) Son frère Nicolas, et non son fils, comme dit Mme de Laprade.

(5) Henri-Jules de Bourbon, duc d'Enghien, fils du grand Condé.

(6) Voir G. Martin, *op. cit.*, p. 90.

II

Ce fut dès 1662 que Colbert, qui venait d'acquérir successivement toutes les parties précédemment divisées de la baronnie de Seignelay (1), résolut, pour donner le plus d'activité possible aux environs et augmenter ainsi la valeur de son acquisition, de créer des manufactures à Auxerre (2) ; il introduisit les années suivantes dans la ville des fabriques de drap et de dentelles, pour faire participer les habitants « aux richesses dont il espérait doter la France » (3).

Ce ne fut pas sans résistance de la part des autorités locales, qui estimaient que l'Auxerrois était une contrée agricole, et que les tentatives d'industrie y avaient peu de chance de réussite. Ainsi les membres des Etats de Bourgogne répondirent à ce sujet au prince de Condé, qui leur proposait la réalisation des idées du ministre que le pays était avant tout propre à la culture des terres et aux vignobles, et qu'il était plus utile d'avoir des laboureurs et des vignerons que des artisans.

Cette opposition n'arrêta pas le ministre. En juin 1664, lors d'un séjour qu'il fit à Seignelay, il réunit les principaux habitants, s'efforça de leur faire partager ses idées sur le commerce, le développement des manufactures et les différentes créations qu'il envisageait. Il parvint, non sans peine, à les déterminer à constituer un premier fonds de 5.000 livres, pour l'établissement de « trois bureaux » l'un de drap et « serges de Londres » et autres étoffes, imitant les produits anglais, le second de « poinct-de-France » (dentelles) et le troisième de tricot (bas-de-laine ou d'estame) (4).

(1) Yonne ; arrondissement d'Auxerre, chef-lieu de canton. — Voir Chardon, *op. cit.*, t. II, p. 242.

(2) Note de A. Challe dans le procès-verbal du *Congrès scientifique de la France*, 42e session, tenue à Autun en 1876. T. II, 1876, in-8, p. 35. — Leblanc, *op. cit.*, t. II, p. 83. — L. de Laprade, *op. cit.*, p. 173. Voir sur la méthode de création des manufactures en général, J. de Mazan, *op. cit.*, p. 164-165.

(3) M. Chardon, *op. cit.*, p. 248.

(4) Abbé Lebœuf, Challe et Quantin, *op. cit.*, t. II, p. 488. Chardon, *op. cit.*, p. 249.

Une déclaration de mai 1665 (1) organisa définitivement les manufactures « d'ouvrages de fil ». Elle constituait une compagnie (2), qui comprenait un homme d'affaire, Jean Pluymers, chargé de la direction de tous les bureaux de « points de France », et des spécialistes, Paul et Catherine de Marcq, qui s'occupèrent tout spécialement du bureau d'Alençon (3), et contribuèrent avec l'aide de « maîtresses » italiennes et de bonnes ouvrières flamandes, à introduire l'étude et le travail du point de Gênes et de Venise (4). Le 20 juin suivant, les habitants d'Auxerre furent assemblés à l'Hôtel-de-Ville, pour entendre lecture de lettres du roi, qui leur annonçaient la création de la manufacture, et leur recommandaient cette nouvelle industrie (5).

Dans cette ville, un habile commerçant parisien, Camuset (6), homme actif et fidèle collaborateur de Colbert, fut placé à la tête de la manufacture de tricot et une dame, d'origine noble, Marie de Voullemin, mariée à Charles de

---

(1) Cette déclaration, constitutive des manufactures royales de dentelles, n'est pas du mois d'août, comme il est répété dans tous les ouvrages relatifs à cet art. Voir A. Doumert, *op. cit.*, p. 47. Séguin, *op. cit.*, p. 116. Laprade, *op. cit.*, p. 51. Nous la publions comme pièce justificative d'après le texte conservé dans un manuscrit de la Bibl. nat., *Cinq-Cents Colbert*) vol. 207, f. 107.

(2) D'après Savary cette compagnie aurait compris aussi les sieurs Talon, Le Brie, de Beaufort. (Seguin, *op. cit.*, p. 116. Levasseur, *op. cit.*, p. 247.) Les noms des autres « intéressés » rencontrés au cours des documents cités sont ceux d'Amonnet, Bastonneau, Bulté, Landais et Lopin. Ils atteignirent le nombre de quatorze.

(3) Voir Mme Bury-Palliser. *Histoire de la dentelle*, traduct. de Mme G. de Clermont-Tonnerre, 1869, in-8, p. 145. Séguin, *op. cit.*, p. 40 et 115. L. de Laprade, *op. cit.*, p. 156. Levasseur, *op. cit.*, p. 247. Chardon, *op. cit.*, p. 249. Cf. aussi un travail de M. L. Duval (*Documents pour servir à l'histoire de la fabrication du point d'Alençon*, dans *Bulletin de la société archéologique de l'Orne*, t. I et II, *passim*), qui rectifie une erreur d'O. Desnos (*Mémoires historiques sur la ville d'Alençon*, 1787), erreur répétée par M. Doumert. En même temps, mai 1665, Pluymers et ses associés obtenaient l'autorisation d'employer pendant deux ans « divers chariots, charrettes et autres voitures » pour faire les transports nécessaires d'ouvriers et de marchandises, « tant par les routes ordinaires de coches, carrosses et roulage, que par les autres routes extraordinaires ». (Bibl. Nat., *Cinq-Cents Colbert*, t. 207, f. 111.)

(4) Ce n'est pas une Mme Gilbert comme il a été prétendu qui a fait cette œuvre. Voir Doumert, *op. cit.*, p. 48. A. Neymark. *Colbert et son temps*, t. I, 1877, in-8, p. 272.

(5) Chardon, *op. cit.*, p. 249. Ils recevaient en même temps des lettres des syndics de la Compagnie des Indes, écrites dans le même but.

(6) Voir G. Martin, *op. cit.*, p. 57. Chardon, *op. cit.*, p. 249.

14

Bétoulat, sieur de La Pétitière (1), fut chargée de diriger le « bureau » de point-de-France, où les jeunes filles de la ville et des villages voisins devaient venir faire leur apprentissage. C'était, semble-t-il, une femme « de réelle valeur et vraiment à la hauteur de sa tâche » (2). Ainsi le ministre avait, pour le seconder, de bons collaborateurs. Malheureusement ceux-ci ne s'entendirent pas entre eux, et leurs jalousies et rivalités ne sont pas sans expliquer en partie l'échec final.

III

Le 14 août 1665, le Parlement de Paris, après un rapport favorable du conseiller Michel Ferand, enregistrait les lettres de privilège accordées à Pluymers et la Chambre des comptes suivait cet exemple le 29 décembre, « à la charge expresse du dépôt au greffe de listes exactes et tenues au jour le jour des ouvriers et ouvrières » (3).

---

(1) Cf. G. Martin *op. cit.*, p. 59. Chardon, *loco citato*.
Marie de Voullemain ou Voullemin, fille du colonel Maurice de Voullemin et de Madeleine Morest, épousa le 29 décembre 1645, à Venise, un des fils d'une bonne famille du Berry, alors dans une situation difficile pour ne pas dire dans la pauvreté, Charles de Bétoulat, sieur de La Grange-Petitière surintendant de la cavalerie du doge, puis commandant des cuirassiers du roi de Portugal (1650-1657), major-général de l'armée vénitienne (1660), et enfin gouverneur de Samoswivar et Betlem en Transylvanie (1661). Elle eut de lui quatre fils, qui moururent sans être mariés : Charles, capitaine au régiment de Vivarais ; Louis, abbé de La Petitière ; Georges, capitaine au régiment royal des vaisseaux : et René, page de l'Ecurie (1680) puis mousquetaire, et enfin lieutenant, puis capitaine au régiment de Crussol.
Le beau-père de Mᵐᵉ de Voullemin (qui sera toujours nommée ainsi dans le cours de cette étude, puisqu'elle a signé toutes ses lettres de son nom de jeune fille), René de Bétoulat, sieur de La Grange-Froment, page du duc de Montpensier, puis « domestique » du prince Henri de Condé et gouverneur de Bourg-en-Déols, vit se développer les difficultés financières. Il devint lieutenant dans les îles d'Amérique, où il emmena sa femme, Marie Jumeau, fille de l'ingénieur Denis ; il y eut des démêlés avec le chevalier de Poincy au sujet de Saint-Christophe, une des Antilles. Certains membres de la famille rétablirent leurs affaires : le frère de Charles, André, comte de La Vauguyon fut chevalier des ordres et conseiller d'Etat et sa sœur épousa un capitaine de cavalerie. Un de leurs cousins se convertit au jansénisme (V. *Bulletin de la Société d'histoire de Paris*, t. XXXIII, 1906, p. 203.) Tous ces détails empruntés au ms. franç. 29639 de la Bibl. nat. (dossiers bleus 94) permettent de préciser la personnalité de la directrice.
(2) L. de Laprade, *op. cit.*, p. 156.
(3) Bibl. Nat., *Cinq-Cents Colbert*, t. 207, f. 112 et 114.

Colbert s'occupait alors avec un soin minutieux de réglementer la nouvelle entreprise. Des arrêts du Conseil, du 21 octobre, pris sur la demande des entrepreneurs, assuraient avant tout le monopole de l'industrie. L'esprit qui a dicté ces initiales décisions est caractéristique : le texte même contient l'expression très nette des doctrines du système protecteur.

Le premier de ces actes (1), confirmant la déclaration de mai, permettait à Pluymers et à ses associés « d'établir le nombre qu'ils jugeraient nécessaire, de bureaux de manufactures et d'employer en chacun de ces bureaux la quantité de travailleurs suffisante ». Il était défendu de travailler hors des fabriques, sous peine de punition corporelle, de confiscation des ouvrages, et d'une amende, qui pouvait monter jusqu'à trois mille livres, et dont le produit devait être employé au besoin de l'hôpital-général de la ville (2).

L'autre arrêt (3) interdisait aux ouvrières d'exécuter des dentelles « sur d'autres dessins que sur ceux fournis par les entrepreneurs » et répétait l'interdiction de travailler hors des « bureaux » des manufactures et à d'autres conditions que les salaires et « récompenses » fixés (4). Ainsi, dès l'origine, se révélait cette tendance à la réglementation la plus stricte, la plus étroite, la plus minutieuse, la plus sévère. Cette tendance devait forcément dégénérer en un abus intolérable

---

(1) *Id.*, f. 116. Cf. Séguin, *op. cit.*, p. 115. Laprade, *op. cit.*, p. 53.

(2) Des lettres de Louis XIV, adressées aux maîtres-des-requêtes (Bibl. Nat., *Cinq-Cents Colbert*, t. 207, f. 117) ordonnaient de faire exécuter cet arrêt « nonobstant clameur de haro, chartre normande, prise à parties, et choses à ce contraires ». Cf. sur ces interdictions, J. de Mazan, *op. cit.*, p. 165.

(3) Bibl. Nat., *Cinq Cents Colbert*, t. 207, f. 117 v°. Cf. aussi les actes du 25 octobre et 5 novembre mentionnés dans l'arrêt du 15 février 1667. (Placard imprimé, dans ms. f. 21788, fol. 323.) Voir aussi Laprade, *op. cit.*, p. 53.

(4) Des lettres pour faire exécuter cet arrêt furent envoyées au commissaire de la généralité d'Alençon, Jacques du Boulay-Favier, qui publia aussitôt une ordonnance (*Cinq Cents Colbert*, t. 207, f. 120 et 121). A la Toussaint suivante, des troubles dirigés contre les manufactures éclatèrent à Alençon, et se prolongèrent malgré poursuites et répression. Cette curieuse tentative prouve une fois de plus l'opposition des populations aux tentatives de Colbert. (Voir le même manuscrit, fol. 122, 123 v°, 124, 125 v°, 127, 128, 130.) Au cours de ces émeutes, un commis emprisonné fut délivré et l'on brisa les vitres des bourgeois « affectionnez aux intérests de la manufacture » (*Id.*, f. 131-133 v°).

et entraîner une routine, incapable de galvaniser les efforts.
d'une industrie naissante.

IV

Ce fut en l'été suivant que la manufacture de points de
France d'Auxerre ouvrit ses « bureaux ».

Le 8 avril de l'année 1666, le maire d'Auxerre reçut les
lettres royales, qui établissaient à Auxerre une des fabriques
de dentelles (1). Colbert, en envoyant cet acte aux échevins,
essayait de stimuler l'indolence de la population.

Je sçais, écrivait-il, que les habitans d'Auxerre ne sont pas por
tés au travail et consomment une partie de leur vie dans l'oisiveté. J'espère que cette occupation nouvelle pourra changer leur
inclination.

L'échevin Thomas Bernier, qui séjournait alors à Paris,
remercia au nom de la ville, et le grand organisateur de l'affaire, Pluymers, s'occupa des premières mesures de l'installation. Une maison, qui appartenait à Marie Soufflot, veuve
Bérault, fut louée pour un loyer annuel de deux cent soixante
livres (2).

La directrice, désignée pour le nouveau bureau, Mme de
Voullemin (3), arriva à la fin du mois de mai. Son zèle était
d'autant plus méritoire que sa santé ne lui permettait pas
alors les grandes fatigues, car elle attendait un enfant.

L' « intéressé » Pluymers lui envoyait le 1er juin (4) quelques bons conseils, nécessaires à la conduite d'une débu-
tante :

---

(1) Chardon, *op. cit.*, p. 254.
(2) Tous ces détails sont empruntés à Chardon, *Histoire d'Auxerre, loco
citato.*
(3) Elle devait toucher une pension annuelle de 600 livres. Elle la perçut
assez régulièrement, n'hésitait pas d'ailleurs à la réclamer, et obtenait satisfaction, car elle était bien vue de Colbert. Voir : *Comptes des Bâtiments du
Roi*, sous le règne de Louis XIV, publiés par J. Guiffrey, t. I, 1881, in-4, aux
dates des 6 juillet 1668, 21 octobre 1669, 21 novembre 1670, 11 août 1671, 6 mai
1672, 6 mai et 10 novembre 1674, 16 mai 1678, col. 286, 363, 444, 558, 641, 707
et 1112.
(4) *Mél. Colb.*, 148, fol. 30.

Je suis bien réiouis, écrivait-il, que vous este bien arrivée en santé et que vous esperré que nos filles d'Auxerres pouront bien aprandre le travail pour la broderie. Il faut aprendre sur l'œil, mais le point, nous croions qu'il se fait bien plus facilement sur le doibt (1) et plus vite. Vos filles, quy sont pour montrer ne l'ont appris que sur le doibt ; ainsy elles auront paiene à monstrer ce qu'els n'ont jamais praticqué. Au reste, il faut faire ce qu'il conviendrat pour le mieux et plus advantageux. Si vous pouvié résoudre les filles a travailhé parfois le matin ou le soire (2), ou, quant il y a quelque petite feste, on couvriroit un colet pour le Roy, et on donneroit à chasque fille queleque récompanse de son travaile, et vous en auriés tout honneur. Pour bien opserver l'ordre durant le repas, il me semble nécessaire de vostre présence, soit à la mesme table, ou à une petite table à part, à vostre choix, car c'est la maistresse, qui donne l'ordre et le silence. J'espère que par vostre naturel doux et spirituel, vous donnerés le calme (3).

Mais il était encore d'autres ennuis pour les organisateurs. Le recrutement des « maîtresses » (4), chargées d'enseigner le nouveau point aux jeunes travailleuses, donnait lieu à de désagréables surprises. Pluymers exposait à ce sujet ses doléances (5).

Nos deux filles voulontaire sont revenue : el ont esté huit jours caché dans le loghis, sans avoire ossé voire personne. Je le enverray alieurs. Ce sont filles mal instruictes, comme il y en a encore beau-

---

(1) Pluymers emploie ces deux expressions pour désigner la dentelle aux fuseaux et la dentelle à l'aiguille. Voir Laprade, *op. cit.*, p. 21.

(2) Les ouvrières faisaient sept heures, en deux séances de sept heures à onze, et de une à quatre.

(3) Pluymers rencontrait des difficultés dans toutes les localités où il établissait des bureaux. Voir à ce propos la note 4 de la page 9. Les 5 juin 1666 et 20 octobre 1667, il obtint des arrêts du Conseil contre les habitants d'Aurillac, et contre un procureur du présidial de ce lieu, le sieur Courtez, qui était en même temps marchand de points-de-fil (dentelles) et voyait de mauvais œil le nouveau commerce.

(4) Principalement des Italiennes (Vénitiennes ou Génoises), quelquefois des Flamandes.

(5) Lettre du 23 juin 1666 à Mme de Voullemin. Bibl. Nat., *Mél. Colb.*, 148, fol. 32. Dans la même lettre, il proposait d'envoyer au Roi un manteau brodé, fait par les meilleures ouvrières, et qui servirait d'utile réclame. Il se plaignait aussi du « libertinage des filles... qui allaient le soir assez tard dans les rues ». Il estimait qu'à ce point de vue le départ du mari de Mme de Voullemin, le sieur de La Petitière, qui aurait pu imposer une discipline stricte, était regrettable. Il ajoutait aussi que le local ne lui paraissait pas commode. Cependant Mme de Voullemin en appréciait la « clarté ». Voir plus bas, page 66.

coup d'autres de mesme près de vous, quy ne font pas bien leurs devoirs et ne sont pas capable au travaile, et sy on les faisoit travailer à la pièce, ne sauroit gaigner leur pain pour manger. Une qui s'en et voulue retourner au pays n'é pas habile au travaile et ne peut gaigner sa vie : à présent elle voudroit bien revenir icy.

Il proposait de réformer l'enseignement en « mettant » quatre « filles » pour apprendre les éléments aux apprenties de la ville. Il connaissait des maîtresses qui pouvaient montrer à trente-cinq enfants, et estimait que celles qu'il enverrait, pourraient se charger de quinze à vingt travailleuses. Cependant, malgré le peu de zèle de la population pour l'entreprise, les magistrats affectaient de favoriser l'institution pour plaire à Colbert.

Je vous asscure, Monseigneur, lui écrivait le 4 octobre l'échevin Bernier (1), que la visite que j'ay faicte de nouveau dans les maisons, suivant vos ordres, a désia commencé d'augmenter le nombre des filles, qui travaillent à la manufacture des poinctz-de-France en cette ville, pour laquelle je suis obligé de vous rendre tesmoignage des soings que cette dame (Mme de Voullemin) y prend tous les jours, nonobstant les incommoditéz, qui lui cause sa grossesse, et que, par sa bonne conduicte, il y a lieu d'en espérer un succès très advantageux pour cette ville, qui vous en sera éternellement obligée.

L'évêque d'Auxerre, Pierre de Broc, s'intéressait aussi au développement du « bureau »; il écrivait à son sujet, au ministre (2) qu'il avait déjà suivi de près l'existence de la manufacture de Beauvais et que cette expérience lui permettait de donner de bons conseils.

Bref, les résultats obtenus étaient satisfaisants, et cela malgré l'absence de la directrice, qui par suite de son accouchement, avait dû renoncer à une surveillance active. Au mois de novembre (3), Mme de Voullemin pouvait donner de fort bonnes nouvelles au ministre.

---

(1) Bibl. nat., *Mél. Colb.* 141, f. 119.

(2) Lettre du 19 octobre 1666. Bibl. nat., *Mél. Colb.* 141 *bis*, f. 474. Une déclaration royale, confirmant, l'établissement, était rendue le 12 octobre. L. de Laprade, *op. cit.*, p. 51 et 54.

(3) Lettre du 29 novembre. Bibl. nat., *Mél. Colb.* 142, f. 245.

Mes couches, iointes à la fiebvre, m'ont fait différer de vous informer uisques à présent de la vigueur que commence à prendre l'estat languissant de l'establissement, qu'il a pleu à vostre bonté con-
fier à mes soings en ceste ville : (il) est augmenté de quattre vingts
filles, depuis le 3ᵉ du courant (novembre). Je ne désespère pas
qu'estant secondée des entrepreneurs, le retour de mon mari ne
nous asseure d'une plus grande quantité (1).

Les résultats obtenus par une fabrique qui n'existait que
depuis huit mois étaient donc satisfaisants, au dire des diri-
geants. Mais des témoignages plus désintéressés donnent une
note un peu moins favorable.

Pour déterminer des jeunes filles du pays à venir travailler à la manufacture, Colbert demandait aux principaux habitants et aux représentants les plus qualifiés des différentes
administrations de venir visiter le bureau, et de prouver,
par leur présence, qu'ils s'y intéressaient. L'évêque, qui ne
demandait pas mieux, ne manqua pas de remplir ce devoir.
Le 12 décembre (2), il résumait, au ministre, les impressions
qu'il avait eues au cours de son inspection.

J'ay trouvé le bureau fort bien peuplé de filles, y estant allé
apprendre de Madame de La Petitière et du commis, en quoy je
les pouvois servir selon vos désirs et à vostre satisfaction.

Il voulait aussi, ajoutait-il, que :

les religieuses qui sont en ville, prennent part à un si louable travail (3).

Le maire de la ville, Claude Billard, bien qu'il partageât
au fond les préventions de ses compatriotes, affectait l'intérêt, dans la crainte d'attirer sur lui la colère de la Cour.

---

(1) Dans une lettre de la même date adressée à Mᵐᵉ Colbert (*Mél. Colb.* 142,
f. 247) la directrice demandait à la femme du ministre d'être la marraine du
nouveau-né. Remarquons dans cette lettre l'allusion aux entrepreneurs, qui
semble prouver que les rapports entre ces derniers et Mᵐᵉ de Voullemin étaient
déjà mauvais. Dès décembre, Pluymers voulait que la directrice vint à Reims
en passant par Paris (Lettre de Mᵐᵉ de Voullemin du 6 décembre, *Mél. Colb.*
142 *bis*, f. 476). A la même époque, ce turbulent lanceur d'affaires s'occupait
surtout des manufactures de Sedan (*Mél. Colb.* 142 *bis*, f. 863, etc.).

(2) Bibl. Nat., *Mél. Colb.*, 142 *bis*, f. 658.

(3) En effet les couvents d'Auxerre et les communautés d'Ursulines de Cravant et de Corbigny fournirent du travail et des travailleuses. Voir à ce sujet
'appendice A.

Dans les commencements, écrivait-il à la fin de l'année 1666 (1), la fabrique a esté un peu négligée, mais depuis la visite faite par le sieur Maisons (2), et parce que le peuple a été mieux instruit de vos attentions, il s'y porte avec plus de chaleur.

Lui aussi d'ailleurs rendait alors hommage à l'activité de la directrice, qui

trouvait d'ailleurs beaucoup de dispositions dans les filles d'Auxerre pour la perfection de l'ouvrage.

En résumé, à la fin de la première année, les difficultés semblaient vaincues. Colbert, encouragé, et voulant toujours augmenter la richesse de l'Auxerrois pour accroître la valeur du domaine de Seignelay, développa alors les deux autres manufactures : celle de « baracans » (bouracan) (3) et serges de Londres et celle de tricot et de bas de laine (4).

V

Le développement normal de l'institution continua pendant les premiers mois de l'année suivante. L'administration générale de l'affaire subissait l'influence de la volonté de Pluymers (5), et malgré la rébellion latente des habitants, l'attentive direction de Mme de Voullemain portait ses fruits.

Malheureusement pour la fabrique, la mésentente déjà signalée entre cette dame et les entrepreneurs de l'affaire grandissait. Ces derniers commettaient des erreurs graves, ainsi que le rapporte une lettre du maire Billard à Colbert (6).

Je vous fais sçavoir que les entrepreneurs de poins-de-France semblent vouloir s'opposer à l'establissement, qu'il vous a pleut

---

(1) Bibl. Nat., *Mél. Colb.*, 142 *bis*, f. 559. Il était alors bien vu par la Cour. Voir Chardon, *op. cit.*, II, p. 261.

(2) Un agent de Colbert.

(3) C'est-à-dire gros camelot ou étoffe de laine, mêlée de quelques fils de soie.

(4) Chardon, *op. cit.*, t. II, p. 264.

(5) Seguin, *op. cit.*, p. 115. Levasseur, *op. cit.*, p. 247. Cf. les arrêts du 19 août et 21 novembre.

(6) Lettre du 12 juillet 1667. Bibl. nat. *Mél. Colb.*, 144, f. 456.

nous procurer en cette ville, ayant envoyé un jeune homme de la
relligion, qui, sans me parler, est entré dans le logis de la manufacture, pour en expulser le commis, ce qui a fait tant de scandal,
qu'il y a lieu de craindre que cela ne ruine entièrement la manufacture, si cet envoyé demeure, car les religionnaires sont fort
odieux en cette ville, où il n'y en a aucun (1). Il parle aussy de diminuer le prix des ouvrages (2). Toutes les ouvrières infalliblement
déserteront, joint que l'ancien commis est agréable au peuple, et
qu'il tenait assés bien ce commerce (3).

De plus, les officiers municipaux, mal disposés pour l'œuvre, ne payaient pas avec exactitude la pension de Mme de
Voullemin. Colbert dût les rappeler à l'ordre, et en profita
pour recommander à nouveau la fabrique.

J'estime à propos, leur écrivait-il (4), que vous payiez trois cents
livres à la dame de La Pethitière pour une année de sa pension (5),
commencant au 1er juilliet, et que vous observiez fort régulièrement que les filles de la ville ne travaillont pas dans leurs maisons
en particulier, mais seulement dans celle des entrepreneurs. Je vous
prie aussy de m'envoyer la liste de tous les pères, qui àuront trois
de leurs enfants dans les manufactures (6) et de me faire sçavoir
s'il y a des femmes de considération de la ville, qui assistent aux
ouvrages, qui se font dans ladite maison de la manufacture, pour
donner l'exemple aux autres. Et d'autant que l'abondance procède
toujours du travail, et la misère de l'oisiveté (7), vostre principale
application doit estre de trouver les moyens d'enfermer les pauvres

---

(1) Une grande fête avait été organisée à cette époque pour célébrer l'anniversaire de l'expulsion des protestants.

(2) C'était une des idées des « intéressés », pour parvenir à une vente plus
développée et plus rémunératrice pour eux.

(3) Nous ne savons pas comment finit cette affaire.

(4) Lettre du 22 septembre. *Archives de l'Yonne*, HH 34, n° 1 (anc. cote des
arch. communales d'Auxerre, LLLLL, paquet 174, n° 1), Cf. Leblanc, *op. cit.*,
p. 83. Clément, *Correspondance de Colbert*, t. II, 2e partie, p. 441. Clément,
Histoire de Colbert, t. I, p. 311. Des Cilleuls, *op. cit.*, p. 289, note 74. L. de
Laprade, *op. cit.*, p. 157.

(5) C'était une erreur, puisque Mme de Voullemin devait recevoir 600 livres
par an.

(6) Pour pouvoir les exempter de la taille, procédé employé pour attirer les
ouvrières. Comme le montrent les listes de celles-ci, des familles entières travaillaient à la manufacture. Voir l'appendice. Au sujet de cette exemption,
E. Esmonin, *La taille en Normandie*, p. 258.

(7) Voir sur cette opinion, J. de Mazan, *op. cit.*, p. 164.

et de leur donner de l'occupation pour gagner leur vie, sur quoy vous ne sçauriez trop prendre de bonnes résolutions.

J'estime de plus, écrivait-il ensuite, que vous passiez un écrit avec le sieur Camuset (1), par lequel il s'oblige à faire tous les ans quatre voyages à Auxerre, aux termes qui seront convenus entre vous et luy, et de faire, pendant chacun voyage, un séjour de douze jours sur les lieux pour former l'establissement du tricot et enseigner les particuliers à travailler jusqu'à ce qu'il soit fait avec promesse, en ce cas, de luy continuer sa pension, sa vie durant et, comme j'auray toujours également à cœur les choses, qui tourneront au bien général de la ville et au particulier des habitants, je vous avoue que je souhaite non-seulement pouvoir vous le bien marquer en ce rencontre, mais dans tous les autres, qui regardent vos intérêts en d'autres choses.

Les échevins obéirent, et dès le 29 septembre assuraient le ministre qu'ils allaient respecter ses ordres.

Plusieurs femmes de considération, ajoutaient-ils, s'offrent de donner tout le temps, qui sera nécessaire aux manufactures, entre autres mesdames la lieutenante-générale Chrestien, femme du lieutenant en l'eslection, et Lemuet, femme de notre gouverneur, qu'il vous a pleu préposer pour la recepte de la somme de 5.000 livres pour l'establissement des manufactures (3).

Colbert ne trouva pas ces mesures suffisantes. Il écrivit le 4 octobre suivant, en demandant de nouvelles preuves de l'activité de la municipalité (4).

---

(1) Il s'agit du directeur « intéressé » de la manufacture de bas de laine. Mais le passage est à citer pour comprendre l'autorité de Colbert sur les divers agents de ses tentatives.

(2) Bibl. nat., *Mél. Colb.*, t. 145, fol. 421.

(3) La lettre est signée du maire Claude Billard et des échevins Jean Chappotin, J. Lemuet et Nizon. Mme Chrestien était la femme de Claude Chrestien, sieur de La Villotte.

(4) *Arch. de l'Yonne*, HH 34, n° 2 (Anc. cote : LLLLL, 174, n° 5). Cf. Leblanc, *op. cit.*, II, p. 86. Clément, *Lettres de Colbert*, II, 2e part., p. 441 (en note). Peu de jours après, le 8, le ministre écrivait une lettre relative à la manufacture de serges *façon de Londres* (*Id.*, HH 34, n° 3. Leblanc, *op. cit.*, p. 87). « L'utilité qui vous en reviendra, dit-il revenant à son idée favorite, en général et en particulier vous doit estre assez conneue, sans qu'il soit besoin que je m'atarde à vous l'expliquer, et sur ce fondement, je m'aseure que vous faciliterez aux entrepreneurs le moyen de faire leur establissement, principalement pour trouver des maisons qui leur soient propres par toutes les commodités, qui sont nécessaires. »

Dès que les vendanges (1) seront faites, je serai bien aise d'avoir le rôle des filles, qui iront travailler à la manufacture des poins-de-France, pour le faire voir au Roi, comme aussi celui des habitans, qui auront trois enfans dans cette manufacture, et les autres, afin de les décharger de la taille, selon que vous en êtes convenus. Je vous prie de bien observer qu'il ne faut pas permettre qu'aucune fille travaille chez ses parens, en les obligeant toutes d'aller en la maison de la manufacture, étant certain que les ouvrages en seront beaucoup plus beaux, beaucoup meilleurs et beaucoup mieux achevés. Vous continuerez aussi, s'il vous plaist, à m'informer des femmes qualifiées de la ville, qui assisteront, en ladite maison, aux ouvrages qui s'y font pour exciter les filles au travail et pour les contenir par leur présence, dans les bornes du respect et de la modestie, qui sont convenables à leur sexe. Vous scavez que j'ai donné ordre au commis des fermiers du domaine, de se retirer, en cessant toutes poursuites ; sil ne s'est encore retiré, dites-lui de ma part que c'est mon intention...

Il rectifiait l'erreur qui s'était produite dans la question de la pension de la directrice, et ordonnait de lui donner encore cent cinquante livres, pour les premiers six mois, puisqu'elle devait toucher six cents livres et non trois cents, par an.

Mais de nouvelles difficultés interrompaient alors la progression de l'industrie dentellière (2): ils provenaient de l'action du directeur-entrepreneur de la manufacture de tricot, Camuset, qui manquait de scrupules et, pour réussir, n'hésitait pas à enlever à Mᵐᵉ de Voullemin les ouvrières qu'elle employait. Il leur faisait des offres alléchantes, pour fournir sa fabrique de travailleuses nombreuses et expertes.

---

(1) Dans ce pays de vignobles, à l'époque des vendanges, les travailleurs quittaient en masse les manufactures, pour aller participer aux travaux viticoles. Le fait est constaté à plusieurs reprises dans la correspondance relative à la fabrique des dentelles.

(2) A la même époque des troubles graves éclataient à Aurillac (juillet à octobre). Voir à la Bibl. Nat., le tome 207 des *Cinq-Cents Colbert*, au folio 133 vᵒ et ss. Les commis de la manufacture royale de dentelles recherchant dans les maisons les œuvres de « point défendu » que faisaient les femmes de la petite ville, furent empêchés d'accomplir cette mission par des marchands de Bordeaux qui les accablèrent de coups, les poursuivirent de cris séditieux et leur enlevèrent les valises, remplies des produits saisis. Fait singulier : ces marchands obtinrent du lieutenant-général d'Aurillac un décret d'ajournement personnel contre les commis de la manufacture, et il fallut un arrêt du Conseil, pour décharger des employés royaux, qui n'avaient fait qu'exécuter strictement le texte des ordonnances.

Du moins la directrice du bureau des points-de-France l'en accusait très nettement, et dans une lettre au ministre, Camuset s'en défend à peine (1). Son commis, le sieur Vernesson, était plus timide et prétendait n'avoir accepté des « déserteuses » que par inadvertance (2).

Mme de Voullemin obtint satisfaction sur cette importante question essentielle pour le recrutement du personnel. Ainsi, malgré les difficultés techniques, qu'aimaient à lui susciter les intéressés, et bien que la directrice se fut mêlée imprudemment aux intrigues municipales, l'état général, à la fin de l'année 1667, était satisfaisant, et l'active femme pouvait faire à Colbert un tableau satisfaisant de son administration.

Les soings du sieur Lemuel, gouverneur, disait-elle (3), ont obligé quelques filles de celles qui ont déserté à reprendre des desseings. Leur nombre se pourra augmenter, lorsque le sieur Camuset, à son retour de Bery, aura obéi à vos ordres (4). Celles qui travaillent, ioinctes à sept nouvelles, dont la fille aynée du sieur Bernier (5), advocat, est du nombre, sont environ cent ; cinquante desquelles, ou environ, font leurs ouvrages à la manufacture. Il sera assez difficil de les obliger toutes à y venir, parceque les unes ont leurs parens pour obstacle, et les autres ne leur veulent pas obéir.

---

(1) Bibl. Nat., *Mél. Colb.*, 146, fol. 23. « Mme de La Petitière se plainct que je luy destourne ses ouvrières. Je vous puis asseurer du contraire. Je ne puis cependant empescher les gens, qui, d'ordinaire, courent à la nouveauté. » Il est d'avis d'ailleurs de laisser les travailleuses agir en toute liberté ; c'est ainsi qu'on a fait à Bourges, où, en définitive, « chacune est retournée, où elle avait inclination, et depuis ce temps, conclut-il philosophiquement, l'on a travaillé à l'une et l'autre manufacture, sans jalousies ».

(2) Lettre du 21 novembre 1667. Bibl. Nat. *Mél. Colb.*, 146, fol. 215. « Jay en l'absence de M. Camuset, directeur de la manufacture de bas d'estame, receu la lettre que vous luy aviez escrite, et comme il est en Berry, je prens la liberté, Monseigneur, de vous y faire responce et vous dire que nous ne prendrons aucunes personnes, qui ayent travaillé soubz Mme de La Petitière, et que si nous en avons pris quelques-unes, c'a esté par inadvertance et sans savoir qu'elles y eussent travaillé. » Camuset d'ailleurs se soumit. Le 6 décembre suivant (*Mél. Colb.*, 146, f. 361) il écrit qu'il exécutera strictement les ordres et ne recevra plus aucune des ouvrières de la fabrique de dentelles.

(3) Lettre du 22 novembre 1667. Bibl. nat., *Mél. Colbert*, 146, f. 217. Cf. Depping, *op. cit.*, t. III, p. 810. L. de Laprade, *op. cit.*, p. 159. Citée en partie par L. Mosnier, *op. cit.*, p. 123.

(4) Camuset, en effet, se soumit aux volontés du ministre, et depuis le débauchage des ouvrières de la manufacture de points-de-France ne se pratiqua plus, ou tout au moins, ne suscita plus guère de réclamations.

(5) Cette ouvrière, fille de Thomas Bernier, n'est pas mentionnée dans les « rôles » d'ouvrières, conservés dans la collection des *Mélanges*. Cf. l'Appendice.

Les entrepreneurs souhaittent qu'on face le poinct sur le coussin (1) : ic leur ay mandé qu'à présant il estoit assés difficil, puisque contre mon sentiment, dans les commencemens, le sieur Pluymers et la demoiselle Rati (2) s'y sont opposés directement et ont voulu absolument qu'on le fit sur le doit. Ainsi, contre mon gré, il a falu les y styler. Je me persuadois pourtant qu'en faisant la despence de coussins, et y stylant les maistresses, comme j'ay faict à la broderie (3), il ne seroit pas tout à fait impossible d'y réussir. Mais, comme j'ay tanté la chose, qui m'a esté rebutée, tant à cause que les filles ne veulent pas faire un nouveau apprentissage et que les nouvelles suivent leur sentiment, que parceque leurs parens les en dissuadent, j'en ay donné part auxdits entrepreneurs en mesme datte, et leur ay marqué qu'elle n'estoit pas pratiquable. M. le lieutenant-général Lemuet et Regnauldin (4), procureur du Roy avec un grefier et un sargent, que j'ay faict accompagner par le commis de cest establissement, ont esté dans les maisons où j'ay cru qu'on s'occupoit au poinct déffendu (5). Ils y ont saisy quelques ouvrages, que j'ay faict rendre, me contentant de leur donner à entendre qu'on doibt en user aultrement (6). Ma douceur, en ce rencontre, a esté inutile, puisque les mesmes, que j'ay traictées si honestement ne laissent pas de faire du poinct-de-Paris, ce qui m'a donné lieu de prier le sieur Lemuet, gouverneur, de faire déffendre aux marchands de cette ville d'en vendre des desseings, afin qu'au moins l'occasion n'en soit pas si proche et qu'elles ayent la peine d'en faire venir d'ailleurs. La dame Lemuet, femme du gouverneur, a paru céans le 16 du courant, après disner, une demy-heure, pour faire tenir les filles dans leur debvoir.

---

(1) Le mot « point » dit J. Seguin (*op. cit.*, p. 25) « exprime les diffférentes méthodes de travail employées pour la confection des dentelles ». Le mot seul désignait la dentelle à l'aiguille ; la dentelle aux fuseaux était nommée « passement uni ou guipure aux fuseaux ». Cf. aussi Doumert, *op. cit.*, p. 15, 16 et 20. Les deux expressions qu'emploie ici Mme Voullemin désignent, la première (sur le coussin) la dentelle aux fuseaux, faite sur un coussin, et la seconde (sur le doigt) la dentelle à l'aiguille. Cf. encore l'article « dentelle » dans l'*Encyclopédie* ou dictionnaire raisonné des sciences, t. IV, p. 841, ainsi que le vol. III des planches de cet ouvrage.

(2) Probablement une des maitresses venues de Venise ou de Gênes.

(3) Aux manufactures de dentelles, les ouvrières exécutaient aussi des ouvrages de broderie, c'est-à-dire de dessins de fil cousu sur l'étoffe. Certaines ouvrières y étaient spécialisées. Voir l'appendice.

(4) Voir sur ces personnages, Chardon, II, p. 231, 246 et 271.

(5) C'était le point-de-Paris ou de Chantilly.

(6) Cette mansuétude, — qui ne porta pas d'ailleurs de bons résultats, — n'était pas imitée ailleurs. Voir notamment ce qui se passa à Aurillac ou à Alençon.

Ell'en a faict autant le 21, au mesme temps, avec sa fille, la demoiselle Chartié et la demoiselle la conseillère Ancelot. Mais cela, Monseigneur, et rien est tout comme, car, si, entr'elles, elles ne s'accordent pour y venir par sebmaine, et que le matin et le soir, elles ne roulent en sorte que quelqu'une d'icelles assiste incessemment pandant le travail des filles, il vault aultant qu'elles se reposent. Je suis assés malheureuse (1) pour que les entrepreneurs m'ayent faict dire par leur commis qu'on leur a donné à entendre que vous m'avés donné à Seignelay une somme pour distribuer aux trois maistresses de céans. Je leur ay faict savoir que la marque infaillible que cela n'est pas vraysemblable est qu'elles ne l'ont pas reccüe. Leur silence me faict croire qu'ils en sont encore persuadés. Vous scavés bien, Monseigneur, ce qui en est. Je les croy trop honestes gens pour que leur procédé soit un effet de ce que ma conscience et la fidélité, que ie vous doibs, m'ont obligé de vous représenter que la continuation de la mairie au sieur Billar[d] estoit nécessaire, le sieur La Villote, alié d'un d'eux, estant son compétiteur (2).

Le travail du point défendu continuait donc, malgré l'ardeur des fonctionnaires à réprimer ce que leurs charges les obligeaient de considérer comme un abus. Ce fut la principale des doléances que fit la directrice à l'intendant de Bourgogne, Claude Bouchu, quand celui-ci vint visiter les établissements d'Auxerre en novembre.

Pour les manufactures, écrivait cet administrateur au ministre (3), j'ay eu une longue conférence avec Mme de La Petitière,

---

(1) Mme de Voullemin et sa famille étaient dans une situation précaire, d'autant que des inimitiés redoutables les poursuivaient. Cf. à ce sujet lettre de son mari Charles de Bétoulat, sieur de Lagrange-La Petitière à Colbert, du 25 septembre 1667 (*Mél. Colb.*, 145, f. 328). Tous les membres de la famille pouvaient compter sur la protection du ministre, auquel ils recouraient volontiers. Cf. lettres du même du 6 décembre 1667 et 11 janvier 1668 (*Mél. Colb.*, 146, f. 352 et 147, f. 160) où M. de Bétoulat félicite Colbert de l'érection de la terre de Seignelay en marquisat, puis lui demande un gouvernement de place, en Bourgogne.

(2) Mme de Voullemin ne fut pas récompensée de son intervention en faveur de Billard. Celui-ci fut un des opposants les plus énergiques, quoique dissimulé, au développement de la manufacture. Cf. plus bas, page 64. Le compétiteur de Claude Billard était Claude Chrétien, seigneur de La Villotte, conseiller au bailliage (Chardon, *op. cit.*, II, p. 287). Sur les cabales contre Billard, voir le même ouvrage (II. p. 266 et ss.).

(3) Lettre du 4 novembre 1667. Bibl. nat., *Mél. Colb.*, 146, fol. 57. Depping, *op. cit.*, III, p. 814. L. de Laprade, *op. cit.*, p. 157.

que j'ay esté voir ensuite chez elle. Elle s'est plainte à moy que plusieurs des filles qui travailloient au point-de-France travaillent au point-de-Paris dans leurs maisons et pour leur compte. J'avois avec moy le maire et eschevins, et leur ayant demandé en sa présence d'où provenoient ces déffauts, ils m'ont dit qu'ils n'avoient point de jurisdiction pour les contraindre d'aller travailler dans la maison de la manufacture. Elle s'est plainte aussy que M. Camuset détournoit ses filles pour la manufacture de bas-de-laine, et les maire et eschevins de leur costé ont dit que les filles se plaignèrent de ce qu'elles gagnoient trop peu ; et m'en estant voulu esclaircir, i'ay fait venir le commis des entrepreneurs, qui m'a apporté leurs ouvrages et fait voir ce que ces filles pouvaient gagner et ie croy que cela peut aller à six, sept, huict et dix sols par jour ; ainsy c'est mal à propos qu'elles se plaindroient ; car, devenant plus habiles par l'habitude et par le temps, [elles] pourroient encore gagner bien davantage. A l'esgard des plaintes, faites par ladite dame de La Petitière, vous pouvès, Monsieur, pourvoir à l'une comme il vous plaira, en faisant connoître audit sieur Camuset vos intentions (1), et pour l'autre, qui est d'obliger toutes les filles de ne point travailler au point-de-Paris, et d'aller travailler en la maison de la manufacture et pour les entrepreneurs, il faut, de nécessité, que quelqu'un en ayt la jurisdiction, pour les y contraindre, car, pour bons que soient les réglemens, ils demeurent sans exécution, si quelqu'un n'en prend un soin particulier.

Selon l'intendant, la juridiction ordinaire de ces délits devait appartenir au prévôt, et au besoin, aux maire et échevins ; un juge unique, pensait-il, devait mieux s'acquitter de cette charge qu'une compagnie ; de plus, en cas de contravention, les entrepreneurs auraient su à qui s'adresser directement, et, le juge aurait bien jugé car il aurait été responsable de ses actes. La seule difficulté est de choisir un homme capable.

Après m'estre expliqué fort au long avec Mme de La Petitière, conclut Bouchu, elle a jugé à propos et m'a prié que j'entrasse dans la sale, où travaillent les filles, afin de leur faire une petite remontrance, et les exciter à travailler avec soin ; ce que j'ay fait.

---

(1) Cf. plus haut, p. 17.

Je les ay trouvées au nombre de trente (1), et après les avoir
exhortées à bien faire, pour tempérer un peu mes corrections, ie
leur ay donné deux louys d'or, pour manger ensemble, et elles
m'ont promis qu'elles travailleroient avec plus d'application que
par le passé. J'ay parlé aussi à Mme la lieutenante-générale (2) et
quelques-autres qui estoient avec elles, et les ay invitées à se rendre
présentes à ce travail, comme elles avaient commencé ; elles m'ont
dit qu'elles n'y manqueraient pas...

L'intendant avait pris à cœur son rôle de surveillant (3).
Il ne fut pas le seul des grands personnages de la province
à donner par ses visites un précieux encouragement à l'entreprise. Le gouverneur, « M. le Prince » (4), vint voir l'établissement le 4 décembre. Il exhorta les magistrats, leur
recommandant d'y porter leurs soins « faisant entendre les
intentions du Roy pour les manufactures, et les invitant à
les faire réussir, comme estant le seul moyen de se rendre
dignes des grâces de la Cour, d'entretenir la bienveillance
de M. Colbert, et de mériter la protection, que lui, gouverneur de la province, pourrait leur accorder » (5).

Devant de telles interventions, le maire et les échevins
affectèrent un grand zèle. Billard, dès le 5 novembre (6),
tout en reconnaissant que les manufactures avaient été négligées à cause des élections, promit de contribuer à leur
succès et profita du passage de Condé, pour annoncer au
ministre (7) que plus de cent ouvrières travaillaient alors au
bureau des « points-de-France » (8). Il affirmait, en même
temps, qu'il n'épargnerait rien pour satisfaire à son devoir,
et ajoutait que le « seul et unique salut » pour obtenir le

---

(1) Le succès était donc médiocre. Voir encore sur la visite de l'intendant
des lettres du maire Billard (*Mél. Colb.*, 146, fol. 761) et de l'échevin Bernier
(*Id.*, fol. 347).

(2) Mme Maric.

(3) Cf. d'autres lettres de Bouchu du 5 novembre et 2 décembre. Depping,
op. cit., III, p. 817 et 818.

(4) Louis de Bourbon « le grand Condé ».

(5) Lettres de Bernier, du 5 décembre 1667 (*Mél. Colb.*, 146, fol. 347), de
Camuset du 6 décembre (*Id.*, fol. 361) et de Billard (*Id.*, fol. 355). Cf. Depping, *op. cit.*, p. 816, note 1.

(6) *Mél. Colb.*, 146, fol. 76.

(7) Lettre du 6 décembre déjà citée. *Mél. Colb.*, 146, fol. 355.

(8) La manufacture des « tricots » en comptait 300.

véritable développement de ces tentatives, était l'union du comté d'Auxerre au duché de Bourgogne.

VI

Cette ardeur eut des résultats appréciables, et dès les premiers jours de 1668, Mme de Voullemin, qui avait cependant encore des plaintes à faire, écrivait à Colbert une lettre d'un ton satisfait, qui ne lui est pas habituel.

Je vous diray (1), disait-elle, Monseigneur, que depuis peu de temps les filles se rendent plus exactes dans le travail et que mesme le nombre s'en augmente tous les iours : si cela continue, il y a espérance de faire quelque chose. J'attends le retour de M. Billard, maire et [du] gouverneur, pour voir comme tout en croit, puisque jusques à présent les dames de la ville n'on guères tesmoigné de zèle pour un si bon œuvre, n'en ayant veu aucune depuis que j'ay eu l'honneur de vous escrire. Le temps et la patience amèneront tout à bien, et si vostre bonté, Monseigneur, vouloit se souvenir de l'intention qu'il vous a pleu avoir pour moi, touchant la petite pension du Roy, vous obligeriez infiniment celle qui ne désire que vous faire savoir qu'elle est vostre très humble, trés obéissante et obligée servante (2).

Cependant il restait à régler une importante affaire. Il s'agissait en effet d'obtenir des habitants, magistrats, gros bourgeois ou simples citadins, une contribution assez forte qui pût permettre d'améliorer, en la continuant, l'œuvre des trois manufactures. L'intendant Bouchu, qui avait amorcé l'affaire dès le mois de décembre précédent (3) espérait obtenir pleine satisfaction dès le 15 janvier suivant (4). Il écrivait le 25 (5) :

---

(1) Bibl. Nat., *Mél. Colb.*, t. 147, fol. 176. Depping, *op. cit.*, III, p. 812. L. de Laprade, *op. cit.*, p. 162.

(2) En 1668, Mme de Voullemin reçut sa pension en juillet. Voir plus haut, p. 10, note 3.

(3) Voir lettre de Bernier à Colbert du 5 décembre 1667. Bibl. Nat., *Mél. Colb.*, 146, fol. 347.

(4) *Mél. Colb.*, 147, fol. 133.

(5) *Mél. Colb.*, 147, fol. 341.

La proposition des manufactures a trouvé moins de difficultés, et non seulement ils (les échevins d'Auxerre) ont ratifié le traitté par lesquels MM. les ésleus ont accordé quarante mil livres, mais ont délibéré d'en donner trente mil, pendant la présente triennalité, et ont laissé pouvoir auxdits ésleus de décharger de tailles ceux qui envoyent leurs enfants pour y travailler, et les estrangers principalement.

C'était là de bons résultats. Malheureusement pour la manufacture des points, les rapports ne s'amélioraient pas entre la directrice et les entrepreneurs (1). Les difficultés d'argent qui s'étaient élevées entre eux n'étaient pas résolues, et de plus les deux partis en présence différaient d'idées sur les méthodes de travail. Le 30 mars 1668, Mme de Voullemin reçut une lettre qu'elle pouvait justement trouver insolente (2). Pluymers lui reprochait de ne pas pratiquer dans son bureau la dentelle aux fuseaux et de négliger la broderie.

Mme de Voullemin se sentit menacée, et avant que les entrepreneurs « ne fissent entendre leurs raisons » contre elle au ministre, elle prit les devants, et écrivit à Colbert une longue défense dont les principaux arguments semblent justes. Suivant la tactique, habituelle en cas de rivalité, elle

---

(1) En l'espèce, Jean Pluymers.

(2) *Mél. Colb.*, 148, fol. 34. En voici le texte : « Nous avons veu par vostre lettre comme [vous] avez remis la rescription de quatre cens livres entre les mains du sieur Bulté, ce qui va bien ; et sommez estonnez de ce que dites que M. Bastonneau n'avait faict prendre le coussin qu'à cinq ou sept filles ; ce qui l'a fort surpris, veu qu'il y avoit plus de trente à quarante personnes, qui l'avoient pris, lors de son séjour en vos quartiers, et vous luy aviez promis, que le feriez prendre à touttes les ouvrières du bureau, et que c'estoit vostre premier sentiment. Il ne sçait à qui en atribuer la faulte ; si non à vostre peu d'application et le peu de zelle qu'avez à faire rèussir cet establissement. C'est ce qui nous donne lieu destre entièrement malsatisfaicts, veu que Monseigneur [Colbert] ne nous recommande rien plus que cet establissement. Pour ce qui est de ces mil livres de dettes que Monseigneur nous a ordonné de vous payer, nous n'en avons jamais entendu parler et alors qu'il nous l'ordonnera, nous luy ferons entendre nos raisons, et luy ferons conoistre le peu de fruict qu'y avez apporté jusques à présent, et que, si nous avions envoyé une maistresse, à qui on aurait donné deux cent cinquante livres pour toute chose, elle aurait plus advancé que n'avez pas faict. C'est une chose honteuse d'avoir appris de M. Bastonneau que n'aviez pas mis quatre ouvryères à la broderie ; voyez par là la négligence qu'avez eue pour les ordres de Monseigneur et lorsqu'il nous fera l'honneur de nous parler, nous lui ferons conoistre le tort qu'avez apporté à cet establissement, qui est une chose irréparable. »

profita de l'occasion pour dresser un réquisitoire contre ses ennemis (1).

Mon mary, porteur de la présente, écrivait-elle, se iettera à vos piedz (2), pour vous supplier très humblement de ne pas permettre que ie sois traictée des entrepreneurs en la maniére de leur lettre du trentiesme passé, cy-incluse. L'honneur que i'ay de vostre protection ne me faict douter nullement de sa continuation généreuse en ce rencontre. Le sieur Bastoneau souhaite de moy que ie dise qu'il a faict prendre le coussin pour le poinct à trente ou quarante filles. La crainte de Dieu et ma naissance ne me fairont iamais dire une chose pour l'autre. Ce n'a esté qu'à sept ou huict, à qui il donna chacune une pièce de trente solz, qui, à l'instant qu'il s'en fust allé, le quittèrent, et leur responce à mes solicitations fut que, si ie voulois, elles me rendroient les piéces de trente solz. J'en donnay incontinent advis aux entrepreneurs, nonobstant quoy, le sieur Bastoneau vous a informé du contraire.

Je n'ay pas laissé dans les commencemens de faire mon possible, pour que les filles fussent instruictes au point sur le coussin. Mais le sieur Plüymers s'y est opposé, comme il conste par sa lettre cy incluse, marquée B, en date du 1er juin 1666 (3), et quoyque, malgré moy, le dict poinct se face icy sur le doict, ie vous puis asseuré, Monseigneur, qu'il réussit aussy beau que celuy de Venise, et qu'il y a mesme quelques mains, qui le surpassent en délicatesse et en blancheur. Pour ce qui est de la fermeté, elle s'y trouvera par le moyen de la broderie, qui se faict sur le coussin, et qui commence désia à se perfectionner. Le peu d'appliquation, dont ils m'accusent ne se trouve pas dans mon assidüité, du matin iusques au soir, à voir et corriger les ouvrages des filles, en sorte que ie ne paroisse à l'esglise que les dimanches et les festes. Mon peu de zèle prétendu en est de mesme, puis qu'une fois pendant deux mois, et l'autre trois sebmaines, ie n'ay pas faict difficulté de faire les fonctions de leurs commis, absens par leur ordre, dont ils ne m'ont iamais remerciée. Quand il vous pleust me demander à Seignelay ce que les entrepreneurs me donnoient, je vous dis, Mon-

---

(1) Bibl. Nat., *Mél. Colb.*, 148 (lettre du 2 avril 1668), fol. 29.

(2) On peut faire remarquer que d'après sa correspondance, Mme de Voullemin a une autre culture et une autre tenue que les Pluymers, les Bellinzani, les Camuset et autres grands agents d'affaires commerciales.

(3) Le fait est exact. Voir plus haut, p. 11 et 18.

seigneur, qu'ils me nourrissoient avec une fille-de-chambre et un laquais, et qu'en outre ils me fournissoient annüellement quatre cens livres, à quoy vous me respondistes que c'estoit vostre intention qu'ils m'en donnassent six céns. Dans le séjour qu'a faict icy le sieur Bastoneau, il a désiré que je fisse ma dépense moy-mesme, moyennant quatre cens livres, dont ie me suis contentée en cette conformité : ie les ay priéz de me faire payer par leurs commis deux cens et cinquante livres par advance, de quartier en quartier, qui sont cent livres pour ma nourriture et celle de mes gens, et cent cinquante pour le quart de six cens, qu'il vous a pleu leur ordonner de me donner. Je ne sçais comme ils osent dire qu'une simple maistresse aurait plus avancé que moy, puisque en partant de Paris, pour venir en cette ville, honorée de vos ordres, ils me dirent qu'ils me donnoient leurs meilleures mestresses et que je me suis apperçüe qu'elles ignoroient la délicatesse du poinct (1) et absolüement la broderie, ce que le sieur Pluymers advoue par sa lettre, marquée C cy-incluse, en datte du vingt et sept aoust 1666 (2). Il me les a fallu instruire pour les rendre capables de l'un et de l'autre. Je suis assez surprise de ce que le sieur Bastoneau assure, qu'estant icy il n'avoit pas quatre filles à la broderie, puis qu'il y en alloit plus de vingt. A présent, il y en a davantage et doresenavant le nombre s'en augmentera, qui a esté médiocre iusques à présent, parce qu'il a fallu les rendre habiles au poinct, qui est la baze et le fondement des beaux ouvrages, et qui faict reluire la broderie, quand il est bien faict, aussy bien qu'il la ternit, quand il n'est pas dans sa perfection (3). Ils me font un très insigne tort de m'accuser de négligence, puisque ie ne m'occupe à autre chose qu'à obéir à vos ordres, qu'ils contredisent par ceux qu'ils donnent à leurs commis de faire appliquer le poinct tissuré (4), et de faire le payement aux ouvrages beaucoup inférieur au prix que j'y mets ; ce qui est la ruine totale de cest establissement, qui commence à s'affermir ; c'est m'outrager de me dire de rémédier aux désordres passéz, puisque ie suis incapable d'en souffrir et ne respire autre chose que de vous marquer ma gratitude...

---

(1) Mme de Voullemin, qui avait longtemps vécu à Venise, devait connaître tous les détails de la fabrication de la dentelle.

(2) Voir plus haut, page 11.

(3) On voit ici la théorie et les méthodes de la directrice. Elle voulait commencer l'apprentissage par des leçons de dentelles (aux fuseaux, et aussi, mais moins volontiers à l'aiguille) et finir par la broderie.

(4) Tissu brodé (?).

Colbert donna raison à Mme de Voullemin, et celle-ci l'en remercia le 17 avril (1):

Je vous rends très humbles grâces de ce qu'il vous a pleu me continüer l'honneur de vostre protection, et de ne me point abandonner dans la présente conioncture. Je joindré ce bienfait, Monseigneur, à tant d'austres, que j'ay receus de votre bonté et m'estudieré toute ma vie, avec ma famille, à vous en marquer ma recognoissance par ma ponctuelle obéissance. Je ne manqueré pas, Monseigneur, d'obéir à vos ordres pour engager les filles à faire le poinct sur le coussin et si je suis assés malheureuse pour n'y pas reüssir, ce sera un effect de ce qu'elles ne pourront pas si facilement changer leur maniére de travailler sur le doit, qui est tout-à-fait différente de celle du coussin, et non pas que i'aye manqué d'y apporter mes soings. La broderie se fait sur le coussin. J'ai demandé au commis des entrepreneurs, qui a les ouvrages entre les mains, deux morceaux de point pour vous envoyer, afin qu'il vous plaist les voir et iuger s'ils sont bien faits, quoy que sur le doict; il me les a refusés, en me disant qu'il appréhendoit que ses maistres ne le trouvassent pas bon. Je ne sçais sur quoy les entrepreneurs fondent leur plainte de recevoir peu d'ouvrages, puisqu'il ne se passe pas iour que je n'en face payer, et si leur commis ne leur remet pas de temps en temps, c'est qu'il les accumule pour en envoyer beaucoup à la fois. Ils en recevront encore en plus grande quantité, quand deux cens filles (2), que i'ay instruictes, seront devenues plus habiles et qu'il vous plaira commender au magistrat de tenir la main qu'elles travaillent toutes pour cet establissement et qu'elles ne soient pas diverties par les dames de cette ville à travailler pour elles. Le commis des entrepreneurs a remis auiourd'huy par la poste un colet pour femme, qui ne revient qu'à cent et deux livres (3). S'il vous plaist, Monseigneur, ordonner qu'ils vous le facent veoir, vous verrés si ie ne me suis pas peu appliquée à l'instruction des filles, comme l'on veult vous persuader. Je veois bien, Monseigneur, que les entrepreneurs ne peuvent digérer votre bonté de leur avoir ordonné de me fournir annuellement six cens livres, oultre ma noriture et [celle] de mes gens. J'ay trouvé un moyen

---

(1) Bibl. Nat., *Mél. Colb.*, vol. 148, fol. 205 et 206.
(2) Ce nombre paraît exagéré, d'après les listes conservées. Voir l'appendice.
(3) On voit combien ces dentelles étaient chères, d'après ce prix soi-disant modique.

de leur espargner tous les ans neuf cent cinquante livres. Il me sera à la vérité un peu onéreux, mais d'ailleurs de très grande satisfaction. Ils entretiennent trois maistresses à qui ils donnent à chacune deux cent cinquante livres et à un commis quatre cent cinquante. Qu'ils rappellent leur commis, duquel je me passeré fort bien (1), puisque je m'en suis passé quelque temps (2) et deux maistresses ; je me contenteré d'une, pour la distribution du fil et des aiguilles et vous responds que l'establissement ne s'affermira pas moins... (3)

Cette assistance efficace contre les calomnies des intéressés n'était pas le seul gage et la seule aide que Colbert donnait à la directrice. Il obligea les magistrats à lui payer les sommes qui lui étaient dues. Le gouverneur Lemuet s'efforça de régler cette affaire, ainsi que la question des exemptions — ou plutôt de la réduction — de tailles pour les pères de famille nombreuse, dont les enfants travaillaient au bureau.

Je me sens obligé, écrivait-il au ministre (4), pour m'acquitter de mon devoir auprès de vostre grandeur, de vous donner advis que j'ay satisfaict Mme de La Petitière de six cens livres pour son œuvre et que l'assiette des tailles estant faicte, et ceux qui ont des enfans au nombre de trois préposés de les payer, et que j'en doits faire l'acquit des deniers... il vous plaira me prescrire ce que j'auray à faire à l'endroict des collecteurs.

En effet, et ainsi qu'il se comprend facilement, cette exemption entraînait des difficultés pour la perception.

Cependant, ajoute le majistrat, pour ne donner subiect aux pères de retirer leurs enfans, qui travaillent à ladicte manufacture, j'acquitteray sans délay les cottes de leurs tailles... sur promesse de remboursement.

---

(1) Ici Mme de Voullemin laisse percer sa pensée : elle voulait gouverner seule, sans la surveillance haineuse des maîtresses et des commis, espions des entrepreneurs, dont ils étaient les créatures.

(2) Voir sa lettre du 2 avril 1668, citée plus haut, p. 25.

(3) Sur la distribution du travail aux manufactures, voir J. de Mazan, *op. cit.*, p. 165.

(4) Lettre du 29 avril 1668. Bibl. Nat., *Mél. Colb.*, 148, f. 228. Cette somme ne représente pas la pension de la directrice, qui fut payée en juillet.

VII

Malgré tout, la résistance de la population continuait. Colbert comprit que c'était l'obstacle essentiel à la réussite de l'entreprise. Le 3 juillet 1668 (1), il écrivit aux échevins une missive, qui contenait, selon lui, les bonnes méthodes pour « obliger les filles du pays à travailler au bureau de la manufacture ».

Depuis la dernière lettre, que je vous ay escrite, disait-il, afin d'obliger les filles d'Auxerre, qui ont ésté instruites par Mme de La Pethitière à faire le poinct-de-France, à travailler au bureau de cette manufacture avec assiduité j'ay examiné les moyens d'y parvenir. Après y avoir bien refleschi, j'ay trouvé que les plus seurs estoient de commettre un de vous pour se transporter à ce bureau au moins deux fois la semaine, afin d'y recevoir les plaintes que ladite dame pourroit avoir lieu de faire sur cette matière ; d'obliger les principales femmes de chaque paroisse d'y venir tous les iours, soir et matin, tour à tour, pour contenir par leur présence les ouvrières dans le devoir et l'assiduïté (2) ; de condamner en quelque légère amende les parens de celles, qui tolércroient leur retraite, et enfin de tenir la main à ce que les principales maisons ne continuassent pas à destourner les meilleures ouvrières, pour les faire travailler pour eux (*sic*). Avec toutes ces précautions, j'estime que nous viendrons enfin à bout de perfectionner cette manufacture, et que l'utilité que la ville d'Auxerre en retirera vous deviendra bientôt sensible ; ce à quoy je vous conjure instamment de tenir la main.

Puis Colbert décida d'accorder des gratifications spéciales aux meilleures ouvrières. Mme de Voullemin espérait de bons résultats de ces différentes mesures.

La gratification, qu'il vous plaist vouloir faire aux ouvrières les plus délicates et assidues, écrivait-elle au ministre le 23 août 1668 (3), sera d'une très grande utilité pour l'accroissement de cette manu-

---

(1) *Arch. de l'Yonne*, HH 34, n° 4 (anc. cote LLLLL 174, n° 7). Leblanc, *op. cit.* t. II, p. 88.

(2) C'était là une idée chère à Colbert. Mais les « grandes » dames ne venaient pas régulièrement et la directrice ne trouvait pas là un remède satisfaisant. Cf. plus haut, pages 16, 19 et 20.

(3) Bibl. Nat. *Mél. Colb.*, vol. 148 *bis*, fol. 437.

facture, et si le bon sens peut persuader le magistrat à envoyer céans des dames pour fère tenir les filles dans le devoir (1), et qu'un eschevin chasque semaine soit commis pour fère venir travailler au « bureau » et recevoir les plaintes de leur légertez pour les faire chastier par leurs parens, selon vos ordres, si souvent réitéréz (2), l'espérance et la crainte mettront cett'establissement, au point que vous souhaittez. Je vous envoie le roolle des ouvrières de ce mois, qui montent à cent-un (3), non compris les religieuses (4) ; elles sont réparties en trente-cinq brodeuses, soixante-deux de point (5) et quatre brideuses (6). Il y a pour quatre cent trente-sept livres dix sols d'ouvrage. L'on continue à enlever les meubles des exempts des tailles, ce qui faict un très mauvais effect (7). S'il vous plaisoit, Monseigneur, qu'on ne fît point payer le premier quartier à celles qui sont exemptes, cela persuaderoit aux autres que la gratiffication dont il vous plaist les vouloir honorer ne leur manqueroit pas. Les interessés m'ont escrit le 17ᵉ du courant que vous avez trouvé beaux les deux collets, qu'ils vous ont montrés, dont je vous ai donné part par ma dernière. Le sieur Bastonneau en a admiré les morceaux, au dernier séjour qu'il fit icy (8), et il en demeura très content (9).

D'ailleurs la résistance au travail de la manufacture était si naturelle aux habitants et l'assiduité était tellement contraire au tempérament des ouvrières, qu'il suffisait d'un prétexte pour faire déserter la fabrique. A l'époque des vendanges, importantes en ce pays de vignobles, les filles d'Auxerre abandonnaient le bureau (10), et le nombre des travailleuses fidèles était alors très réduit (1).

(1) Mᵐᵉ de Voullemin, pour plaire à Colbert, adopte son idée, malgré ses anciennes constatations sur le peu d'efficacité de cette mesure.

(2) La répétition des mêmes ordres du ministre prouve la négligence des échevins et leur parti-pris contre l'entreprise.

(3) Cf. l'appendice.

(4) Voir plus haut, page 13.

(5) Les dentellières à l'aiguille.

(6) Ouvrières chargées du délicat travail des « brides ». Voir *Encyclopédie méthodique*, t. IV, p. 844. L. de Laprade, *op. cit.*, p. 15.

(7) Les promesses du gouverneur Lemuet n'avaient donc pas été tenues.

(8) Les intéressés et les entrepreneurs étaient tenus à visiter régulièrement les fabriques. Leurs agents ou eux-mêmes s'acquittaient d'ailleurs de cette tâche avec zèle.

(9) Un autre rôle des ouvrières montait à 74, dont « 17 délicates et 29 qui approchent. » Il y avait donc alors 28 filles dont la présence était irrégulière et l'éducation incomplète.

(10) Cf. plus haut, p. 16.

(11) Lettre de Mᵐᵉ de Voullemin du 22 septembre 1668 (Bull. Nat., *Mél. Colb.*, 148 *bis*, fol. 758). « Le roolle des filles qui ont vendu seroit plus ample,

La persistance d'autres « désordres » plus graves, pour employer l'expression de Mme de Voullemin, obligea Colbert de faire constater les faits. Ce fut l'intendant Bouchu qui s'occupa de l'enquête, fit des investigations très minutieuses sur l'état des trois manufactures d'Auxerre et rédigea un procès-verbal détaillé (1). Certaines des constatations, qu'il apporta, ne sont pas favorables à la directrice.

On me mande d'Auxerre, écrivait cet habile administrateur le 28 octobre 1668 (2), que les dames visitent tous les iours les manufactures avec beaucoup d'assidüité mais quȩ Mme dc La Petitière, n'ayant retenu qu'une maistresse de quatre (3), qu'elle avait au commencement ; tout ce que peut faire cette maistresse tout le long du iour est de peser le fil et de le livrer aux ouvrières : ainsy elles ne sont pas instruites.

Bouchu semble avoir été favorable au rôle des autorités locales, qui aidaient de tout leur cœur, selon lui, à la réussite de l'œuvre. Le maire et échevins d'Auxerre (4) lui écrivaient que

les manufactures s'établissent tous les iours de mieux en mieux et le nombrc des ouvriers augmante, attiréz par les récompenses quc vous leur avez fait espérer.

Les conséquences du rapport de l'intendant ne se firent pas attendre. Un arrêt du conseil du 29 novembre (5) ordonna de libérer de tailles, chaque année, les ouvriers et ouvrières des manufactures dont la quote-part ne montait

---

sans les vendanges. Je n'ay point faict remettre de factures aux entrepreneurs depuis quelques jours, affin que le bureau soit fourny, quand ce pays scra assés heureux d'estre honoré de vostre présence. » A la même époque, l'abandon des manufactures était général. Voir à ce sujet un mémoire de l'intendant Louis de Machault sur « le bureau de poinct-de-France » de Montargis (*Mél. Colb.*, vol. 149, fol. 57). « Les ouvrières, dit-il, n'ayant pas l'adresse de s'instruire promptement étaient dégoûtées du long apprentissage » et rebutées, parce qu'on ne rétribuait pas leurs premiers travaux.

(1) Lettre du 21 octobre 1668. Bibl. Nat., *Mél. Colb.*, 149, fol. 142.

(2) Bibl. Nat., *Mél. Colb.* 149, f. 230.

(3) On voit que Mme de Voullemin avait réalisé une idée, qui lui était chère et s'était débarrassée ainsi des créatures des intéressés.

(4) Lettre du 4 novembre 1668. Bibl. Nat., *Mél. Colb.* vol. 149, fol. 327.

(5) Bibl. Nat., *Mél. Colb.*, 156 *bis*, fol. 448 et 449.

qu'à cent sols, et diminuant de la même somme ceux dont la contribution était plus forte (1). Le même arrêt réglementait la rétribution, payée au commis par les habitants, ainsi que « les récompenses » distribuées aux travailleurs. Il décrétait pour tous les citadins (sauf les officiers de justice) l'obligation d'envoyer leurs enfants à l'une des trois manufactures, sous peine de trente sols d'amende, amende qui devait être employée à la création d'un hôpital général. Les ouvriers et ouvrières étaient tenus à sept heures de travail au « bureau » de la fabrique, de 7 à 11 heures du matin, et de 1 à 4 heures du soir. Les sommes à distribuer, ainsi que les traitements des directeurs (2) et les loyers des locaux (3) devaient être confiées à un « notable bourgeois », dont les échevins se portaient garants. Pour subvenir à ces dépenses, le roi permettait d'établir un impôt général sur le vin vendu en gros et en détail (4).

Le règlement était net, et ne permettait aucune irrégularité, mais il était trop strict pour ne pas entraver la vie d'une jeune institution. Les manufactures d'Auxerre supportèrent les conséquences de cette exagération (5).

VIII

En tous cas, les marques de l'attention du ministre étaient trop nettes, pour que les magistrats de la ville ne fussent pas amenés à s'occuper activement de l'affaire — tout au moins en apparence. Dès les premiers jours de l'année 1669, Mme de Voullemin rendait hommage au zèle du nouveau

(1) Voir le texte de l'arrêt aux pièces justificatives (n° 2).

(2) Mme de Voullemin recevait 600 livres par an, et Camuset 400.

(3) Le logis de la manufacture de dentelles à Auxerre avait un loyer de 300 livres, et celui de la fabrique de tricot était de 120 livres.

(4) Cet impôt ne dût pas être sympathique aux vignerons du pays. — Dernière mesure prescrite par le règlement : les livres des entrepreneurs devaient être paraphés par les échevins.

(5) Voir sur les lettres du roi, qui ordonnaient la mise en vigueur des prescriptions de l'arrêt, et attribuaient la juridiction des contraventions au corps municipal, en première instance et au bailli, en appel ; Chardon, *op. cit.*, t. II, p. 281.

maire, Thomas Marie. Elle profitait de cette occasion pour demander à Colbert d'approuver des projets nouveaux (1).

Le sieur Marie (2), maire, continue tousiours les marques de sa bonne volonté pour cett'establissement, et si, jusques à présent, il n'en est pas venu aux effects, ce n'a esté que pour n'avoir pas eu encore l'ordonnance de M. Bouchu, intandant, pour l'exécution de l'arrest, qu'il vous a pleu faire donner en faveur de cette ville, à présent que vous l'avez envoyé en forme. Il s'en va à Dijon, tant pour cett'affaire que pour d'austres, me promettant qu'au retour, il taschera de satisfaire à la gratiffication pour les filles, mais, comme ce ne sera pas de quelques temps, et qu'elles commencent à s'ennuyer de mes promesses, je vous supplie très humblement d'ordonner qu'on leur donne quelque chose de cett'argent, resté entre les mains du sieur Lemuet, de la somme que vous ordonnastes estre levée pour l'exemption des tailles, la pénultiesme fois que vous vintes à Seignelay (3). J'ay envoyé aujourdhuy par le coche d'eau aux intéressez quattre colletz pour l'emme, dix aulnes et un tiers — moins un demy-quart, — d'aulnage, le tout montant à la somme de huit cens livres moins cinq sols six deniers. Les quattres semaines dernières, les dames n'ont point paru céans. Le peu d'utilité qu'elles y apportent, ou, pour mieux dire, l'incommodité par leur caquet, me faict vous dire, Monseigneur, qu'il vaut mieux qu'elles n'y viennent poinct du tout ; car, pour obéir à une personne de vostre poids, elles debvroient, le mattin et l'après-disner, s'y trouver les premières et n'en sortir que les dernières et non pas n'y venir et paroistre quelquefois, pour plustot destourner les filles du travail que pour les contenir dans le debvoir. La grace que je vous demande, Monseigneur, est qu'il vous plaist escrire au magistrat de ne point manquer à satisfaire à la gratiffication, dans la forme portée par l'arrest, et que toutes les semaines, il y aye un eschevin qui vienne trois fois visiter la manufacture et recevoir mes plainctes et qu'irrémissiblement (4) l'on condamne les parens des filles à l'amende, lorsqu'elles manqueront de s'y rendre assi-

---

(1) Lettre du 8 janvier 1669. Bibl. Nat., *Mél. Colb.*, vol. 150, fol. 42 et 43.
(2) Thomas Marie, baron d'Avigneau.
(3) Colbert faisait de fréquents séjours à Seignelay et en profitait pour régler certaines questions financières, industrielles et commerciales. Voir Chardon, *op. cit.*, II, p. 242 et 277.
(4) Mᵐᵉ de Voullemin avait renoncé à l'indulgence, qu'elle avait d'abord pratiquée.

.dues, et que celles, qui se sont escrittes aux livres de céans, ne soyent point receues aux autres manufactures (1).

Tout en affirmant leur bonne volonté (2), les magistrats faisaient beaucoup d'objections, en effet, à l'application des mesures du règlement et prétendaient ne pouvoir condamner les délinquants. En réalité, semble-t-il, malgré leur soumission apparente aux volontés ministérielles, ils ne voulaient pas intervenir contre les habitants, auxquels ils étaient liés par de multiples relations de parenté ou d'amitié. Mme de Voullemin ne tarda pas à s'en apercevoir, et s'en plaignit d'autant plus vivement qu'elle envoyait régulièrement les listes aux magistrats, pour leur permettre d'entamer les poursuites.

De depuis quatre mois, écrit-elle le 10 février (3), je n'ay pas manqué d'envoyer touttes les semaines au magistrat le roolle des filles, qui ne sont pas assidues à ce bureau. Je continue mes plainctes au sieur Marie le maire, du peu de diligence de les faire revenir. Il continue à me dire qu'il a les mains liées, ne pouvant con-

---

(1) C'est la vieille question du débauchage des ouvrières. La *création de registres « d'immatriculation »* était-elle une mesure suffisante pour déjouer les manœuvres des concurrents déloyaux, comme Camuset ? La lettre se termine par des renseignements sur le rôle des ouvrières du 1er décembre 1668 au 8 janvier 1669. Voir à l'appendice. Le 10 janvier, les échevins recevaient les lettres du Roi qui attribuaient au corps municipal la juridiction des contraventions relatives aux manufactures (Chardon, *op. cit.*, t. II, p. 281).

(2) Voir à ce sujet la lettre des échevins à Colbert du 29 janvier (Bibl. Nat., *Mél. Colb.*, vol. 150, f. 221). « Nous pouvons assurer Votre Grandeur que nous n'espargnons aucuns de nos soins pour faire subsister les manufactures et que toutes les sepmènes, l'un de nous est chargé de les visiter, ce qui est exécuté ponctuellement. Nous avons chargé le sieur Huveau, procureur à la Cour, pour demander la vérification des lettres patentes, portant règlement pour les manufactures et nous ne manquerons pas à condamner à l'amande les parens de ceux, qui manqueront d'envoier leurs enfans ausdittes manufactures, mais il nous est impossible de satisfaire à la rétribution portée par l'arest du conseil, n'ayant aucun fond entre les mains, l'adiudication des droits portés par ledit arest estant indiquée par M. l'intandant au neuflesme du mois de mars prochain, dont nous tirerons très peu, à cause de la stérilité de cette année, mais nous avons eu advis... d'une enchère de dix mil livres sur les offices des commissères, pour cognoistre des surtos (*sic*) et des aides, et suplions Vostre Grandeur, si tant est qu'il (*sic*) juge à propos de recevoir laditte enchère, d'avoir la bonté d'en faire employer (du moins une partie) pour faire subsister les manufactures. » Cette lettre est signée : (Thomas) Marie, (Jean) Robinet, (Claude) Marie et (Gaspard) Moreau.

(3) Bibl. Nat., *Mél. Colb.*, 150, f. 470.

damner celles qui manquent, puisqu'il n'a point de fonds, pour
payer les gratiffications ; il me promet de jour à austre d'y satisfaire, mais je ne veois pas qu'il en face rien devant Pasques. Je luy
ay proposé de faire un effort pour trouver de l'argent ; il m'a respondu quelques jours après, qu'il en avait parlé à sa compagnie
qui n'y a pas voulu consentir. Cela me trouble en un poinct que
je ne sçaurois vous l'exprimer, car il est absolument nécessaire que
je voye tous les jours l'ouvrage des filles, qui ne se rendront
jamais habiles, tant qu'elles travailleront chez elles, oultre que facilement elles y peuvent faire des ouvrages pour d'autres que pour
céans, comme elles font (1), au grand préjudice des intéresséz, qui
ne se peuvent rembourser de leurs grandes avances aux establissemens que par le travail des habitans (2). Je ne vois pas que le sieur
Marie ait intention de condamner les parens de celles, qui ne sont
pas assidues qu'à de légères amendes, ce qui ne sera de nul effect.
Car, comme l'esguillon des gens d'honneur est la récompense pour
acquérir de la gloire, celuy de ceux qui n'en ont point, est l'appréhension d'un chatiment considérable de la bource, ce qui me
faict vous supplier de faire escrire au magistrat, que vous souhaittez
qu'il cherche quelque moyen pour payer présentement les gratiffications, et qu'en vertu de l'arrest, dont il vous a pleu l'honorer, il
condamne les filles, qui ne viennent pas céans assiduement, qu'il
déffende à touttes personnes de faire travailler les ouvrières pour
eux, à peinne de cinq cents livres d'amende et de la prison à celles
qui se laisseront persuader, oultre l'amende payée par leurs parens.
Je croy, Monseigneur que cela bien exécuté pourra mettre cett'establissement, au point que vous le souhaittez. Le roolle des filles,
qui ont rendu des ouvrages depuis le huitiesme du mois passé
jusques à ce jour est de cent, réparty en soixante-cinq pour le
poinct, cinq brideuses et trente brodeuses ; la somme desdits ouvrages monte à six cent trente-sept livres dix-huit sols. Les religieuses ne sont pas comprises dans la quantité des filles, mais bien
dans laditte somme (3). J'ay envoyé hyer aux intéresséz trois mouchoirs et un collet et huict aulnes et demye d'aulnage, qui se
monte à sept cent trente-cinq livres quatorze sols. Leur commis,
par leur ordre, a augmenté laditte somme du quart pour les
frais, oultre la despence du fil, dont il ne charge plus lesdits

---

(1) L'argument semble juste.
(2) Selon l'aveu de la directrice, l'affaire était donc mauvaise pour les spéculateurs, qui avaient confié leur argent à l'entreprise.
(3) Voir l'appendice.

ouvrages. La dernière facture du huitiesme du mois passé a esté de mesme que celle-cy. MM^{me} Crestien-La-Villote (1) et Mlle Bargide (2) sont venues céans le neuviesme de ce mois et y ont demeuré envyron une demy-heure, et Madame la lieutenante-générale (3) y vint hier, quinziesme, qui y a demeuré environ un'heure. Je ne mangueré pas de vous donner advis de touttes celles, qui y viendront : je les ay touttes escrittes depuis quatre moys en çà, comme je feré tousiours. J'ay bien du desplaisir d'envoyer si peu d'ouvrages à la fois aux intéresséz : ils doibvent néantmoins s'en contenter, vous pouvant asseurer avec vérité, Monseigneur, qu'il se recevroient beaucoup moins, sans une très grande patience et douceur, que j'oppose à la fainéantise et esgarement des gens de ce pays.

Cependant Colbert, pour continuer à surveiller l'œuvre entreprise, envoyait des inspecteurs s'assurer de l'état des manufactures et il leur donnait des instructions précises (4). Le délégué qui visita le bureau des « points-de-France » d'Auxerre, François Amonnet, l'un des intéressés, adressa au ministre, le 9 avril 1669 un compte rendu satisfaisant (5).

C'est bien de la joye et de l'honneur pour moi, écrivait-il, d'avoir à vous mander de cet establissement de points-de-France quelque chose encore de mieux que de celuy de Sens, les ouvrages y estant beaucoup plus beaux et mesme le nombre des ouvrières plus grand. Il y en auroit bien deux cent-vingt (6), si une quarantaine ne

---

(1) Déjà nommée, p. 16 ; c'est probablement la femme du concurrent de Billard à la mairie. Voir page 20.

(2) Probablement une des parentes des ouvrières de la manufacture. Voir l'appendice.

(3) Mme Marie d'Avigneau.

(4) Voir par exemple, dans le *Recueil des règlements généraux et particuliers concernant les manufactures* au tome Ier, page 85, les articles LIX et LX des instructions données le 13 août 1669. « Le commis fera un estat des lieux, sy il y a commerce et manufactures establies et de quelle espèce et qualité elles sont ; il verra comme elles se fabriquent, observera leurs bonnes et mauvaises qualitéz, s'appliquera à rechercher les moyens de les perfectionner, en prendra des échantillons, fera mémoire de la longueur et de la largeur des pièces, et des prix d'icelles, combien de pièces il s'en fait par année et quel est le nombre de chaque espèce de mestier en chaque lieu. » Il devait aussi « voir avec les sieurs eschevins des villes, où il y a des hôpitaux, les moyens d'occuper les pauvres aux manufactures », ainsi que les « autres gens fainéans », en leur fournissant les « mestiers et matières nécessaires ».

(5) Lettre du 9 avril 1669. Bibl. Nat., *Mél. Colb.*, vol. 151, fol. 332. Cf. Depping, *op. cit.*, t. III, p. 820. L. de Laprade, *op. cit.*, p. 162.

(6) Aucun chiffre analogue n'est fourni par les « rôles » connus. Voir l'appendice.

s'estoit point retirée pour travailler pour elles ou pour d'autres particuliers à de meschans poins contrefaicts, qui leur corromp toute la main. MM. les mère et eschevins, à qui j'ay faict voir combien leur propre intherest seullement les obligeoit d'empescher cet abus, ce promectent d'en arester le cours, cy tost que Monsieur le procureur-général leur aura expédié la vérification de la desclaration de Sa Majesté, qui leur en attribue la cognoissance. Il y a deux mois que leur procureur la solicitte à Paris. La rétribution, que je vis faire samedy dernier par lesdicts sieurs mère et eschevins d'un sol six deniers ou quatre, selon les capacités des ouvrières pour celles quî sont actuellement travaillantes au bureau, faict un merveilleux effect, en sorte que dans peu, avecq les soings que prend Mme de La Petitière pour les bien perfectionner, j'espère, Monseigneur, que vous verrez sortir d'icy des ouvrages aussy parfaicts que [ceux] de Venize mesme.

Le maire Marie faisait de plus de grands efforts pour faire réussir l'affaire : Mme de Voullemin reconnaissait son zèle : les lettres qu'elle écrivit de mai à juin sont remplies de détails, qui montrent les efforts des autorités.

Samedy dernier 6e de ce mois (avril), disait-elle le 13 avril (1) le sieur Marie, maire de ceste ville, accompagné des sieur (Claude) Marie, (Elie) Bargedé, eschevins et (Jean) Robinet, gouverneur du faict commun payèrent céans les filles de la rétribution journalière, conformément au roole des assidues, que nous en avons faict ensemble. J'espère, Monsieur qu'après le *jubile*, qui commença mercredy dernier, dixiesme, et la procession de la *Quasimodo* (2), j'auré l'honneur de vous donner advis que ce bureau sera plus remply qu'à l'ordinaire, puisque le lundy et le mardy d'après le payement, il y est venu un tiers plus de filles que du passé. Le sieur Marie s'y prend bien pour faire réussir cette manufacture, m'assurant qu'au moment que le magistrat aura entre les mains l'arrest enregistré au Parlement, il donnera les ordres nécessaires pour faire revenir les filles, qui se sont absentées de céans, empescher les contrevantions et condamner à l'amende les parens de

---

(1) Bibl. Nat., *Mél. Colb.*, vol. 151, fol. 473 et 474. Depping, *op. cit.*, p. 813. L. de Laprade, *op. cit.*, p. 163.

(2) Le 18 avril. L'année précédente, anniversaire de l'expulsion des protestants d'Auxerre, il avait été décidé qu'une procession aurait lieu tous les ans, pour célébrer cet événement.

celles, qui ne seront pas assidues. Le sieur Amonnet, l'un des intéresséz, a passé par icy, où il est arrivé samedy dernier, sixiesme
à mydy et en est party le mardy d'après à six heures du matin.
Il a trouvé les ouvrages assez beaux et m'a asseuré qu'il vous en
donneroit advis. J'ay remarqué en luy un soing tout particulier
pour que rien ne manque à cett'establissement ; quand sa société (1)
et le magistrat de cette ville y apporteront leurs soings, je ne
doubte nullement du succès.

Le 27 avril 1669 (2), la directrice insistait sur les mêmes questions.

Le roolle des filles, qui ont rendu des ouvrages depuis le seizième
mars jusques à ce jour est de quatre-vingt-quinze, réparties en
cinquante-sept de poinct, trente-quatre brodeuses, et quatre brideuses. La somme se monte à sept cent quatre livres quatre sols
six deniers. J'espère qu'après qu'il vous aura pleu interposer votre
authorité pour que M. le procureur-général du Parlement face
enregistrer l'arrest de juridiction pour le magistrat de cette ville,
ceux que j'auré l'honneur de vous envoyer seront plus nombreux,
puisque le sieur Marie, maire, me promet que personne ne sera
dispensé de la condamnation pour le manque d'assiduité. Il y a
quelques familles, qui se plaignent de ce que le magistrat (3)
passé ne les a pas exemptées de la taille, ce qui me surprend d'autant plus que le sieur Billard m'a asseuré les avoir touttes satis-
faictes, après m'avoir envoyé un roole de celles, qui ont trois
enfans aux manufactures, pour y en adiouster d'autres, qui en
auroient moins, à quoy j'ay respondu qu'il ne falloit exempter que
les familles qui ont le nombre fixé. Mme l'abesse et les mères religieuses bernardines (4) me demandent d'estre gratifiées de la rétribution de l'assiduité : il est bien vray... qu'elles sont très pauvres,
et que la qualité et quantité (5) de leurs ouvrages sont recevables ;

(1) La compagnie des intéressés.

(2) *Mél. Colb.*, 151 *bis*, fol. 902. Depping, *op. cit.*, III, p. 813. L. de Laprade, *op. cit.*, p. 163.

(3) Ce mot est pris là dans un sens absolu pour désigner le corps des officiers municipaux. Voir les exemples cités dans le dictionnaire de Littré,
t. III, p. 375.

(4) Couvent de Notre-Dame-des-Iles (ordre de Citeaux) installé à Auxerre
en 1636 (Dom Beaunier et Besse. *Abbayes de France*, t. VI, p 78).

(5) Voir à ce propos les différents rôles cités dans l'appendice. Pour citer
deux exemples, les Bernardines avaient fourni le 8 janvier 1669 pour 87 livres
2 sols d'ouvrages divers, et en octobre 1672, pour 56 livres 10 sols. Voir
Mél. Colb., 150, f. 43 et 162, fol. 221.

mais je n'ose suivre mon mouvement en leur faveur, sans qu'il
vous plaise me le commender.

**Malheureusement pour la manufacture, la fabrication
subreptice du « point-de-Paris » continuait et donnait lieu
à une véritable contrebande. Mme de Voullemin le constatait
avec amertume le 11 mai 1669 (1).**

Le nombre des assidues s'augmente, écrivait-elle alors ; les sieurs
[Elie] Bargedé, conseiller au présidial, [Claude] Marie, esleu, et
[Gaspard] Moreau, marchand, eschevins, leur ont payé la rétribution
du moys d'avril dernier passé. L'avidité, que j'apperçois en elles
à recevoir ce bénéfice et jouyr de l'exemption d'une partie de leurs
tailles, me fait espérer que l'appréhension d'en estre privées, les
tiendra dans leurs debvoirs ; ce qui m'a faict dire au sieur Marie,
maire (2), qu'il estoit nécessaire qu'un eschevin vînt céans touttes
les semaines, au moins deux fois, pour les empescher de faire tant
de bruit et recevoir de moy les plainctes contre celles, qui, sans
retenue, auront préféré la badinerie au travail, affin qu'après en
avoir faict une liste, on leur retienne publiquement quelque chose
de leur rétribution à la fin du mois, en faveur des pauvres, en les
menaçant qu'à moins d'estre plus modestes et plus laborieuses, elles
seront privées aussy de cinq livres de diminution de leurs tailles.
Je ne doute nullement que ce petit soing, joint à celuy de faire
payer sans esgard l'amende de trente sols, par semaine, aux parens
de celles qui ne sont pas assidues (dont j'envoye tous les dimanches le roole aux magistrats) et celle de cinq cents livres à ceux
qui destourneront les ouvrières, en intention de les faire travailler pour eux et chastier de punition corporelle à celles qui y con-
sentiront, ne redonne enfin faveur à cett' establissement, pourveu
que les principaux de la ville ne continuent pas de menacer tous
les jours les ouvrières d'estre surchargées de tailles et de gens de
guerre, si elles ne travaillent pour eux ; ce qui faict que celles, qui
se laissent persuader, demandent des prix excessifs, pour avoir lieu
de quitter, quelques unes ayant osé me dire qu'elles ne manqueroient
pas de besongne ailleurs, y ayant mesme des marchands de Paris,
qui traficquent en poinct-de-Paris avec d'austres de cette ville, qui
leur en envoyent dans des bouëttes par la poste, dont le commis
m'advertit hyer qu'un nommé des Préz, marchand perruquier d'icy,

---

(1) Bibl. Nat., *Mél. Colb.*, 152, fol. 127.
(2) Ces différents magistrats ont été identifiés pages 33 et 37.

avoit envoyé à Paris soulz couverture de cheveux, quattre mouchoirs de poinct-de-Paris à un nommé Johan, marchand de la rue Saint-Denys. Je vous supplie, Monseigneur, de commender au sieur Marie, maire, deprésent en cour, de mettre en exécution la volonté qu'il m'a tousiours faict paroistre d'obéir à vos ordres.

A la fin du même mois, la situation restait la même (1).

Le roolle des filles, qui ont vendu des ouvrages, du depuis le 27e du mois passé jusques à ce jour est de quatre-vingt-quinze, non comprise[s] les religieuses ; elles sont réparties en soixante-deux pour le poinct, vingt-huit pour la broderie, et cinq pour les brides ; la somme desdicts ouvrages est de six cent quatre-vingt-deux livres. Hyer, j'ay remis aux intérésséz, par le coche d'eau, deux collets, quatre mouchoirs et quinze aulnes un quart d'aulnage, qui montent à neuf cent soixante-cinq livres seize sols : le commis de céans, en les chargeant du quart pour les frais, les a faicts monter à douze cents livres seize sols un denier. Il vient un peu plus de filles à ce bureau que par le passé, mais je m'apperçois que leur assiduité ne rend pas plus d'ouvrages qu'à l'ordinaire, comme vous pourrez veoir, Monseigneur, par le roole cy-inclus, s'il vous plaist d'en prendre la peinne. Il y a deux choses qui en sont cause. Une est la contrevantion, qui préiudicie assurément notablement le succès de cette manufacture, et l'aultre est le peu de retenue et de modestie des filles, qui viennent céans plustost pour converser ensemble que pour travailler. Le remède de la première est, à mon sens, qu'il vous plaise faire jouyr le magistrat de l'arrest, et luy commender de s'en servir, en sorte que les ouvrières ne soyent plus destournées pour d'autres que pour céans et qu'il empesche le poinct-de-Paris, qui est un grand obstacle pour que les filles se perfectionnent ; parce qu'en y travaillant, elles se grossissent la main ; et celluy (2) de la dernière est que les ouvrières ne jouyssent poinct de la rétribution et de l'exemption des tailles qu'avec le mérite de la quantité et de la qualité de leur ouvrage, vous asseurant, que la plus part employe deux et trois mois à faire ce qu'elles (sic) pourroient achever en huict iours. Et affin de ne rien espargner pour le bien de ce peuple, il me semble qu'il ne seroit pas hors de propos qu'une fois la semaine je leur fisse faire céans par quelque religieux une petite exhortation d'une demye heure pour

---

(1) Lettre du 31 mai 1669. Bibl. Nat., *Mél. Colb.*, 152, fol. 376.
(2) Le remède.

les obliger à avoir plus de retenue et s'attacher davantage au travail.

Un mois plus tard, le 15 juin 1669, la directrice espérait voir solutionner au mieux ces différents problèmes, grâce à l'appui du maire, qui venait de revenir à Auxerre.

Le maire m'a promis, disait-elle (1), de ne s'oublier en rien pour empescher la contrevantion et faire en sorte par ses soings que deux cent quinze filles, qui sont instruictes, non compris cinq couvents de religieuses, rendent plus d'ouvrages qu'elles n'ont faict du passé. Le règlement que le magistrat a faict pour la satisfaction des billets du passage de trouppes a faict qu'il n'a pas donné la rétribution du moys passé. Le sieur Marie m'a asseuré de n'y pas manquer à la fin de celuy-cy pour les deux.

L'enregistrement de l'édit relatif à la jurisdiction des délits commis dans les manufactures ou à leur sujet, édit dont la mise en vigueur devait assurer le pouvoir de contrôle des officiers municipaux eut enf. lieu au mois d'août (2). Cet acte attribuait aux maire et échevins la connaissance de toutes ces affaires.

Mais Colbert, en faisant adopter cette mesure, qui engageait dorénavant la responsabilité des municipalités, voulait obtenir des résultats définitifs. Aussi pressa-t-il vivement les magistrats d'agir avec énergie, et il leur écrivit à ce sujet une lettre significative le 14 septembre 1669 (3).

Vous avez esté informéz, spécifiait-il, que le Roy a bien voulu par une marque toute particulière de sa bonté pour votre ville, y faire des établissemens de manufactures de bas-de-laine et points-de-fil-de-France (4). Comme Sa Majesté désire être ponctuellement informée du succèz que ces establissemens ont eu et de l'avantage que ses peuples en retirent, ne manquez pas de m'apprendre tous les mois le nombre de maîtres et maîtresses, qui sont employéz à

---

(1) Bibl. Nat., *Mél. Colb.*, vol. 153, fol. 437. Depping, *op. cit.*, t. III, p. 313. L. de Laprade, *op. cit.*, p. 164.

(2) *Recueil des règlements généraux concernant les manufactures*. T. I, 1730, in-4, p. 2. G. Martin, *op. cit.*, p. 360. J. Séguin, *op. cit.*, p. 116.

(3) *Arch. de l'Yonne*, HH 34, n° 5 (an. cote LLLLL, paq. 174, n° 10). Leblanc, *op. cit.*, II, p. 84.

(4) Cette expression développée pour désigner les dentelles est rare.

ces manufactures, le nombre d'enfans de tous aage et sexe qui s'i apliquent et les progrèz qu'ils font par chaque mois ; et, de vostre part, ne manquez pas aussi d'inviter tous vos habitans de s'i apliquer, leur faisant connoistre tous les avantages qu'ils en recevront, et soyez persuadés que vous ne pouvez rendre au Roy aucun service, qui luy soit plus agréable que de contribuer au succès de ces establissemens.

Le ministre insistait aussi auprès des diverses autorités pour activer l'émulation des ouvrières par des visites répétées. L'intendant, puis le vicomte de La Rivière, MM. de La Ferrière et de Lalande visitèrent successivement le « bureau ».

Malgré tout, le nombre des travailleuses diminuait. C'est ce que constatait une lettre désenchantée de Mme de Voullemin (1), qui prétendait, pour expliquer l'échec que le maire et les échevins favorisaient les délinquants, dont ils étaient les parents et les amis.

J'ay receu un ordre de vostre bonté pour la somme de six cents livres de pention de la présente année sur M. de La Planche (2), trézorier-général des bastimens, dont je vous rends très humbles graces. Le 11ᵉ, le sieur Marie, maire, est venu, céans payer aux filles la rétribution du passé. Le 19ᵉ, au mattin, M. Bouchu, intandant de cette province, visita cette manufacture, et l'après-disnée, M. le vicomte de La Rivière, avec les dames sa femme et de La Ferrière ; le 23ᵉ, M. et Mme de Lalande luy firent l'honneur d'y venir, où ils exagérèrent aux filles le tort qu'elles se faisoient de travailler pour d'autres que pour céans, et aux dames de cette ville, qui les accompagnoient, le retardement qui en provenoit au succès de cett'establissement, qui asseurément seroit contre les intentions du Roy et les vostres. Le nombre des assidues est de cent vingt-neuf, c'est-à-dire qui viennent au burreau assez souvent ; celuy de tous les jours ne passe pas quatre-vingt. Le magistrat a receu un arrest du Conseil, qui lui attribue jurisdiction, en attendant la vérification de ses patentes. Il m'asseure de ne point manquer à ce qu'il continue de me promettre depuis si longtemps ; mais, comme la contrevantion se soustient par les principales maisons de cett'ville

---

(1) Bibl. Nat. Lettre du 28 octobre 1669. *Mél. Colb.*, vol. 154, fol. 319.
(2) Sébastien-François de La Planche, trésorier-général des bâtiments.

et que les sieurs maire, gouverneur et eschevins sont leurs parens ou amys, je vous supplie de leur faire escrire de tenir la main, sans esgard, à l'exécution de l'ordonnance. J'ay receu une lettre des intéréssez, en datte du 24ᵉ de ce moys, qui m'asseure que le 23ᵉ, il vous a pleu leur commender de ne me plus envoyer de fonds pour broder ; ceux, qui l'ont été depuis un an ençà à leur prière m'ont obligée d'instruire plus de filles à la broderie, pour leur faire plaisir ; ce qui me fait vous supplier très humblement d'aggréer que je m'en puisse servir encor pour quelque temps, affin qu'elles ne chomment pas, ce qui est absolument nécessaire pour la perfection de l'ouvrage de céans, les poincts des autres manufactures n'estans ny si bons, ny si beaux, ny si blancs que ceux de celle-cy. Les rooles cy-joincts sont de celles pour le poinct et pour la brodderie, affin qu'il vous plaise, Monseigneur, de voir que celuy-là ne suffit pas pour celuy-cy, puisqu'une brodeuse peut employer tout au moins quatre pour le poinct. J'eusse faict hyer un envoy aux intéréssez de onze cent quatre-vingt-dix-sept livres dix-sept sols d'ouvrage, dont deux mouchoirs sont asseurément aussy beaux qu'il en soit faict à Venize, sans qu'ils m'ont escript de le retarder, jusqu'à l'arrivée en ceste ville du sieur Lopin.

Colbert fut ému des déclarations de cette missive. Dès sa réception, il voulut réagir, et intervint auprès des échevins en leur ordonnant de faire respecter le règlement sans distinction de personnes (1). Il leur ordonnait de députer un

---

(1) Cette lettre importante conservée aux *Archives de l'Yonne* (HH 34, nᵒ 6 ancienne cote LLLLL, paquet 174, nᵒ 11) est datée du 3 novembre. Elle a été imprimée par Mᵐᵉ de Laprade (*op. cit.*, p. 164) avec la date fausse du 30 novembre, et par Chardon (*op. cit.*, II, p. 283) avec celle du 20. Cf. Bibl. Nat., *Cinq Cents Colbert*, t. 204, fol. 292. Depping, *op. cit.*, t. III, p. 826. Leblanc, *op. cit.*, t. II, p. 90-91. P. Clément, *Histoire du système protecteur*, p. 270. En voici le texte : « Messieurs, ayant appris que quelques-uns des principaux habitans de vostre ville font travailler chez eux les ouvrières, qui sont employées à la manufacture des poincts-de-France, ce qui les empesche de se rendre dans la maison où elle a esté establie aussi assiduement qu'il seroit à désirer, je vous escris que n'y ayant rien de si contraire à l'augmentation de cette manufacture et à l'utilité que le public en peut recevoir, il est très important que vous vous serviez de l'autorité que vos charges vous donnent pour faire cesser un abus si considérable, et que vous teniez la main, *sans aucun esgard ny distinction de personne*, à l'exécution de l'ordonnance, pour obliger lesdites ouvrières à se rendre soigneusement à ladite maison. Et, comme il pourroit arriver quelque contravention à laquelle il faudroit remédier promptement, j'estime qu'il est bien nécessaire que vous députiez quelqu'un de votre corps pour faire la visite de cette mai-

des élus du corps municipal pour faire la visite des manufactures trois fois par semaine, veiller au payement des gratifications des ouvrières et « maintenir les filles dans le devoir ».

Les magistrats ne durent pas s'empresser d'accéder à ses désirs ; le 21 novembre (1) le ministre réitéra ses observations, réclamant aussi les renseignements qu'il avait demandés. Aussi Colbert, désespérant d'obtenir d'eux la surveillance nécessaire, chargea l'un de ses plus fidèles et intelligents agents, Francesco (ou François) Bellinzani de faire une inspection générale des manufactures (2). Il ne s'agissait pas là que de la ville d'Auxerre, mais il n'est pas douteux que les difficultés qu'éprouvaient les bureaux de cette ville n'aient contribué à cette décision.

IX

Cependant, malgré les encouragements et les promesses officielles, le travail de la manufacture de dentelles était peu suivi, et par conséquent rapportait peu.

Les tableaux, qui ont pu être dressés d'après les « rôles »

---

son *trois fois la semaine*, observant surtout de faire payer exactement à la fin de chaque mois la rétribution, qui leur a été promise. » Les échevins confièrent cette inspection à l'un d'eux, l'avocat Florentin Prévost (Chardon, *op. cit.*, t. II, p. 283).

(1) *Arch. de l'Yonne*, HH 34, n° 7 (LLLLL, paquet 174, n° 12).

(2) Cette commission, datée du 29 décembre 1669 (Bibl. Nat., *Cinq Cents Colbert*, vol. 204, fol. 355) disait expressément que ledit Bellinzani était nommé « pour faire la visite des manufactures, se transporter en chacune d'elles, examiner les mestiers qu'elle a, quel en est le nombre, s'ilz sont montéz et actuellement travaillant, combien il y a d'ouvriers et d'ouvrières, d'apprentis et d'apprentises, qui y travaillent, si les estoffes ou ouvrages qui s'y font sont de la qualité et conformes aux ordonnances de Sa Majesté, et aux lettres de privilèges, et généralement prendre connoissance de toutes les choses qui regardent lesdictes manufactures, enjoignant à cet effect à tous les entrepreneurs, commis, ouvriers et autres employéz en icelles de vous faire ouverture de leurs magazins, chambres et autres lieux, servant auxdictes manufactures et en dresser des mémoires pour en être fait rapport ». Sur Bellinzani, voir F. Joubleau, *op. cit.*, t. I, p. 330. A. de Boislile. *Les Conseils du Roi sous Louis XIV*, p. 160 et s., *Correspondance des contrôleurs généraux*, t. II, p. 503. G. Martin, *op. cit.*, pp. 33, 46, 192, 270, 351, 354.

des travailleuses (1) ne donnent que 97 à 100 ouvrières pour l'année 1668, et 94 à 166 pour 1669. La valeur des travaux pour la période d'un mois et demi ne s'élevait qu'à sept cent quatre livres quatre sols six deniers, et s'abaissait à quatre cent quarante neuf livres neufs sols ; ce qui représente une faible production, étant donné les prix très élevés des produits. C'est là un échec (2). Colbert le sentait vivement. Il essaya, à nouveau, d'exciter l'esprit d'émulation des magistrats, et le 24 janvier 1670 leur écrivit une lettre impérative, où il critiquait vivement, répétant les dires de Mme de Voullemin, « l'oisiveté honteuse » où s'attardaient les habitants d'Auxerre, ainsi que l'indiscipline, l'inattention et « le libertinage » des jeunes travailleuses (3).

Divers arrêts du Conseil réglementèrent définitivement alors la juridiction des procès, relatifs aux manufactures (4).

---

(1) Voir l'appendice.

(2) Les « rôles des filles », travaillant à la manufacture, rôles conservés dans plusieurs volumes des *Mélanges Colbert*, et résumés dans l'appendice, sont curieux à examiner. Ils permettent d'établir une liste des travailleuses en octobre 1669 : cette liste fait voir que certaines familles s'étaient spécialisées dans ces travaux. On peut citer les Bérault (3 dentellières), les Bourgoin (2 dentellières, 1 brodeuse), les Delorme (4 dentellières), les Deschamps (4 dentellières), les Espolard (3 dentellières), les Goureau (5 dentellières), les Lafay (3 brodeuses), les Marie (3 dentellières, 1 brodeuse), les Mono (2 dentellières, 2 brodeuses), les Née (2 dentellières, 3 brodeuses), les Provost (2 dentellières, 3 brodeuses), les Ragon (3 dentellières, 1 brodeuse), les Rousselet (4 dentellières), les Thomas (2 dentellières, 1 brodeuse), etc... Les religieuses — principalement les Bernardines, — s'étaient spécialisées dans les travaux de luxe et de grand art.

(3) « L'establissement des manufactures, ayant été jugé un moyen asseuré de retirer tous ceux qui s'y appliqueroient de l'oysiveté honteuse dans laquelle ils estoient plongéz, et en mesme temps de leur procurer l'abondance, c'est par cette raison que le Roi a fait porter celle des points-de-France en vostre ville. Mais comme les habitans d'Auxerre n'ont pas jusques à présent, profité d'une disposition si heureuse pour leurs propres advantages et qu'ils ont mesme négligé d'envoyer leurs enfans dans lesdites manufactures, pour y estre instruits, ils n'ont pas retiré toute l'utilité qu'ilz en pouvoient justement espérer. Et je suis persuadé que, si vous faites payer les amendes et procédez à la distribution de la rétribution des exemptions, qui ont esté réglées, animant tout le monde par votre exemple et par vos fréquentes visites, vous parviendrez à la fin que Sa Majesté s'est promise dans ces establissements. En mon particulier, je vous avoüe que, m'estant appliqué à les faire réussir en vostre ville, avec beaucoup plus de peine et de soin que dans toutes les autres du royaume, je suis bien fasché d'y voir si peu de progrèz » (*Arch. de l'Yonne*, HH 34, n° 8, anc. cote LLLLL, paq. 174, n° 13). — Cf. Leblanc, *op. cit.*, II, p. 92. Depping, *op. cit.*, III, p. 827. Clément. *Histoire du système protecteur*, p. 271. L. de Laprade, *op. cit.*, p. 165.

(4) Arrêt du 19 avril (*Recueil des règlements généraux*, t. 1, p. 91 qui reti-

Le ministre espérait par cette procédure obliger les magistrats municipaux à sévir contre les délinquants, et par conséquent à contribuer à la multiplication des travailleuses et des travaux, en obligeant tous les ouvriers à une assiduité rémunératrice pour l'entreprise.

Ces mesures diverses, inspirées d'ailleurs par les mêmes idées, ne donnèrent pas d'appréciables résultats. Le ministre dut constater à nouveau le peu de succès de l'affaire. Il protesta à nouveau auprès des échevins, parce que ceux-ci ne poursuivaient pas ceux qui contrevenaient aux ordonnances. C'était là, selon lui, la cause essentielle de la non-réussite.

Je vous avoue, écrivait-il (1), que j'ai esté fort surpris d'apprendre que la manufacture des points ne se fortifie pas plus qu'elle faict et que le nombre d'ouvrières y diminue au lieu d'y augmenter. Je ne puis assez m'estonner que vos habitans ayent si mal proffité des soins et des peines que je me suis donné, pendant que ceux de Sens, pour lesquels je n'avois pas la mesme inclination réputent le mesme establissement à un très grand advantage pour leur ville et travaillent à retrancher les abus, qui y pourroient causer de l'altération.

Je suis persuadé néantmoins que, sy vous teniez exactement la main à faire exécuter les ordonnances, rendues pour obliger les filles à se rendre soigneusement à ladite manufacture et que vous fissiez donner la récompense à celles, qui s'acquiteroient de leur devoir, vous pourriez me donner la satisfaction de voir cet establissement recevoir une notable augmentation et que le petit peuple de vostre ville sortiroit, par ce moyen, de la misère dont il est accablé (2).

---

rait la juridiction aux maires « perpétuels », c'est-à-dire à ceux qui n'étaient pas élus par les échevins. Arrêts du 27 juillet (*Recueil*, t. I, p. 10. G. Martin, *op. cit.*, p. 360) et du 24 septembre (G. Martin, *loco cit.*) ordonnant des peines contre des marchands qui fabriqueraient et mettraient en vente des produits de contrebande et marchandises défectueuses.

(1) *Arch. de l'Yonne*, HH 34, n° 9 (anc. cote LLLLL, p. 174, n° 15) Leblanc, *op. cit.*, III, p. 93. Depping, *op. cit.*, III, p. 828. Clément. *Histoire du régime protecteur*, p. 271. Clément. *Lettres de Colbert*, t. II, 2° partie, p. 541 (d'après une copie conservée dans les *Archives de la Marine*, Dépêches concernant le commerce, 1670, fol. 349). L. de Laprade, *op. cit.*, p. 166.

(2) Peu après, le 6 novembre, Colbert écrivait à l'intendant Bouchu : « A l'égard de la manufacture des points de France, il est certain que si les maire et échevins continuent de tolérer les contraventions, ils courent risque de la faire périr dans leur ville, et le seul moyen de les obliger en cela de faire

X

Cet effort devait rester inutile. Le ministre ne put persuader les magistrats et les habitants. Il s'en plaignit vivement à la directrice, dans la lettre qu'il lui écrivit le 9 janvier 1671 (1).

Quoique les habitans d'Auxerre, disait-il, répugnent à leurs propres avantages, en ne profitant pas de cet établissement pour l'instruction de leurs enfans, il faut que vous continuiez toujours à les exciter, à les envoyer à ladicte maison, et, pour obliger le magistrat de vous aider dans l'exécution de ce dessein, j'écris la lettre ci-jointe aux échevins de la ville.

La lettre que mentionne ici Colbert existe aux Archives de l'Yonne. Elle est fort impérative et essaye d'orienter les magistrats dans la direction souhaitée (2).

---

leur devoir consiste en l'application que vous y avez donnée, pendant le séjour que vous y avez fait ; et, comme vous voyez clairement que cette application contribue extraordinairement à augmenter le nombre des ouvrières, qui s'adonnent à ces manufactures, je vous prie de la continuer. » L. de Laprade, *op. cit.*, p. 170. — En même temps, Colbert, fidèle à son système de protection de l'industrie nationale, s'efforçait par arrêts et déclarations, d'interdire « de fabriquer, vendre, débiter ny user d'aucuns points de fil, faits à l'aiguille, vieux ou nouveaux, autres que ceux des manufactures royales. Voir à ce sujet les placards imprimés, conservés dans le ms. fr. 21788, fol. 323 et ss. (Arrêts du Conseil du 15 février 1667, 31 janvier 1668, 19 août 1669, 17 mars 1670). Il faisait interdire de plus l'importation des dentelles de Venise, Gênes et Raguse (12 octobre 1666), en n'autorisant le port que jusqu'au 20 janvier 1667. Ces défenses furent renouvelées les 15 février et 17 novembre 1667, 31 janvier et 17 mars 1668. Il ordonna une marque ou cachet pour distinguer les dentelles royales autorisées (19 août 1669). Des mesures sévères furent prises en 1670. A la suite de perquisitions, faites par les commissaires Guinet, Meusnier, Camyn, Le Vavasseur, Vandosme, Huet, Baudelot, David, Galleron, Gazon, des « spécimens » saisis chez des particuliers à Paris, furent solennellement « brûléz et reduitz en cendres » devant la porte du Grand-Chatelet, le 22 août. Mais malgré toutes ces sévérités (les coupables s'exposaient à la confiscation, à une amende de 3.000 livres, et en cas de récidive, à « des procédures extraordinaires »), le point-de-France, très cher, ne semble pas avoir réussi ni remplacé toutes les autres dentelles. Voir encore une ordonnance du lieutenant de police de La Reynie du 6 mars 1669. L. de Laprade, *op. cit.*, p. 57-61.

(1) Depping, *op. cit.*, t. III, p. 828. Clément. *Histoire du système protecteur*, p. 271. Clément. *Lettres de Colbert*, t. II, 2ª partie, p. 542, note. L. de Laprade, *op. cit.*, p. 170.

(2) *Arch de l'Yonne*, HH 34, nº 10 (anc. cote LLLLL, paq. 174, nº 16). Cf. Leblanc, *op. cit.*, t. II, p. 95. Cf. aussi les indications de la note précédente.

> Quelque excitation que j'aye pu faire jusques à présent, écrit-il, à ceux qui ont rempli les charges de vostre ville sur l'exécution des règlemens, faitz pour la manufacture des points, il a esté impossible de leur faire comprendre les advantages qu'elle en retireroit, et que les habitans de ladite ville en recevroient un soulagement considérable. Cependant, comme il n'y a pas de meilleur moyen de retirer ces filles de l'oysiveté, et de leur procurer une subsistance honneste, ne manquez pas de tenir la main à l'exécution de tous ces poincts et de prendre les advis de Mme de La Petitière, à laquelle j'ai reconnu toujours un grand zèle pour le bien de votre ville.

Il a été dit que devant la répétition de l'échec, Colbert avait cessé de s'intéresser à la manufacture. C'est une erreur : il se peut qu'il y ait porté une attention un peu moins vive (1). Mais bien après cette date, il est encore des preuves de son intérêt pour l'affaire : il essaya donc de continuer à maintenir l'œuvre. D'ailleurs la manufacture continua à vivre péniblement, il est vrai, mais à vivre et ne disparut qu'après la mort du ministre.

Le 15 mars 1671, un arrêt du Conseil décida définitivement que le maire et les échevins connaîtraient seuls les rebellions, faites dans les questions relatives aux fabriques, aux gardes-jurés des communautés et aux commis et huissiers, dans les cas où la peine encourue ne serait pas afflictive. C'était donner là définitivement une réelle importance aux fonctionnaires municipaux, en augmentant leur responsabilité et en stimulant leur zèle (2).

Comme toujours le résultat fut médiocre. Le 24 avril 1671, Colbert dut le reconnaître. Il écrivit dans ce sens à Mme de Voullemin (3) :

> Je vous recommande soigneusement de tenir la main à ce que les filles travaillent assidument et d'exciter toujours les habitants de ladite ville à envoyer leurs enfants à laditte manufacture.

---

(1) C'est donc abusivement que Chardon a écrit (*op. cit.*, t. II, p. 291) : « Cette année (1671) est celle où M. Colbert, fatigué de stimuler inutilement les habitants à faire prospérer les manufactures, cessa de s'en occuper. »

(2) *Recueil des règlements généraux*, I, p. 12. G. Martin, *op. cit.*, p. 360.

(3) L. de Laprade, *op. cit.*, p. 172.

La missive qu'il adressait en même temps aux magistrats
était de ton sévère.

J'apprends disait le ministre (1), par toutes les lettres que je
reçois d'Auxerre que la manufacture des points, qui y a esté soute-
nue jusques à présent avec beaucoup d'application, ne reçoit pas
l'augmentation suffisante par les contravantions qui se commettent
aux arrests du Conseil et par les esgards, que vous avez pour vos
concitoyens ; et, comme cette conduite est opposée aux intentions
du Roy et au bien de vostre ville, je dois vous dire encore une
fois que, si vous ne tenez pas rigoureusement le main à l'exécution
des dits arrests, vous verrez périr entre vos mains une manufacture, qui fait le bonheur et le soulagement des autres villes du
royaume, où elle a esté establie ; et, en mon particulier, j'aurai la
mortification de voir que toutes mes peines auront esté inutiles dans
une ville, dont la proximité de ma terre m'avoit porté à avoir un
soin particulier (2).

Sur ces entrefaites, le gouverneur de Bourgogne, le fils du
Grand Condé, « Monsieur le duc » (3) visita la ville. Comme
son attention avait été attirée sur les manufactures, il s'y
intéressa (4), fit des observations aux échevins, qui affectèrent après son passage une attitude plus zélée. Colbert en
fut satisfait.

J'apprends d'Auxerre, écrivait-il au duc (5), que depuis le passage de Vostre Altesse, le magistrat y fait beaucoup mieux son
debvoir, et que tout le monde, inspiré par la chaleur qu'Elle y a
témoigné, contribue à augmenter les manufactures. Le partage par

---

(1) Depping, *op. cit.*, t. III, p. 829. Clément. *Histoire du système protecteur*
p. 272. Clément. *Lettres de Colbert*, t. II, 2ᵉ partie, p. 542. L. de Laprade,
op. cit., p. 172.

(2) Ici, l'aveu des buts un peu personnels de Colbert est fort net. Il est de
fait d'ailleurs que, si Colbert exagère un peu, les manufactures des points de
France du Quesnoy, d'Arras, de Reims, de Sedan, de Chateau-Thierry, de
Loudun et surtout d'Alençon avaient mieux réussi que celle d'Auxerre.
La tentative faite à Aurillac ne semble pas avoir été heureuse. Voir à ce
sujet l'ouvrage de Mᵐᵉ de Laprade.

(3) Henri-Jules de Bourbon, duc d'Enghien.

(4) Les Etats de Bourgogne, prirent sur sa proposition, une résolution pour
l'exemption des tailles en faveur des parents qui, enverraient leurs enfants
aux manufactures. Cf. à ce sujet une lettre de l'évêque d'Autun, Gabriel de
Roquette (Bibl. Nat., *Mél. Colb.*, vol. 156 *bis*, fol. 554).

(5) Clément. *Histoire du système protecteur*, p. 272, note 1. L. de Laprade,
op. cit., p. 173.

tiers (1) de trois mille cinq cents livres réservées des octrois d'Auxerre, pour les rétributions, est très bien pensé. Il faut seulement observer que les deux manufactures de tricot et de serge s'en pourront facilement passer dans peu de temps, et qu'il est nécessaire que celle des points-de-France, continue toujours, et mesme qu'elle augmente, estant certain qu'elle produira beaucoup plus d'advantages à cette ville que les deux autres (2).

Mme de Voullemin qui, malgré toutes les difficultés ne perdait pas courage, avait profité du voyage du duc pour remettre des mémoires où elle proposait des réformes urgentes, selon elle, pour sauver la fabrique et la développer. Ces projets ne plurent pas au ministre. Le 26 juin, il écrivit dans ce sens à l'active directrice (3).

J'ay vu les mémoires que les vous avez donnés à Monseigneur le Duc et tout ce que vous avez désiré pour l'augmentation de la manufacture des points-de-France à Auxerre. Je dois vous dire qu'il y a beaucoup d'articles, qui ne peuvent pas estre accordés et que j'ay trouvé les rétributions fort mal réglées, d'autant que mon intention n'a jamais esté de les faire donner aux ouvrières, qui peuvent gagner leur vie, mais seulement aux apprenties, pour exciter les pères à envoyer leurs enfans, jusqu'à ce que, estant instruits, ceux-ci puissent gagner plus facilement et plus seurement leur vie. Aussitost que Son Altesse sera de retour de Charleroi, avec le Roy, nous prendrons résolution sur lesdicts mémoires, et je vous le feray sçavoir ensuite.

Puis Colbert, pour être plus nettement renseigné résolut d'envoyer sur place l'inspecteur Bellinzani, accompagné du sieur Landais (4). En attendant les résultats de cette visite, il s'efforça de régler la question de la rétribution, qui devait être accordée aux ouvrières, dans certains cas. Précisant son

---

(1) Pour chacune des trois manufactures.

(2) La prédilection de Colbert pour la fabrique des dentelles se marquait donc encore en mai 1671.

(3) Clément. *Lettres de Colbert*, t. II, 2e partie, p. 622 (d'après *Archives de la Marine*. Dépêches concernant le commerce, 1671, fol. 1). Séguin, *op. cit.*, p. 122. L. de Laprade, *op. cit.*, p. 169.

(4) Le 30 juin. Les deux envoyés eurent à visiter Seignelay, Auxerre, Autun. Voir Clément, *Histoire du système protecteur*, p. 276. Le sieur Landais dirigeait la fabrique de serge d'Auxerre.

idée, qu'il avait déjà signifiée dans sa lettre précédente, il disait :

Ma pensée a tousjours esté (1) que l'on donnast quelque chose aux filles pour les attirer au travail pendant le temps de leur apprentissage, au plus pendant une ou deux années ; mais, comme après ce temps-là, ou elles sont en estat de gagner leur vie, ou elles sont du tout incapables d'apprendre, je n'ay pas prétendu que la rétribution continuast davantage à leur esgard.

XI

La correspondance relative à la manufacture de dentelles d'Auxerre devient alors moins suivie. C'est peut-être aussi que, par suite des hasards, dont le rôle est si important dans la conservation des archives, elle a été moins bien gardée.

Quoi qu'il en soit, les débris que nous possédons permettent de suivre encore jusqu'en 1674 les détails de son existence.

C'est ainsi que Colbert profita de la présence de son frère Nicolas à l'évêché, pour faire inspecter à nouveau l'établissement.

Je vous prie, écrivait-il le 17 février 1672 (2), de prendre la peine de visiter les manufactures d'Auxerre et de me faire sçavoir quelle opinion vous en aurez. Je ne doute pas que vous ne reconnoissiez que ces sortes d'établissemens-là sont bons pour le spirituel et le temporel des habitans de ladite ville, et que vostre présence et l'estime, que vous en ferez, ne contribue beaucoup à les augmenter.

Une question grave allait alors se poser.

Les « intéressés », entrepreneurs financiers de l'affaire, qui

---

(1) Clément. *Lettres de Colbert*, t. II, 2ᵉ partie, p. 622, note 2 (d'après *Archives de la Marine*, dépêches concernant le commerce, 1671, fol. 40). L. de Laprade, *op. cit.*, p. 169. A cette époque Bellinzani qui s'était mis en route le 23 août 1671 (*Mél. Colb.*, 157, fol. 328), gagna successivement Autun, Bourbon, Moulins, Nevers, La Charité et Cosne. Il dut, en revenant, passer à Auxerre, Seignelay, Sens vers novembre et décembre. Nous n'avons malheureusement pas retrouvé le rapport, où il consignait le résultat de son enquête.

(2) Clément *Histoire de Colbert*, t, I, p. 312. L. de Laprade, *op. cit.*, p. 174.

avaient été déjà, comme il a été dit (1), en opposition avec la directrice, n'étaient, en réalité, que des spéculateurs, qui aspiraient surtout à toucher de sérieux bénéfices. Ils estimaient que la manufacture leur coûtait et ne rapportait rien. Aussi avaient-ils augmenté de façon tout à fait excessive le prix des produits (2). Un seul, Amonnet, semble avoir eu des idées plus larges, et c'est lui qui s'intéressa le plus à l'institution les années suivantes, et essaya de la développer.

Cependant les intéressés avaient cédé aux objurgations de Bellinzani, diminuant les prix et s'engageant à renvoyer des employés inutiles ou indolents (3). L'inspecteur qui avait étudié de près l'origine de l'affaire « pour en connoitre toutes les cabales » estimait que la conduite des entrepreneurs devait ruiner l'œuvre entière. Mais alors ceux-ci se plaignirent à l'évêque, qui transmit leurs doléances à Colbert.

Le ministre reconnut bien que l'affaire d'Auxerre n'était pas excellente. Mais il attribuait cet échec à la paresse et à l'obstination des Auxerrois.

Pour la manufacture des points, écrivait-il le 8 avril 1672 (4) à son frère l'évêque, je ne doute pas qu'elle ne soit à charge aux entrepreneurs ; mais cela vient du peu d'application, que les filles ont donné à ces ouvrages et du peu de soin, qu'en ont pris les magistrats, parce que dans toutes les villes du royaume, où les filles se sont voulu applicquer, et où les magistrats ont fait leur devoir, non seulement elle n'est point à charge à personne, mais, au contraire, elle est fort avantageuse à la ville et aux entrepreneurs, parce qu'elle attire incessamment de l'argent, qui se répand partout ; ce débvrait estre là l'object de l'application et des principaux de la ville et de tous les particuliers habitans. Mais la ville d'Auxerre

---

(1) Voir pages 24 et suivantes.

(2) Le « Point-de-France » ne semble pas avoir été à la mode. Le roi lui-même fit cependant ses efforts pour le répandre (Voir Séguin, *op. cit.*, p. 122). Quelques années plus tard, en 1676, à une cérémonie de la Cour, Mᵐᵉ de Montespan portait « une robe de points-de-France » qui devait revenir à des prix fabuleux, car d'après des documents résumés à l'appendice, la dentelle royale était fort chère. Voir *Correspondance de Mᵐᵉ de Sévigné*, éd. Monmerqué, t. IV, p. 543.

(3) Lettre du 6 avril 1672, Bibl. Nat., *Mél. Colb.*, 156 *bis*, fol. 397.

(4) Clément. *Histoire du système protecteur*, p. 272, note 1. L. de Laprade, *op. cit.*, p. 173.

est d'une si prodigieuse fainéantise qu'il sera très difficile de l'en tirer. Vous pouvés y contribuer beaucoup par vos excitations et par vos soins (1).

Ces idées étaient chères à Colbert. Il y revient encore dans une lettre à l'intendant, Bouchu, lettre datée du 4 juin (2).

J'apprends, y déclare-t-il, tous les jours, que les manufactures de serge et de tricot sont en bon estat. Bien que ce soit un advantage assés considérable pour ladite ville, il le serait beaucoup plus si la manufacture des points y avoit un pareil succès, et quoyque les entrepreneurs l'ayent peut-être négligée, je puis vous assourer néanmoins que si les magistrats y avoient bien faict leur debvoir, elle auroit réussy ; mais leur négligence et leur peu d'application y ont causé une diminution considérable.

Cependant Mme de Voullemin, secondée par Amonnet et Bellinzani (3), luttait de toutes ses forces contre les difficultés qu'elle rencontrait. Bien qu'elle ne reçût sa pension que de façon irrégulière, ce dont elle se plaignait, elle s'efforçait d'activer la production. Le 23 août 1672 (4), la fabrique expédiait aux intéressés sept mouchoirs, cinq rabats et quatre-vingt-douze aulnes et demi d'ouvrage, travaux qui atteignaient la somme de trois mille quarante-sept livres neufs sols (5). A cette occasion, la directrice reconnaissait que le résultat n'était pas brillant, mais imputait cet échec constant à la conduite du maire. Le 3 novembre suivant (6) elle ne put fournir que des quantités moindres car « les vendanges, qui ont commencé fort tard, ont esté cause de la diminution du travail (7) ».

---

(1) Cf. plus haut, p. 49.

(2) L. de Laprade, *op. cit.*, p. 175.

(3) Ce dernier vint diverses fois à Auxerre. Voir Bibl. Nat., *Mél. Colb.*, 162, fol. 227.

(4) *Mél. Colb.*, 161, f. 233.

(5) Avec les droits sur le fil, la somme s'élevait à trois mille quatre cent quarante-sept livres. La directrice disait qu'elle aurait pu faire l'envoi depuis longtemps mais qu'elle n'avait pas voulu « dégarnir » le bureau dans l'espérance d'une visite d'une sœur de Colbert (Mme Desmarests ?).

(6) *Mél. Colb.*, 162. f. 220.

(7) A cette époque, le 18 novembre, un arrêt ordonnait aux échevins de juger les procès relatifs aux manufactures « en conformité des règlements généraux », ce qui prouve que ces magistrats n'appliquaient guère la loi, en ces cas-là. Voir G. Martin, *op. cit.*, p. 361.

XII

Un des principaux adversaires de la manufacture était le sieur Claude Billard, ancien maire et président au présidial, qui avait déjà lutté contre les revendications de Mme de Voullemin. Les démêlés de ce personnage avec la directrice continuaient toujours et contribuèrent certainement à l'insuccès. Colbert savait bien à qui il devait attribuer cette résistance.

A l'égard de la manufacture des points, écrivait-il le 15 septembre 1673 (1), à l'évêque, je suis persuadé que la dépense, qui est faite pour cela sur les octrois de la ville est très utile et très nécessaire. Les maire et eschevins ne sçavent ce qu'ils font, quand ils font difficulté de donner les assistances et toute la protection, qui est nécessaire pour soutenir cette manufacture et l'augmenter. Comme cette ville veut retourner à la fainéantise et à l'anéantissement, dans lesquels elle a esté et qu'elle ne veut pas profiter des moyens, que je luy ay donnés pour sortir de ce meschant estat, les autres affaires dont je suis chargé, et ma santé, qui n'est pas telle que je puisse travailler autant que j'ay faict autrefois, m'obligent à l'abandonner à sa mauvaise conduite. Si vous pouviez par votre autorité l'empescher, je croys que vous lui ferez un grand bien : mais je renonce à combattre tousjours les petitesses de l'esprit de M. Billard (2) et des autres gouverneurs de ladite ville.

Le magistrat, d'ailleurs, se défendait en accusant la directrice (3). Il prétendait que Mme de Voullemin n'était qu'une ingrate (4).

---

(1) Clément. *Histoire de Colbert*, t. 1, p. 311. L. de Laprade, *op. cit.*, p. 174.

(2) Sur Billard, voir Chardon, *op. cit.*, t. II, p. 252, 261, 266, 271, 272, 307 et 338.

(3) En tous cas, Billard, s'efforçait de créer tous les embarras imaginables à son ennemie, entre autres, et quoiqu'il dise dans la lettre du 16 novembre, au sujet du local, dont le bail finissant lui fournissait un bon prétexte. Il excitait aussi contre la directrice son commis. Le 25 octobre, il écrivait à Colbert (*Mél. Colb.*, vol. 166, fol. 189) lui demandant « ses intentions touchant la maison, qu'occupait la dame de La Petitière, environ de trois cens livres de loyer ». Il soulevait aussi la question des appointements. « Vous me feriés, ajoutait-il, un sensible plaisir de mettre ordre à ses demeslés avec le commis, ce qui n'est pas advantageux pour la manufacture ». Il terminait sa lettre, en prétendant être au mieux avec les sieurs Landais et Camuset, qui s'occupaient des fabriques de serge et de tricot.

(4) Il semble que Billard ne se souvenait pas des services à lui rendus par la directrice. Cf. plus haut, p. 20.

Je suis bien malheureux (1), prétendait-il, que, après avoir pris les interests de Mme de La Petitière contre toute la ville, elle ayt esté capable de vous faire des plaintes contre moy si peu raisonnables, que je l'ay maintenue dans le logis de la manufacture, qu'elle occupe toujours contre les sommations qui nous ont esté faites par les propriétaires, pour la résolution du bail et que ses appointemens luy ont esté payés par advance jusques au mois de janvier, au préiudice de plusieurs saisies, faites entre nos mains par ses créanciers. Si j'ay pris la liberté de vous escrire plusieurs fois, touchans son logement, et ses appointemens ç'a esté que après avoir pris congé de vous, M. de Bellinzani me tesmoigna que vous ne paroissiés pas tout-à-fait résolu sur le suiet de cette dame. Cependant cela ne m'a aucunement faict négliger mes soings ny pour les manufacturres, ny pour l'establissement de nostre hospital général (2).

La question de la fin du bail était un trop bon prétexte pour être facilement abandonnée. L'année suivante, — 1674, — s'agitait encore cette épineuse affaire.

Depuis près de neuf ans, se lamentait alors Mme de Voullemin (3) s'adressant encore une fois à Colbert, je ne subsiste que par l'exés de vos bontés. C'est ce qui me persuade que n'ayant pas d'autre azyle que l'honneur de la protection de Vostre Grandeur, elle ne désagréera pas que je continue d'y avoir recours dans l'oppression. M. Fernier (4), lieutenant particulier et maire de cette ville d'Auxerre est, à la vérité, très bien intentionné de me faire plaisir en vostre considération. Mais quelques eschevins du magistrat, partisan de M. le Président Billard l'obligent de m'inquietter dans le logement, dont il vous a plu me gratifier et ne veulent nullement consentir que l'arrest du 4e aoust dernier, en conformité de celuy du 29e novembre 1668, soit mis en exécution, alléguans pour leurs raisons qu'il n'y est point faict mention de laditte maison, bien que la mesme quantité de filles que par le passé y soient assidues au travail, et que partout ailleurs, elles seroient mal et

---

(1) Lettre du 16 novembre 1673. Bibl. Nat., *Mél. Colb.*, vol. 166, fol. 349.

(2) Le budget de cet hôpital devait être alimenté, en partie, par le produit des amendes, provenant des contraventions, relatives au travail des manufactures.

(3) Lettre du 6 novembre 1674. Bibl. Nat., *Mél. Colb.*, 169, fol. 339. L. de Laprade, *op. cit.*, p. 170, note 1.

(4) Joachim Fernier, lieutenant-particulier du bailliage et maire.

ne pourroient pas faire de si beaux ouvrages qu'en celle-cy, qui est fort claire. Je vous supplie très humblement, Monseigneur, d'ordonner que je ne sois point traversée puisque M. François Amonnet, qui me fournit ce qui m'est nécessaire, donne autant luy seul à gaigner aux filles de la ville que les quatorze autres intérésséz.

En définitive, Billard n'obtint pas satisfaction pour la question du local, puisqu'en 1686, le prix du loyer, fixé toujours à la somme de 300 livres, était encore inscrit sur les registres (1).

XIII

Les résistances municipales n'étaient pas les seules difficultés, que rencontrait Mme de Voullcmin. Elle eut à lutter contre une concurrence déloyale. Un « commis des entrepreneurs de l'Hôtel Beaufort » (2) avait créé une fabrique dont l'existence était illégale, d'autant plus qu'il l'intitulait *manufacture royale*. La directrice s'en plaignait vivement le 8 février 1674 (3).

Je continue de faire travailler au poinct de France, disait-elle, les filles de cette ville d'Auxerre, par les moyens du sieur François Amonnet, marchand qui demeure à Paris, rue Chanverye (4), « à *la nouvelle Reyne* ». Mais ie suis toujours traversée par le nommé d'Ursey, commis des entrepreneurs de l'Hôtel de Beaufort, qu'ils tiennent icy il y a plus de trois ans. Il a mis au dehors de sa maison un tableau où sont les armes de Vostre Grandeur avec l'inscription au-dessous : *Manufacture royale du poinct-de-France ;* il va, en oultre, de maison en maison, avec des gens atittrés, dire aux habitans qu'il est en cette ville de la part de Vostre Grandeur, en promettant aux ouvrières du poinct de les occuper à la broderie ; ce qui est, Monseigneur, vouloir s'opposer directement

---

(1) Chardon, *op. cit.*, t. II, p. 291.
(2) Nous trouvons le nom de Beaufort parmi ceux des intéressés de la manufacture cités par Savary. Voir p. 7, note 2.
(3) Bibl. Nat., *Mél. Colb.*, vol. 167, fol. 310.
(4) Rue Chanverie ou Chanvererie, entre les rues Saint-Denis et Mondétour, actuellement rue Rambuleau.

au fruict de vos bontés et de vos soings depuis huit ans à cet égard,
puisque les filles ne faisant plus de poinct, seroient obligées de se
fournir de fonds d'ailleurs pour les broder et se trouveroient ainsy
hors d'estat de faire des ouvrages de tout poinct.

La tentative du sieur d'Ursey ne dut d'ailleurs pas réussir
et fut probablement réprimée, puisqu'il n'en est plus parlé,
ensuite, lorsque l'intendant Bouchu à la fin de l'année visita
à nouveau Auxerre. La réponse que fit Colbert au rapport
de cet administrateur, trace un tableau exact de l'état de la
manufacture à cette époque, et permet de clôturer cette
étude par une vue d'ensemble. Mais il ne faudrait pas
s'imaginer que c'est alors la fin complète de la tentative de
Colbert : la fabrique subsista même après la mort du ministre et ne dut disparaître que dans les dernières années du
xvii⁰ siècle (1).

En 1674, en tous cas elle était encore en activité, ainsi que
le prouve la lettre du ministre mentionnée plus haut (2).

J'espère, disait-il à Bouchu, que le voyage que vous avez faict
à Auxerre sera utile à cette ville. Mais, comme tous les établissemens qui y ont esté faicts ne pourront jamais se maintenir,
sans quelque application de vostre part, vous me ferez un singulier plaisir, si vous voulez bien prendre votre temps, en sorte que
vous y puissiez faire tous les ans un ou deux voyages (3), d'autant plus que vous avez clairement reconnu que les magistrats de
cette ville et ceux, qui sont dans les principales charges, ou par
peu d'esprit ou par de petits intérêts particuliers, ou par manque
de force, pour surmonter les difficultés qui s'y rencontrent, ne
seront jamais favorables à ces établissemens, et par ces mesmes
principes, feront toujours beaucoup de choses, qui en pourront

---

(1) L. de Laprade, *op. cit.*, p. 178.

(2) Clément. *Lettres de Colbert*, t. II, 2⁰ partie, p. 688 (d'après un ms. de
la bibl. des Invalides; correspond. de Colbert, 1674, p. 835). Des Cilleuls, *op.
cit.*, p. 34 et 292, note 103. L. de. Laprade, *op. cit.*, p. 176.

(3) Colbert s'attachait toujours avec force à ces idées de surveillance, de
police et de discipline. Le 24 mai 1680, le sieur Legras vint de sa part inspecter les manufactures d'Auxerre. Il fut accompagné dans sa visite par
François Deschamps, gouverneur du fait commun. Son rapport constate qu'il
avait trouvé peu d'ouvriers et de marchandises, et beaucoup de pauvreté et
d'indigence. Chardon, *op. cit.*, t. II, p. 315.

causer la ruine, s'il n'y est trouvé remède par vous. La multiplicité des établissemens les chagrine et leur fait dire qu'ils se ruineront l'un l'autre ; et il n'y a rien de plus advantageux pour une ville, parce que toutes les personnes n'ont pas les mesmes intérests, et que le tricot est propre à de pauvres gens, et les serges, les toiles et les points à d'autres (1), joint que ces différentes manufactures obligeront les maistres à donner peut-estre quelque chose davantage aux ouvriers et produiront au moins cet avantage, que les maistres d'une seule manufacture ne se rendent pas les maistres des ouvriers, qui ne leur donneroient peut-estre que ce que bon leur sembleroit... Quant aux treize mille huit cens soixante-cinq livres, qui restent ès mains des receveurs des deniers, destinés pour les manufactures, et trois mille cent cinquante et une livres de revenu ordinaire par chacun an, il me semble qu'on pourroit faire quelque chose pour cette ville, avec ce fonds, qui lui seroit advantageux. Il faut surtout continuer la pension et le logement à la dame de la Petitière et qu'elle serve tousjours à enseigner le poinct aux filles, qui voudront aller chez elle...

Les magistrats ont eu grand tort de ne pas donner les gratifications aux pères qui ont envoyé leurs enfans à ces manufactures. Je serois d'avis que vous les excitassiez de vous envoyer le rôle, et mesme que vous eussiez quelque subdélégué sur les lieux, qui eust de l'esprit et fust bien intentionné, pour vous informer de tout ce qui se passe, afin que vous fissiez distribuer les gratifications (2)...

XIV

La belle période de l'activité de la manufacture était donc déjà passée, et l'entreprise, dans les dernières années de l'existence du ministre, ne faisait que vivoter péniblement, si bien qu'il faut reconnaître qu'à Auxerre l'œuvre dentellière de Colbert n'a pas réussi. Il ne faut pas s'exagérer l'im-

---

(1) Les dentelles, produits d'une industrie de grand luxe, coûtaient fort cher et n'étaient accessibles qu'à l'aristocratie ; si bien que ce commerce ne pouvait dépasser un développement restreint.

(2) Au xviii siècle, on ne mentionnait plus le commerce et l'industrie des dentelles à Auxerre. L'abbé Expilly dans son *Dictionnaire de géographie* (t. 1, p. 410) observe que le commerce « florissant » de la ville « se borne aux vins, qu'on recueille dans le pays ».

portance de cet échec, mais l'étude des correspondances, qui vient d'être faite, permet de suivre de près, à travers les difficultés multiples qui empêchèrent le succès, la réalisation des théories colbertines, ainsi que de faire ressortir l'effort opiniâtre de la volonté du contrôleur général, et son extraordinaire puissance de travail, qui lui permettait de suivre les phases des affaires, dont il s'occupait, dans les détails les plus infimes (1).

Paul.-M. Bondois.

---

(1) En terminant cet article, nous tenons à remercier notre confrère, M. Ch. Porée, archiviste de l'Yonne, dont les renseignements nous ont permis de retrouver aisément les lettres de Colbert aux échevins d'Auxerre, lettres conservées maintenant aux archives départementales de l'Yonne.

PIÈCES JUSTIFICATIVES

I

Mai 1665.

Déclaration royale « pour l'establissement de manufactures de toutes sortes d'ouvrages de fil » (1).

Louis, par la grâce de Dieu, Roy de France et de Navarre, à tous présens et à venir, salut. Après avoir glorieusement étably la paix, dans notre royaume, nous avons converty nos soins à la reformation des désordres que la licence de la guerre y avoit glissez, et à faire recueillir à nos subjetz les fruits d'une tranquillité bien asseurée, et, comme le commerce est une des sources les plus fécondes, qui a porté l'abondance parmy les peuples, et l'une des meilleures marques des estatz les mieux policez, aussy nous nous sommes particulièrement occupez à le faire fleurir dans notre royaume, en y establissant toutes sortes de manufactures, capables d'occuper nos subjets et d'empescher le transport des deniers dans les pays estrangers. C'est par ces considérations que nous avons toujours très favorablement traité ceux, qui se sont présentéz pour faire les establissemens des dictes manufactures, et que nous leur avons non seulement accordé les privilèges convenables à leurs propositions, mais encores fait des avances considérables de nos deniers, pour en faciliter l'exécution ; c'est aussy ce qui a convié nos bien amez Jean Pluimers, Paul et Catherine de Marcq de nous faire proposer l'establissement de la manufacture des ouvrages de fil, à la manière des points qui se font à Venise, Gennes et ès pays étrangers, tant à l'aiguille qu'au coussin (2) dans toute l'estendue de notre royaume, que l'on nommera *poinct-de-France* et les moyens qu'ils auroient d'en pourvoir suffisamment et à fort juste prix taut nostre

---

(1) Bibl. Nat., *Cinq Cents Colbert*, vol. 207, f. 107 et ss.

(2) Cette expression désigne la dentelle aux fuseaux. La dentelle à l'aiguille est souvent dite « sur le doigt » par opposition à cette expression. La requête de Pluymers et ses associés est mentionnée dans l'arrêt du Conseil du 15 février 1667 (Fr. 21788, f. 323).

maison royale, cour et suitte que le reste de nos subjets. A ces causes, et désirant d'autant plus favorablement traiter lesdits Pluimers et de Marcq que nostre amé et féal conseiller en nostre Conseil royal, surintendant et ordonnateur général de nos bâtimens, arts et manufactures de France, le sieur Colbert nous fait connoistre que l'exécution de ladite proposition peut occuper et donner la subsistance à une infinité de pauvres gens et modérer le prix desdits ouvrages, qui tournera à l'avantage de nos subjets, comme aussy d'empescher par ce moyen la sortie de sommes de deniers très considérables hors de nostre royaume, de l'advis de nostre Conseil, qui a veu les articles proposéz par lesdits Pluimers et de Marc[q] et de nostre certaine science, plaine puissance et autorité royale, nous avons permis, octroyé et accordé, et, par ces présentes signées de notre main, permettons, octroyons et accordons auxdits Pluimers et Marc[q] d'établir dans notre royaume, terres et pays de notre obéissance, pendant le temps et espace de neuf années la manufacture de toutes sortes d'ouvrages de fil, à la manière des points, qui se travaillent à Venise, Gennes et pays étrangers tant à l'éguille qu'au coussin ou en quelque autre sorte et manière que ce puisse estre, que l'on nommera : *poincts-de-France*, aux clauses et conditions portées par ces dites présentes, scavoir est : que lesdits Pluimers et de Marc[q] seront tenus d'établir en notre royaume ladite manufacture, avec autant d'abondance et de perfection, qu'il se fait à présent esdites villes de Venise, Gennes et ailleurs ez pays étrangers, et pour cet effect, faire venir en nostre royaume jusques à trente maistresses et principalles ouvrières de Venise, et deux cens filles ou femmes des meilleures ouvrières de Flandre, les distribuer dans les villes du Quesnoy, Arras, Reims, Sedan, Château-Tierry, Loudun, Alençon et Aurillac (1) en Auvergne, pour servir à l'instruction desdites filles et femmes desdites villes ou aillieurs, qui s'apliqueront ausdits ouvrages, en sorte que, deux années après l'enregistrement des présentes, il y ait dans lesdites villes seize cens filles actuellement travaillantes ausdits ouvrages, scavoir : à Arras, trois maistresses de Venise, trente ouvrières de Flandre, trois cens de la ville ou pays circonvoisin ; au Quesnoy, deux maistresses de Venise, cinquante de Flandre, cinquante de la ville et pays circonvoisin ; à Sedan, deux maistresses de Venise, vingt de Flandre, deux cens de la ville et pays circon-

---

(1) Auxerre n'est pas nommé dans cette déclaration. La création d'une manufacture dans cette ville date de l'année suivante (avril 1666).

voisin ; à Château-Thierry, quatre maistresses de Venise, douze de
Flandre, deux cens de la ville et pays circonvoisin ; à Reims, six
de Venise, quarente de Flandre, deux cens de la ville et pays circonvoisin ; à Loudun, trois maistresses de Venise, vingt de Flandre, deux cens de la ville et pays circonvoisin ; à Alençon, deux
de Venise, deux cens de la ville et pays circonvoisin ; à Aurillac,
trois maistresses de Venise, deux cens de la ville ou pays circonvoisin.

Quoy faisant, nous avons promis et sera loisible ausdits Pluimers et de Marc[q], seuls, de faire fabriquer lesdits ouvrages, que
l'on nommera *poincts-de-France*, à la manière de ceux, qui se font
à Venize, Gennes ou aillieurs ès pays étrangers, tant à l'éguille
qu'au coussin, ou en quelque autre manière que ce soit, pendant le
temps de neuf années, à la charge, néantmoins, qu'ils ne pourront
empescher les ouvrières qui travaillent aux dentelles, passemens et
guipures (1) tant de fil que de soie, de continuer leurs dits ouvrages (2), en la manière accoutumée, sans toutesfois que lesdites ouvrières ny autres puissent s'entremettre en ladite manufacture desdits ouvrages de *poinct-de-France* ni mesme de servir ou imiter en
quelque manière ou façon que ce puisse estre les patrons et desseins desdits entrepreneurs, sous peine de confiscation et de punition.

Que les estrangers et estrangères, servans actuellement à ladite
manufacture, suivant l'état, qui en sera donné, seront censéz regni-
coles et naturalisés, en vertu de la présente déclaration, et, comme
telz, pourront disposer de leurs biens et leurs héritiers et y suc-
céder en toute liberté.

Sera fait incessamment des desseins de tous lesdits ouvrages et
particulièrement de tous ceux, qui seront nécessaires pour nostre
maison royale par nos peintres ordinaires ou par ceux qui seront
choisis par lesdits entrepreneurs, le tout à nos frais et dépens.

Les grand-maistre de nostre garde-robbe, dames d'honneur et
d'atour des reines et autres officiers, qui ont besoin de faire faire
les fournitures des maisons royalles desdits ouvrages les prendront

---

(1) Passement, synonyme de dentelle : tissu étroit de fil placé comme ornement ; guipure, la plus riche des « broderies », c'est-à-dire, d'ouvrage où le
dessin est tracé en relief sur l'étoffe.

(2) Les mesures assez libérales, édictées par ce règlement, ne furent pas
respectées : et l'on ne tarda pas à interdire le travail à domicile d'autres
points ; ce qui amena l'opposition plus ou moins violente des habitants
d'Auxerre et d'Aurillac.

de la fabrique desdits entrepreneurs, lesquels seront tenus de les délivrer à cinq pour cent de proffit.

Sera permis ausdits entrepreneurs de tenir quatre magazins en nostre bonne ville de Paris, l'un dans les galeries du Louvre, qui leur sera donné par nos ordres par le surintendant de nos bastimens, et les trois autres en tels lieux qu'ils les voudront choisir, sur lesquels magasins ils pourront mettre un tableau de nos armes, avec cette inscription : *Manufacture royale des points, passemens et ouvrages de fil de France*, lesquelles maisons et magasins seront exempts de logemens de gens de guerre, et ceux qui y demeureront, servans ausdictes manufactures, exempts de guet et gardes et de toutes autres charges de ville.

Que les ouvriers, qui seront obligéz envers lesdits entrepreneurs, seront tenus de travailler avec assiduité auxdits ouvrages pendant le temps obligé, sans qu'ilz en puissent estre deschargéz, pour quelque cause et occasion que se puisse estre, et, à cet effect, les officiers ordinaires de police tiendront soigneusement la main.

Que tous les ouvrages, ainsy fabriquéz dans nostre royaume et transportéz au dedans et au dehors d'iceluy, seront exempts du payement de tous droits d'entrée et de sortie et autres généralement quelconques, et pour donner moyens ausdits entrepreneurs de supporter avec plus de facilité les frais qu'il conviendra faire pour ledict establissement, nous avons ordonné, voulons et nous plaist que, par le trésorier de nos bastimens et par les ordres dudit surintendant d'iceux, il soit payé et delivré ausdits Pluimers et de Marc [q] la somme de six mil livres pour chacun establissement au nombre de six, attendu que les villes d'Aurillac, Sedan et Alençon ont désia un nombre assez considérable d'ouvriers, montans ensemble à la somme de trente-six mil livres, laquelle somme sera payée, scavoir dix-huit mil livres comptans, et pareille somme, lorsque lesdits establissemens seront entièrement achevéz et que lesdits seize cens ouvriers et ouvrières se trouveront actuellement travaillans dans lesdictes villes, de laquelle somme de trente-six mil livres audict cas, nous leur avons faict et faisons don, en tant que besoin seroit, par ces présentes.

Qu'il sera permis ausdits Pluimers et de Marc [q] de mettre plus ou moins d'ouvriers, et ouvrières dans lesdites villes, en donnant advis au dit surintendant de nos bastimens du nombre, qu'ils voudront establir en chacun d'icelles.

Que, pour l'exécution des présentes, ledit surintendent général de nos bastimens, arts et manufactures de France, établira en chacune ville un contrôleur pour tenir registre, et avoir l'œil que lesdits entrepreneurs exécutent ponctuellement le contenu en ces dites présentes, et en délivrent leurs certifficats, lequel contrôlleur dressera l'estat de tous les ouvriers et ouvrières estrangers, qui devront iouir du privilège de naturalité et sur les certifficats, qui seront par lui delivréz, les marchandises des manufactures passeront dans tous les bureaux, sans payer aucun droit...

Sy donnons en mandement, etc...

Donné à Saint-Germain-en-Laye, au mois de may de l'an de grace mil six cens soixante et cinq, et de notre règne le vingt-et deuxiesme. Louis. Par le Roy, de Guénégaud. Visa : Séguier. Veu au Conseil, Colbert.

Scellé sur lacs de soie de cire verte (1).

II

29 novembre 1668.

Arrêt du Conseil d'Etat, réglementant les manufactures « du poinct-de-France, tricot et serges, façon de Londres » d'Auxerre (2).

Veu au Conseil d'Estat du Roy, Sa Majesté y estant, le procès-verbal du sieur Bouchu, conseiller de Sa Majesté, en ses Conseils, maistre des Requestes ordinaire de son hostel, intendant de justice, police et finance en Bourgogne et Bresse, commissaire départi dans les dites provinces, du 28 octobre dernier (3) en forme de règlement, contenant les moyens pour faire réussir et perfectionner les manufactures du poinct-de-France, tricot et serges, façon de Londres, establyes dans la ville d'Auxerre, et voulant Sa Majesté traicter favorablement ladicte ville, et luy procurer cet avantage, oüy le raport du sieur Colbert, conseiller ordinaire du Conseil, contrerolleur général des finances, le Roy estant en son Conseil, conformément au procès-verbal dudict sieur Bouchu, a ordonné et ordonne que, sur le fond de deux mil livres, quy sera faict par chacun an, les tailles des ouvriers de chacune manufacture, qui ne sont comprises dans les rooles que cent solz et au dessoubs, seront payéz à leurs acquits.

---

(1) Il est fait allusion à cette déclaration (sous la date du 14 août) dans l'arrêt du Conseil du 17 mars 1670 (fr. 21788, f. 333).

(2) Bibl. Nat., *Mél. Colb.*, vol. 156 *bis*, fol. 448 et 449.

(3) Voir plus haut, p. 31.

A l'esgard des autres contribuables, dont les cottes excéderont cent solz, il sera payé à leurs descharges cent solz, pour chacun desdits ouvriers, et cent solz pour chacun enfant, qu'ilz auront dans l'une desdites manufactures, sy tant leurs cottes s'y trouveront montéz, sans néantmoins qu'ilz en puissent prétendre ce qui excéderoit leurs dites cottes en sorte qu'un contribuable cotizé à douze livres, quy auroit trois enfans dans lesdites manufactures jouyra seulement de l'exemption desdites douze livres, quy seront payées à son acquit, et sans pouvoir demander les trois autres restantes et ainsy des autres, à condition qu'ilz s'y rendront assiduement pendant toutte l'année pour le moins quatre fois la sepmaine, s'ilz n'en sont empeschés par maladie, auquel cas, après en avoir justifié par devant les mayres et eschevins, ilz ne laisseront pas de jouir de ladite exemption de tailles, jusques à la somme de cent solz, comme dict est; oultre laquelle, pour obliger d'autant plus lesdicts habitantz d'y donner leur application et assiduité, il sera payé à chacun desdits commis, quy seront audict bureau, pendant deux ans, scavoir pour ceux de la première classe, en laquelle seront compris les plus habiles, un sol par jour, et à ceux de la seconde, six deniers par jour, et à ceux de la dernière, quatre deniers aussy par jour, et seront lesdictes trois classes composées de trois mois en trois mois.

Tous les ouvriers de chacune manufacture seront divisés en trois tiers, ainsy que par ledict maire et eschevins et l directeurs desdictes fabriques sera advisé, sans que, pour raison de maladie et autre légitime empeschement les absents puissent prétendre ladicte récompense, attendu qu'elle n'est accordée que pour l'assiduité et présence actuelle et seront tenus tous les habitants de ladicte ville, excepté les officiers de justice, d'envoyer leurs enfants à l'une desdictes manufactures, depuis l'aage de six ans (1), à peyne de trente sols d'amende contre lesdicts habitants, à laquelle ils seront contraincts pour chacun de leurs enfans, quy n'iront ausdictes manufactures par provision, nonobstant opposition et appellation et sans préjudice d'icelles, sur lesquelles ilz ne pourront estre oüys que par-devant le bailly d'Auxerre ou son lieutenant, en se justifiant du payement de ladite amende, qui sera appliquée à l'establissement d'un hopital-général ; et pour ladicte récompense sera faict fond de trois mil cinq cens livres par chacun an, sur le pied de

---

(1) On voit les conséquences du système : compression et travail de l'enfance.

quatre cens ouvriers, pour lesdictes trois manufactures, sauf à augmenter.

Sy le nombre desdicts ouvriers augmente, se rendront lesdicts ouvriers aux bureaux desdictes manufactures, scavoir depuis le premier avril au dernier septembre, à sept heures du matin jusques à unze, et depuis une heure après midy jusques à quatre heures, et faulte de s'y rendre auxdictes heures et d'y employer le temps prescript par le présent règlement, seront privés de ladicte exemption de tailles et récompense. Seront mis lesdicts fonds de trois mil cinq cents livres entre les mains d'un notable bourgeois, qui sera choisy par les mayre et eschevins, et de la solvabilité duquel ilz répondront à leurs propres et privéz noms, pour estre distribués suivant le présent règlement ; entre les mains duquel sera encore mis (*sic*) la somme de six cens livres pour rétribution accordée à la dame de La Petitière (1) et quatre cens livres du sieur Camuset, suivant la convention faicte avec les maire et eschevins, ensemble la somme de trois cens livres, pour le loyer de la maison, où le bureau du poinct-de-France est estably, et six-vingt livres pour celuy du tricot et pour survenir (*sic*) audict payement, — revenent par chacun an à la somme de six mil neuf cens vingt livres, — sera levé quatre solz par muid de tout le vin (2), qui sera vendu en gros et en destail et en l'estappe, ou mené à Paris ou ailleurs ; vingt-quatre sols par muid de tout le vin qui sera vendu par les hostelleryes, cabarrestiers et autres vendans vin à table assise ; et quatorze sols par muid de vendenge, provenant de ladicte ville, et qui sera mené ailleurs ; et un sol six deniers, par muid de tout le vin passant dessus et dessoubz le pont-pertuis de La Chesne de Monestau (3) ; et un denier pour pain mollet ; pour lesdictz droicts prins et levés sur touttes sortes de personnes oultre et par-dessus, de la mesme manière que ceux establys pour l'acquittement des debtes de ladite ville d'Auxerre, suivant l'adjudication qui en sera faicte par le sieur Bouchu.

Les entrepreneurs desdictes manufactures seront tenus de représenter leurs livres aux maire et eschevins, pour estie par eux paraphez touttes fois et quentes que bon leur semblera.

---

(1) C'était la pension annuelle de la directrice. Voir page 10.

(2) Ces impôts durent être fort mal accueillis dans ce pays de vignes et de vins.

(3) Monéteau, Yonne, arrondissement et canton d'Auxerre (il y existe encore un pont suspendu et un barrage). — Les Chesnets sont un hameau de ce village.

Seront lesdicts arrests donnez pour raison desdictes manufactures, ensemble les présents réglemens, observé selon leur forme
et teneur, à l'exécution desquels enjoinct Sa Majesté aux maire et
eschevins de tenir soygneusement la main, leur attribuant la cognoissance et jurisdiction des contraventions quy pourroient y estre
faictes, et par appel au bailliage dudict Auxerre, et ce quy sera
par eux adonné et exécuté par provision, nonobstant oppositions
ny appellations, et sans préjudice d'icelle, pour lesquelz ne sera
différé ; et à cet effect, toutes lettres nécessaires seront expediéez,
et lesdicts arrestz et réglements enregistréz au registre de bailliage de l'Hostel de ville, publyé et affiché partout où besoing sera,
à ce qu'aucun n'en prétende cause d'ignorance.

APPENDICE

A. — Tableaux contenant le nombre des produits de la manufacture d'Auxerre, et leur valeur.

Ces tableaux sont dressés d'après les « rôles des ouvrières », conservés dans la collection des Mélanges Colbert.

I. — Années 1668-1669

	PÉRIODE du 23 août au 22 sept. 1668 *Mél. Colb.*, 148 bis, fol. 759	PÉRIODE du 1er déc. 1668 au 8 janvier 1669 *Mél. Colb.*, 150, fol. 43	PÉRIODE du 8 janvier au 16 février 1669 *Mél. Colb.*, 150, fol. 471	PÉRIODE du 16 mars au 27 avril 1669 *Mél. Colb.*, 151 bis, fol. 903	PÉRIODE du 27 avril au 31 mai 1669 *Mél. Colb.*, 152, fol. 377	PÉRIODE du mois d'octobre 1669 *Mél. Colb.*, 154, fol. 321
Ouvrières dentellières. . .	61 ouvrières	59 ouvrières	65 ouvrières	56 ouvrières	62 ouvrières	129 ouvrières
Ouvrières brodeuses . . .	30 »	33 »	30 »	33 »	28 »	36 »
Ouvrières brideuses . . .	2 »	4 »	5 »	3 »	5 »	» »
Couvents travaillant pour la manufacture	4 »	4 »	3 »	2 »	3 »	1 »
Total.	97 ouvrières	100 ouvrières	103 ouvrières	94 ouvrières	98 ouvrières	166 ouvrières
Travaux de dentelles. . .	73 pièces	100 pièces	98 pièces	80 pièces	92 pièces	Cet état ne fournit pas le détail des travaux.
Travaux de broderies. . .	75 »	60 »	93 »	96 »	70 »	
Travaux bridés. . . .	2 »	24 »	33 »	19 »	19 »	
Total des pièces . .	150 pièces	184 pièces	224 pièces	195 pièces	181 pièces	
Valeur (rémunération des ouvrières).	449 ll. 9 s.	537 ll. 7 s.	637 ll. 18 s.	704 ll. 4 s. 6 d.	687 ll.	

Il est difficile d'évaluer exactement la valeur des monnaies ; en estimant la livre à 2 francs on arriverait à des résultats qui sembleraient bien médiocres : 900 francs pour le travail de 97 ouvrières et 150 pièces de production, cela durant un mois, ou 1408 francs pour le même temps, 94 travailleuses et 195 pièces !

(1) M. Vignon (*Études historiques sur l'administration des voies publiques*) qui écrivait en 1862, estimait que le livre en 1606 valait 1 fr. 80, en 1666 1 fr. 90 et en 1686 1 fr. 85 (tome Ier, p. 388).

II. — Année 1672

Mois d'octobre.

Rôle des filles qui ont vendu des ouvrages
Mél. Colb., *162, fol. 221* (1).

Ouvrières dentellières	12
Ouvrières brodeuses	17
Ouvrières brideuses.	4
Couvent travaillant pour la manufacture .	1
Total.	34
Travaux de dentelles	34 pièces
Travaux de broderies	46 —
Travaux bridés	13 —
Total des pièces	93 pièces
Valeur (rémunération des ouvrières) . .	225 ll. 17 s.

B. — « **Facture des ouvrages envoyés aux intéresséz
de la manufacture de poinct de France d'Auxerre** » (2).

Août 1670.

Ouvrages de tous poincts.

Beau.	Un mouchoir, n° 162.	182 ll. 10 s.
	Un — n° 162.	161 ll. 15 s.
Beau.	Un — n° 154.	190 ll. 12 s.
	Un rabat, n° 179.	130 ll. 2 s.
Beau.	Un rabat, n° 179.	159 ll. 15 s.

Aulnages.

Beaux. 3 aulnes 1/2, n° 150.	257 ll. 16 s.
Beaux. 4 — 1/2, n° 140.	266 ll. 5 s.
6 — 1/2, n° 22.	87 ll. 19 s.

---

(1) Un autre rôle pour le même mois (*Id.* f. 225) énumère les ouvrières qui ont travaillé à la manufacture ; elles sont divisées en : 1° avec la rétribution 29 (21 « assidues », 1 « qui a paru assez souvent », 7 « qui ont paru rarement ») ; 2° Sans la rétribution 11 (5 « assidues », 1 « qui a paru assez souvent », 5 « qui ont paru rarement »). Total : 40.

(2) Bibl. Nat., *Mél. Colb.*, vol. 161, fol. 234.

Beaux.	4 aulnes 3/4,	n° 139.	309 ll.	10 s.
	5 — 1/8,	n° 36.	64 ll.	11 s.
	5 — 1/8,	n° 36.	63 ll.	19 s.
	5 —	n° 37.	72 ll.	17 s.
	3 — 1/4,	n° 149.	49 ll.	16 s.

Poincts d'Aurillac, brodéz à Auxerre.

Un	mouchoir,	n° 218.	69 ll.	4 s.
Un	—	n° 181.	71 ll.	19 s.
Un	—	n° 223.	70 ll.	18 s.
Un	—	n° 233.	77 ll.	2 s.
Beau. Un	rabat,	n° 145.	66 ll.	17 s.
Un	—	n° 215.	46 ll.	10 s.
Un	—	n° 173.	45 ll.	18 s.

Aulnages.

4 aulnes 11/12, n° 139	136 ll.	5 s.
5 — n° 123	136 ll.	12 s.
4 — 1/4, n° 124		
5 — n° 125	130 ll.	19 s.
5 — 1/6, n° 126		
5 — n° 113	102 ll.	6 s.
4 — 3/4, n° 112		
5 — 3/4, n° 114	32 ll.	19 s.
5 — n° 37	30 ll.	16 s.
5 — n° 37	31 ll.	9 s.
5 — n° 36	29 ll.	18 s.
Total	3.047 ll.	9 s.

Cette « facture » permet de voir les prix élevés, où atteignaient
les pièces soignées. Un mouchoir de luxe valait 366 francs ou même
382 fr. 40 centimes. Un beau rabat se payait 321 francs ! On peut
aussi observer que le point dit d'Aurillac était infiniment moins
cher. Ainsi, cherté des produits, sans avantages ni pour les intéressés ni pour les ouvrières, tels étaient les résultats financiers de
l'entreprise. Ces quelques chiffres, dont l'on pourrait multiplier
les exemples, éclairent vivement la question et font comprendre,
en partie, l'échec de la tentative, surtout si l'on n'oublie pas les
lourds frais de l'entreprise, à commencer par les sommes assez
importantes qui étaient payées à la directrice, au commis et aux
« maîtresses ».

C. — **Liste des ouvrières de la manufacture d'Auxerre en octobre 1669** (1).

I. — *Dentellières* (129) (2).

Barbe Auclair, Pérette Auclair, Jeanne Audot ;

Marguerite Barbançon, Charlotte Bargédé, Élisabeth Beaufumée, Germaine Beauvais, Pérette Belin, Claude Bérault, Jeanne Bérault, Marie Bérault, Germaine Berthe, Marie Berthe, Germaine Bibault, Anne de Bierne, Avoie de Bierne, Marie Bodin, Jeanne Bojard, Madeleine Bojard, Anne Bonin, Pérette Boucher, Marguerite Bourgeois, Anne Bourgoin, Germaine Bourgoin, Catherine Brie, Gasparde Brizéon, Catherine Bureon ;

Anne Carouge, Pérette Chalumeau, Marie Chasseray, Nicole Colinet, Louise Courot, Marie Courot ;

Marie Daubenton, Anne Dautiot, Barbe Delafaye, Louise Delafaye, Jeanne Delorme, Marie Delorme « la marchande », Marie Delorme « la vigneronne », Marie-Élisabeth Delorme, Françoise Deschamps, Juliette Deschamps, Madeleine Deschamps, Marie Deschamps, Germaine Desprez, Jeanne Disson, Madeleine Disson, Charlotte Dumas, Étiennette Dupin.

Anne Espolard, Catherine Espolard, Françoise Espolard ;

Pérette Ferrand, Élisabeth Froment ;

Charlotte Germain, Anne Girardin, Claude Girardin, Louise Goureau, Marie Goureau « la procureuse », Marie Goureau « la marchande », Marguerite Grolleau ;

Barbe Hay ;

Jeanne Jacard, Étiennette Jeandot, Perette Jeandot ;

---

(1) *Mél. Colb.*, vol. 152, f. 321.

(2) Nous citons en note, les noms des autres ouvrières qui sont cités dans les autres volumes des *Mélanges* (vol. 148 *bis*, f. 759 ; 150, f. 43 et 471 ; 151 *bis*, f. 903 ; 152, f. 377 ; 154, f. 321 et 162, f. 221) et qui permettent d'établir les noms des familles, dont les différents membres ont travaillé pour la manufacture d'Auxerre : Pérette Ambert, Marie Baillet, Germaine Bouais, Claude Boucher, Barbe Bourgoin, Marie Brigault, Catherine Brizéon, Edmée Carouge, Madeleine Chasseray, Catherine Duvet, Germaine Félix, Barbe Fermin, Philiberte Gerbeau, Élisabeth Goudart, Claude Goureau, Marie Goureau, marinière, Anne Graillon, Edmée Gravereau, les filles de Mᵐᵉ de Graves, Anne Guénot, Anne Guillaume, Jeanne Jou, Barbe La Fay, Marie Léger, Madeleine Le Roy, Anne de Lisle, Marthe Madot, Eugénie Marie, Etiennette Martin, Jeanne Mathon, Anne Meusnier, Élisabeth Née, Marie Oudinet, Anne Paireau, Jeanne Paradis, Claude Petit, Marie Picard, Anne Polard, Marthe Pommier, Marie Pottin, Marie-Anne Provost, Vincente Pucelle, Jeanne Quéry, Edmée Ragon, Françoise Regnauldin, Louise Rigault, Anne Rousselet, Élisabeth Thomas.

Jacqueline Laïsseray, Anne La Fay, Marie La Fay, Anne Laligne, Françoise de La Roquette, Anne Leclerc, Hélène Leclerc, Marie Lemuet, Étiennette Le Roy, Marie Liger, Michelle Liger, Claude Louyset ;

Jeanne Marie, Marthe Marie, Étiennette Martin, Philippe Martin, Jeanne Masson, Edmée Michau « la cabaretière », Edmée Michau « la vigneronne », Marie Mofoy, Anne Mono, Marie Mono, Marie Moreau, Élisabeth Morillon ;

Catherine Née, Marie Niquet ;

Madeleine Oudinet ;

Catherine Panetier, Marie Pavier, Edmée Pente, Agathe Petit, Jeanne Picard, Marie Pommier, Madeleine Potteno, Germaine Pottin, Jeanne Pougy, Germaine Pouillé « l'aînée », Germaine Pouillé « la cadette », Françoise Prestat, Jeanne Protiot, Marguerite Provost ;

Christine Ragon, Étiennette Ragon, Marie Ragot, Marie Rigault, Jeanne de Rinault, Gabrielle Roger, Catherine Rousselet, Jeanne Rousselet, Louise Rousselet, Marie Rousselet ;

Madeleine Salomon, Françoise Savelli ;

Anne Thévenot, Jeanne Thévenot, Élisabeth Thorinon, Françoise Thorinon, Marie Thomas ;

Jeanne Vigreux ;

Jeanne Yon.

II. — *Brodeuses* (36) (1).

Marie-Anne Bargedé, Pérette Bernard, Pérette Bonon, Germaine Boucher, Jeanne Bourgoin ;

Jeanne Crethé, Edmée Crethé ;

Claude Daumet, Edmée Daumet, Marie Delafaye, Anne Disson ;

Marie Gallard ;

Françoise Laligne, Marie Leclerc, Suzanne Leclerc, Marthe Le Roy, Jeanne Liron, Marie Liron, Germaine Louyset ;

Barbe Marie, Jeanne Martin, Marie Moniot, Germaine Mono ;

Jeanne Née ;

---

(1) Noms des brodeuses, conservés dans les autres rôles : Marguerite Burrat, Germaine Bertheau, Gabrielle Choüet, Gabrielle Crethé, Marie Daumet, Élisabeth Delafaye, Jeanne Deschamps, Madeleine Flavet, Barbe Guillaume, Anne Leclerc, Marie-Anne Lefay, Françoise Marie, Vᵛᵉ Mono, Marie Mougeot, Vᵛᵉ de Mun, Charlotte Née, Edmée Née, Claude Provost, Anne Ragon, Jeanne Regnard, Marie Robelot, Vᵛᵉ Tasson, Jeanne Thomas.

Madeleine Pilleron, Marie Polard, Anne Protiot, Anne Provost, « fille du conseiller », Anne Provost « fille de l'avocat », Jeanne Provost ;

Claude Ragon, Marie Regnard, Jeanne de Rinault « la cadette », Claude Roger ;

Edmée Salomon ;

Marie Vincent.

III. — *Couvent travaillant pour la manufacture* (1).

Auxerre : couvent des Bernardines (Notre-Dame des Iles), 14 religieuses.

---

(1) Travaillaient encore pour la manufacture : à Auxerre, les couvents des Ursulines et des filles Sainte-Marie, et les religieuses de Cravant et de Corbigny (communautés d'Ursulines).

TABLE DES MATIÈRES

MAYENNE, IMPRIMERIE CHARLES COLIN

Librairie HACHETTE, 79, Boulevard Saint-Germain, PARIS

VIVIEN DE SAINT-MARTIN et F. SCHRADER

ATLAS UNIVERSEL

DE GÉOGRAPHIE

d'après les sources originales et les documents les plus récents

L'ATLAS UNIVERSEL comprendra 26 livraisons contenant chacune 5 magnifiques cartes en couleurs grand format (43×45) et un index alphabétique de tous les noms cités dans **l'ATLAS** Plusieurs livraisons ont déjà paru et peuvent être livrées de suite.

L'Atlas complet, dans une superbe reliure d'art (rouge et or, fers spéciaux de Ségvy) formant emboîtage : **240 francs.**
Pour les conditions de souscription, demander le **Prospectus spécial.**

ERNEST LAVISSE, de l'Académie française

HISTOIRE DE FRANCE CONTEMPORAINE

DEPUIS LA RÉVOLUTION JUSQU'A LA PAIX DE 1919

L'HISTOIRE DE FRANCE CONTEMPORAINE fait suite à l'HISTOIRE DE FRANCE JUSQU'A LA RÉVOLUTION. Cette magistrale étude constitue le plus saisissant tableau des principales étapes de notre histoire nationale contemporaine. On y voit se développer et s'épanouir, — étroitement associées et résultant les unes des autres — la gloire militaire et politique de la France, son évolution économique, intellectuelle et morale.

LISTE DES VOLUMES

Tome I. — **La Révolution (1789-1792),** par M. Ph. Sagnac, professeur à l'Université de Lille.

Tome II. — **La Révolution (1792-1799),** par M. G. Pariset, professeur à l'Université de Strasbourg.

Tome III. — **Le Consulat et l'Empire (1799-1815),** par M. G. Pariset.

Tome IV. — **La Restauration (1815-1830),** par M. S. Charléty, recteur de l'Université de Strasbourg.

Tome V. — **La Monarchie de Juillet (1830-1848),** par M. S. Charléty.

Tome VI. — **La Révolution de 1848. L'Empire (1848-1859),** par M. Ch. Seignobos, prof. à l'Université de Paris.

Tome VII. — **Le Déclin de l'Empire et l'Etablissement de la IIIᵉ République (1859-1875),** par M. Ch. Seignobos.

Tome VIII — **L'Evolution de la IIIᵉ République (1875-1914),** par M. Ch. Seignobos.

Tome IX. — **La Grande Guerre (1914-1918),** par MM. Henry Bidou et A. Gauvain.

Tome X. — **Tables.**

Chaque volume illustré, relié **45 fr.** ; *broché,* **30 fr.**

Pour les conditions de souscription, demander le **Prospectus spécial.**

www.ingramcontent.com/pod-product-compliance
Lightning Source LLC
LaVergne TN
LVHW010931180726
843502LV00004B/921